D1929811

John David Morley

NACH DEM MONSUN

John David Morley

NACH DEM MONSUN

Eine Kindheit in den britischen Kolonien

Aus dem Englischen
von Bernd Rullkötter

MALIK

Originaltitel:
»East of the Sun and West of the Moon«

ISBN 3-89029-203-8
© John David Morley 2001
Deutsche Ausgabe:
© Piper Verlag GmbH, München 2001
Satz: Satz für Satz. Barbara Reischmann, Leutkirch
Druck und Bindung: Ebner Ulm
Printed in Germany

Für Margaret und Tania

I

ICH WURDE RECHT HASTIG auf einer Bank in einer chinesischen Station dritter Klasse der Entbindungsklinik Kandang Kerbau in Singapur geboren. Das ist die Version, die ich von meiner Mutter hörte und die in der Familienüberlieferung unbestritten ist. Aber zumindest, was die Bank, und vielleicht auch, was die sehr britische *Station dritter Klasse* angeht – wodurch unterschied sie sich von der zweiten und vierten Klasse? –, habe ich meine Zweifel am Wahrheitsgehalt der Geschichte.

Meine Mutter begann ihr Leben in einem Eimer, da die Hebamme annahm, sie sei tot geboren worden, und vielleicht hatte sie deshalb eine Neigung zu Geschichten über Ungewöhnliche Geburten. Meine Schwester Emma, selbst Mutter von drei Kindern, sagt, daß die dritten *tatsächlich* recht hastig einzutreffen pflegen, aber sie vermutet, daß keine Bank, sondern ein Tisch als Plattform für meinen Sprung in die Welt diente.

In der Familienüberlieferung steht Emma ebenfalls im Mittelpunkt einer Geschichte über eine Ungewöhnliche Geburt. Unsere Mutter lag bereits im Bett und wartete im Haus ihrer Schwiegermutter auf ihr erstes Kind, als jene furchterregende viktorianische Lady das Dienstmädchen mit der Nachricht heraufschickte, daß in ihrem Haus niemand diesseits des Todes dem Dinner fernbleiben dürfe. Mutter kam rechtzeitig zum Nachtisch hinunter und hatte, wie sie sagt, kaum begonnen, eine Portion Zabaglione zu verdauen, die sie mit dem verwechseln mag, was im Somerset der Vorkriegszeit Mehlpudding genannt wurde, als die Wehen einsetzten. Ihr Leben lang blieb sie davon überzeugt, daß Emmas außerordentliche Vorliebe für Süßigkeiten mit der Nähe ihrer Geburt zu jenem Mehlpudding zu tun gehabt hatte.

Wenn wir bleibende Assoziationen an die Umstände unserer Geburt haben, dann gelten meine hauptsächlich dem durchdringenden Geruch des Desinfektionsmittels, mit dem man die Krankenhausfußböden schrubbte. Es leistete überall im Empire keimtötende Dienste und muß ein britisches Erzeugnis gewesen sein, denn später stieß ich auf den Korridoren britischer Schulen in der Heimat häufig auf den gleichen scharfen, traurig begehrenswerten Geruch. In den Belüftungsschächten über der Decke nisteten Vögel, die aus der Entbindungsstation hinaus- und wieder hereinflogen, um ihre Jungen so emsig zu füttern wie die Mütter unter ihnen, und die Fülle mitgebrachter Blumen bildete im Gang zwischen den Betten eine Art Staudenrabatte. Meine Mutter saß in ihrem verschlissenen Morgenrock da, betrachtete über den Gang hinweg die jungen asiatischen Mütter und ihre in prächtige bunte Stoffe gehüllten Babys und sann darüber nach, wie schäbig wir im Vergleich dazu aussahen. Aber das ist bloß Beiwerk. Was bleibt, worauf es ankommt, über den Desinfektionsmittelgeruch, der noch immer unerwünschtes Heimweh in mir auslösen kann, ist das Geräusch des Regens.

Ich wurde in den regenschweren Monaten am Jahresbeginn in einem Teil der Welt geboren, in dem es durchschnittlich fast jeden zweiten Tag regnet. Regenstöße fegten am Tag meiner Taufe, dessen ich mich sonst nur ganz schwach entsinne, durch den Vorbau der St. Andrew's Cathedral, aber aus meinen ersten ein oder zwei Lebensjahren habe ich nicht wenige deutliche Regenerinnerungen, verstärkt durch das Geräusch des Wassers, das auf ein Wellblechdach donnert.

Diese Erinnerungen breiten sich wellenförmig von einem Kern der Wärme und des Wohlbefindens aus. Im Kielwasser formt sich ein Bild in meinem Geist. Aus der Dunkelheit taucht ein Ring von Gesichtern ein paar Fuß über dem Boden auf, von Malaiinnen und Javanerinnen. Die Frauen sitzen um mich herum auf einem Steinfußboden, den ich auf recht angenehme Weise mit meiner Erziehung zur Sauberkeit in Verbindung bringe. Jenseits dieser verschwommenen Gesichter um mich herum kann ich nichts erkennen, aber die Dunkelheit ist warm und feucht – vielleicht ein bißchen lehmig – durch den Duft ihrer Körper, und das Geräusch des Regens, der auf einen geschützten Ort niederprasselt, vermittelt Sicherheit, während die Frauen mit nadelscharfen Stimmen ihr Regenlied singen:

Der Regen fängt an
Das Vieh rennt weg
Du Tamil-Mann
Hinein in dein Eck!

Statt *Tamil-Mann* setzten sie zu ihrer Belustigung manchmal ihre eigenen Namen – Mina, Peah, Ahmad, Zeida – und schließlich auch meinen ein, dessen malaiische Form Dei-wit war. Auch ohne Ermutigung durch das Lied machte ich mich zu meinem Kinderbettchen und später, viele Jahre nachdem wir Singapur verlassen hatten, zu meinem Bett auf, um mich einzukuscheln, sobald es zu regnen begann.

Mein Vater war ein Kolonialbeamter, dessen wahre Berufung in Afrika lag, wo er von Mitte der dreißiger Jahre bis zum Ende des Zweiten Weltkriegs gedient hatte. Dann wurde er durch Zufall nach Asien versetzt. In der Heimat machte man ihn am Wimbledon Common in einem Frauen-College, das die Armee als Ausbildungszentrum für ihr Zivilpersonal beschlagnahmt hatte, mit Malaya und dessen Verwaltungsdienst bekannt. Kurz nach Kriegsende traf er in Singapur ein. Die Stadt hatte nur wenige Kriegsnarben, war aber sehr düster nach vierjähriger japanischer Besatzung, in der nichts gepflegt worden war – die Bevölkerung am wenigsten.

Es gab zwei Außenposten unter der Hoheit von Singapur, die Kokos-Inseln, irgendwo in der Mitte des Indischen Ozeans zwischen Ceylon und Australien verloren, und die Christmas-Insel, die so fern war, daß man Briefe noch immer mit einem Faß beförderte, das die Postschiffe auf der Fahrt nach Australien abwarfen. Diese Außenposten waren sehr verlockend für meinen Vater. Wie viele Engländer seiner Generation war er im tiefsten Innern ein Robinson Crusoe und machte einen Kult aus der damals populären Askese: derbe Einfachheit, Unabhängigkeit von materiellen Dingen, so wenig Geld wie möglich, vorzugsweise kein Sex. Je ferner die Insel, desto besser.

Die Christmas-Insel dürfte jedem Robinson Crusoe als idealer Standort erschienen sein, jedoch vielleicht nicht einem abtrünnig gewordenen Crusoe mit Frau und Kindern. Deshalb hielt sich mein Vater an die Familienerfordernisse und übernahm einen Posten in einer fast ausschließlich von Chinesen bewohnten Millionenstadt mit einer Bevölkerungsdichte, die Neuankömmlinge erstaunte, deren Vorstellung von Großstädten sich auf die geräumigen und geputzten europäischen Metropolen beschränkte.

Zum erstenmal in seinem Leben war er an einen Schreibtisch gefesselt. Während die Militärregierung allmählich abgewickelt wurde, rückte der englische Verwaltungsdienst in Malaya nach, zu dem mein Vater gehörte. Er tauschte seine khakifarbenen Armeestrümpfe gegen weiße aus, die er – spare in der Zeit, so hast du in der Not – mit dem roten Band hochhielt, mit dem sonst die Akten verschnürt wurden. Er schrieb nicht nur die Jahresberichte der Kolonie, sondern hatte auch die administrative Verantwortung für eine Reihe von Abteilungen, darunter Polizei, Erziehung, Gewerkschaften und Verkehr von Singapur.

Seine einzige Qualifikation für diese Aufgaben war ein Studium der humanistischen Literatur gewesen, der Geschichte des antiken Rom und des antiken Griechenland. Die Kolonien boten unbegrenzten Spielraum für die britische Freude am Amateurgeist. Der Aufbau des Imperiums lieferte das natürliche Revier für Amateursportler, die am liebsten auf schlechten oder gar nicht existierenden Plätzen auftraten. Ohne die Kolonien hätte der britische Amateurgeist niemals in so hohem Grade kultiviert werden können, und ohne den britischen Amateurgeist hätten die Kolonien überhaupt nicht kultiviert werden können.

Schon einen Monat nach Kriegsende konnte mein Vater aus den Fenstern seines säulengeschmückten Bürogebäudes neben dem Obersten Gerichtshof hinausblicken und sich Fußball- und Kricketspiele auf dem Padang anschauen, den die japanischen Besatzungsstreitkräfte umgegraben und in einen Gemüsegarten verwandelt hatten. Sportplätze umzugraben und Gemüse zu züchten war vielleicht nützlicher, als darauf Spiele zu veranstalten, aber Gemüsezucht war keine Aktivität für Imperienerbauer – im Gegensatz zu Kricket. Sonntag morgens, wenn die unverheirateten Kollegen meines Vaters Billard spielten oder trinkend auf Korbstühlen im Tiffin Room bei Raffles saßen, besuchte er lieber den Gottesdienst in der St. Andrew's Cathedral, ein vollständiges Abendmahl mit Chorbegleitung, wie er gern anmerkte, und mit den gleichen Wechselgesängen wie in Chewton Mendip, seiner Gemeindekirche daheim in Somerset.

Er war ein hochgewachsener, kahlköpfiger, blauäugiger Engländer mit zuviel Kirche in der Familie, Generationen von Pastoren, die sich in ländlichen Pfarreien verloren hatten, und mit einem für mich etwas überraschenden Lächeln auf fast allen Fotos, die ihn in jener Zeit zeigen. Ich betrachte das Gesicht voller Interesse und mit einigem Bedauern, denn es ist das Gesicht eines Mannes, den ich nie kennengelernt habe. Das Lächeln verbirgt die Strenge, die seine Kinder in ihm sahen. Später wich das Lächeln zurück, aber damals war mein Vater ein lächelnder Mann, weil ihm das, was er tat, soviel Spaß machte.

Die zweireihigen Anzüge mit den breiten Revers und den weiten Hosenaufschlägen, die seiner hageren Gestalt so gut standen, verrieten Elan und Charme, sogar Eleganz – Qualitäten, die mich nicht weniger überraschten als das Lächeln dieses unbekannten Vaters. Als der P&O-Dampfer *Mauretania* Singapur nach einer sechswöchigen Reise aus Southampton mit seiner Frau und seinen beiden Töchtern Emma und Tea an Bord erreichte, war mein Vater nicht gewillt, am Kai zusammen mit den übrigen Routiniers herumzulungern, deren Familien nach langer, vom Krieg erzwungener Abwesenheit aus dem Ausland heimkehrten (wie sich einige von ihnen noch immer gern einredeten). Er fuhr in einem Leichter mit dem Lotsen hinaus, um seine Familie an Bord des Schiffes wiederzutreffen, während es außerhalb der Hafengewässer von Singapur vor Anker lag, und sie frohgemut zurück an Land zu begleiten.

Die Gattin, die er begrüßte, war eine vertraute Fremde, eine Frau, mit der er bereits zwei Kinder hatte, obwohl sie in fünf Ehejahren nicht viel mehr als ein paar Monate zusammen verbracht hatten. Das Haus auf dem Hügel in der Mitte der Insel war ihr erster gemeinsamer Wohnsitz. Willkommen zu Hause, sagte er zu seiner Frau. Aus England herbeitransportierte Kisten standen noch unausgepackt am Eingang. Sie trat ein und schaute sich um. Alle Möbelstücke trugen den Stempelaufdruck PWD. Wer ist PWD, fragte sie, haben wir seine Möbel geborgt?

In den nächsten zehn Jahren sollte meine Mutter nie in einem Haus mit eigenen Möbeln wohnen. Wo immer sie sich in den Kolonien aufhielt, die Möbel waren stets eine Leihgabe des Public Works Department. Stühle, Tische, Schränke und Betten mit dem Stempel PWD erinnerten sie auf Schritt und Tritt daran. Tischbeine standen in Dosen, die mit Kerosin gefüllt waren, damit keine Ameisen an ihnen hinaufkletterten. Sonst waren die Zimmer kahl. Mutter ging nach oben und atmete tief durch. Sie schien in einem Wohnzimmer in den Baumwipfeln zu sein. Das Zimmer führte an drei Seiten auf eine Veranda hinaus und war von Laubwerk umgeben, in dem es von bunten Vögeln wimmelte. Sie schaute hinunter in einen Garten mit Beeten voller Gardenien und Cannas, die sie bei einem Londoner Blumenhändler jeweils eine halbe Krone gekostet hätten. In der Hibiskushecke, die den Garten vom Nachbargrundstück trennte, leuchteten tiefrote Blüten wie Laternen. Ich glaube, hier werde ich gern wohnen, sagte sie.

Nach Kolonialmaßstäben war mein Vater ein Afrikamann. In Afrika hatte er etwas angetroffen, das er in sich selbst erkannte. Sein Herz hing nie so an Asien wie das meiner Mutter. Sie war auf Anhieb von der Landschaft bezaubert. Selbst zierlich und dunkelhaarig, fühlte sie sich zu einem Volk hingezogen, das ihr nicht nur körperlich ähnelte. Meine Mutter hatte in London an der Kunsthochschule studiert, und sie begegnete den Malaien, ihren leisen Bewegungen und ihrer sanften, matten Art mit dem ästhetischen Vergnügen einer Malerin. Sie bewegten sich barfuß durchs Haus, und man hörte sie nie, bis das Geräusch eines Besens, ein Klirren von Porzellan beim Tellerstapeln oder der Aufprall einer Gabel auf den Boden einer Schüssel verrieten, wo sie waren.

Wie eine polierte Schnitzerei aus dunklem Holz, dachte meine Mutter, als sie Mina zum erstenmal sah. Sie bemerkte die bernsteinfarbenen Pupillen ihrer Augen, ihre olivfarbene Jacke, den Baumwollsarong, an dem türkisblaue und grüne Bänder hinabglitten, die kleinen Quadrate, die an den Kreuzungspunkten wie Porzellankacheln glänzten. In Asien fand auch meine Mutter etwas, das sie in sich selbst erkannte.

Mina war das erste Modell meiner Mutter, das erste mit dem Stift festgehaltene Liebesobjekt, ein Vorbild für die vielen Asiaten – die Malaien, Javaner, Chinesen und Straits-Chinesen –, die sie im Laufe der nächsten fünf Jahre zeichnen sollte. Mina war eine Waise, die auf Java geheiratet hatte und geschieden worden war, bevor man sie nach Singapur zurückschickte. Trotzdem war sie erst fünfzehn Jahre alt, als meine Mutter sie auf dem örtlichen Markt erblickte und sie fragte, ob sie als Amah ihres Babys bei uns in dem Haus auf dem Hügel wohnen wolle.

Tea war bei ihrer Ankunft in den Tropen erst ein paar Monate alt und konnte sich nicht an die Hitze gewöhnen. Sie erholte sich gerade von ihrem ersten Fieberanfall, als Mina zu uns kam. Mina schlief in ihrer Kleidung am Fußende des Bettes meiner Mutter. Nachts standen sie abwechselnd auf, um das Baby wieder in den Schlaf zu wiegen. Die Amah erhob sich, sobald sie geweckt wurde, und schritt mit bernsteinfarbenen Augen, die wie Lampen leuchteten, in dem halbdunklen Zimmer hin und her. So jedenfalls schien es meiner Mutter manchmal, die von dem strengen, hohen Gesang, mit dem Mina das Baby wieder zum Einschlafen bringen wollte, zugleich fasziniert und verstört war.

Außer Mina stellten meine Eltern ein chinesisches Ehepaar ein. Der Mann kochte das Essen, und die Frau wusch die Wäsche. Wenn sie die Gerichte servierte, trug sie eine imposante schwarze Hose, die ihr um die Beine flatterte, und ein weißes Jackett mit hohem Kragen, das so sehr mit Stärke zementiert war, daß man sich fragte, wie sie den Kopf bewegen konnte. Die beiden waren untadelige Angestellte, aber ganz anders als die Malaien wahrten sie Abstand. Meine Mutter spürte nicht das *Gleiten*, erzählte sie meinem Vater, zwischen sich selbst und den Chinesen, doch in Wirklichkeit meinte sie, daß sie es lieber sah, wenn Frauen im Haus Sarongs statt Hosen trugen. Sarongs gleiten, Hosen nicht. Wie sooft bei meiner Mutter handelte es sich um eine ästhetische Vorliebe, die wenig Rücksicht auf den praktischen Nutzen nahm. Als die beiden schließlich kündigten, weil man ihnen anderswo mehr Geld geboten hatte, freute meine Mutter sich im stillen. Obwohl chinesische Köche als den malaiischen weit überlegen galten, wollte sie eine Malaiin und bat Mina, eine für sie zu finden.

Eines Morgens erschien Mina durch die Lücke in der Hibiskushecke zwischen unserem Garten und der Straße mit zwei Frauen im Schlepptau. Die eine war eine Kandidatin für die Stelle der Köchin, die andere für die der Aja, das heißt, sie sollte die Wasch- und Putzarbeiten übernehmen, welche die Frau des chinesischen Kochs zuvor erledigt hatte. Keine der beiden Kandidatinnen wußte, daß es ihre Hauptaufgabe sein würde, meiner Mutter beim Zeichnen Modell zu sitzen. Die Aja hieß Suppiah. Sie war Mitte Dreißig und hatte einen ernsten, fast würdevollen Gesichtsausdruck, der in keiner Weise durch eine Wucherung auf einem Augenlid beeinträchtigt wurde, von solchen Proportionen, daß sie das Auge praktisch schloß. Meine Mutter war sofort von Suppiah angetan und äußerte sich voller Bewunderung über deren *Gemütsruhe*; insgeheim war sie aufgeregt über die Anforderung, die ein Modell mit so charakteristischen Zügen wie Suppiah an ihre Zeichenkünste stellen würde.

Wie sich erwies, besaß Suppiah etwas, das sie noch stärker von fast allen Modellen meiner Mutter unterschied: Sie konnte den Blick der Malerin erwidern. Dazu waren wenige Malaien imstande, denn ihr Schamgefühl verbot ihnen, fremden Blicken standzuhalten. Deshalb zeichnete meine Mutter so viele Porträts in einer Dreiviertelansicht, wobei das Modell ein wenig zur Seite schaute. Aber Suppiah mit der ernsten Miene war selbstbewußt und erwiderte den Blick. Mehr noch, sie wollte von meiner Mutter interpretiert werden. Der Stift dieser Frau sollte jede Linie in ihrem Gesicht entdecken und nachzeichnen. Sie wollte sich mit einem Publikum teilen und brauchte jemanden, der sie ansah und ihren Klagen zuhörte. Und vielleicht schloß Suppiah aus den mitfühlenden Geräuschen, die meine Mutter bei ihrer ersten Begegnung machte, daß sie nun jemanden gefunden hatte.

Aber so aufrichtig die mitfühlenden Geräusche meiner Mutter im allgemeinen waren, bezogen sie die malaiische Sprache noch nicht ein. Sie hatte einen Sprachkurs an demselben College am Wimbledon Common besucht, wo mein Vater vorbereitet worden war, aber darauf hätte ein Malaie am Tag der Ankunft meiner Mutter in Singapur keinen Hinweis entdecken können. Sie mußte mühsam durch die Praxis lernen, indem sie mit dem Wörterbuch in der Hand auf Dinge zeigte und vieles tat, was die stete Bereitschaft der Einheimischen, sich zu amüsieren, befriedigte. Das Einstellungsgespräch meiner Mutter mit der Frau, die sich als Köchin bewarb, brachte einige dieser Schwierigkeiten ans Licht.

Sie hieß Supina und war noch nicht zwanzig. Um ihre Referenzen nachzuweisen, sprach sie anscheinend ausführlich von den vielen Köchen, die ihre Familie bereits hervorgebracht hatte: Cousinen, Onkel, sogar ein oder zwei Ehegatten. Kurzfristig schien sie nicht sich selbst, sondern einen Ehemann für den Posten anzubieten, wogegen meine Mutter keine Einwände gehabt hätte, doch als sie nachsetzte, zog Supina das Angebot sofort zurück. Sie äußerte sich seltsam abfällig über ihre eigenen Qualifikationen als Köchin. Nein, eigentlich könne sie nicht gut kochen. Nach und nach wurde Supinas Geheimnis ausgelotet: Sie hatte nie gekocht, war überhaupt keine Köchin.

Ich dachte immer, es sei typisch für meine Mutter, daß sie eine Frau als Köchin beschäftigte, der sie zuerst das Kochen beibringen mußte. Aber mein Vater folgte ihrem Beispiel rasch, indem er einen sehr fähigen Straits-Chinesen, der sich auf fast alles verstand, aber kein Auto lenken konnte, als Chauffeur einstellte. Daß die Malaien ständig auswichen, sich auf nichts festnageln ließen, damit mußten meine Eltern erst umzugehen lernen.

In der malaiischen Welt schien nichts festgelegt zu sein. Jemand konnte heute Koch, morgen Chauffeur und übermorgen Wahrsager sein. In dieser Vielseitigkeit spiegelte sich natürlich auch die Not der Menschen wider, die unbedingt Arbeit brauchten. Sie hatten am Ende des Krieges viel weniger zu essen als am Anfang. Ein solcher rundum begabter Mann, wahrhaftig ein Mann für alle Gelegenheiten, sollte bald eine der glänzendsten Persönlichkeiten, so etwas wie ein Star, in unserem rasch wachsenden und alles andere als glanzlosen Haushalt werden.

Das Lügen gehörte zur Attraktivität der Malaien, es stellte den Weg des geringsten Widerstandes dar, es war der Wunsch, andere zu erfreuen, der Widerwille, zu enttäuschen. Hatte Mina das Babykleid gebügelt? Natürlich hatte sie. Was für eine Frage! Sie log, um meine Mutter zu erfreuen, und lachte, wenn sie ertappt wurde. Es war eine Art Versteckspiel, bei dem die Malaien sich fröhlich verbargen, während meine Eltern sie weniger fröhlich zu suchen hatten.

Meine fünfjährige Schwester Emma gewöhnte sich sofort ein und akzeptierte alles, ohne Fragen zu stellen. Sie war eifersüchtig auf Tea, weil diese eine eigene Amah hatte und Emma nicht, aber bald entdeckte sie in Mina eine ältere Schwester und in Sitiawa, die eines Tages durch die Lücke in der Hibiskushecke aufgetaucht war, eine jüngere. Innerhalb von Wochen sprach sie mehr Malaiisch, als sie in ebenso vielen Jahren am Wimbledon Common gelernt hätte. Wenn kein malaiisches Wort zur Verfügung stand, brachte sie Sitiawa englische bei, von denen das wichtigste *Movie* – oder Film – war.

Sie mußte dieses Wort von amerikanischen Soldaten aufgeschnappt haben, denn im Haus unserer Großmutter in Somerset, wo Emma aufwuchs, wurde die Filmindustrie so sehr verabscheut, daß niemand sie je erwähnte. Natürlich hatte Emma nie einen Film gesehen, und Sitiawa schon gar nicht. Aber sie hatte eine feste Vorstellung von dem Prinzip. Filme waren, wie das amerikanische Wort *Movie* schon sagte, Dinge, die sich bewegten. Von unserem Haus auf dem Hügel aus waren das vor allem die Dinge, die sich auf der Straße jenseits der Hibiskushecke hinauf und hinunter bewegten, in erster Linie die Leichenzüge zum chinesischen Friedhof auf der anderen Seite des Hügels.

Die manchmal sogar von einem Drachen begleiteten

Leichenzüge waren, schon lange bevor sie ins Blickfeld rückten, zu hören, denn sie wurden durch das gewaltige Dröhnen von Gongs und das Scheppern von Becken angekündigt. Dadurch hatte Emma in ihrem Ein-Personen-Kino reichlich Zeit, die Kasse zu öffnen und Sitiawa die Karten zu verkaufen, in die Rolle der Anweiserin zu schlüpfen und ihr den Platz zu zeigen (mit einer Taschenlampe, die unter der Tropensonne hin und wieder vergessen wurde), bevor sie selbst sich hinsetzte, um den chinesischen Begräbnisfilm zu bewundern.

An meinem Hals und dem meiner beiden Schwestern kann ich Schilder erkennen, auf denen ein Wort steht, das für jeden von uns die Zielrichtung unserer Kindheit angeben sollte. Im Fall Emmas, der ältesten und damit der ersten, die sich ein Schild zulegte, lautete das Wort *Bossy*.

Sie war nur ein paar Monate älter als Sitiawa, doch fast doppelt so groß. Emma betete Sitiawa an, oder um es umgekehrt auszudrücken: Sitiawa wurde von Emmas Anbetung überwältigt. Ein großer Teil von Emmas herrischem Wesen war reiner Enthusiasmus. Was immer sie empfand, mußte szenisch dargestellt werden. Die meisten Unfälle, die Tea im Watschelstadium ereilten, gingen auf Versuche zurück, eine Schwester nachzuahmen, die wenigstens einmal am Tag *vor Freude hüpfte* (Tea verlor in der Regel das Gleichgewicht, während sie vor Freude hüpfte, fiel hin und stieß sich den Kopf). Tea konnte sich nie so recht aussuchen, ob sie den Fußstapfen ihrer älteren Schwester folgen wollte. Denn ihre ganze Kindheit hindurch spielte sie in einem Film mit, den Emma drehte.

In Abwesenheit der Eltern (Mum zeichnete häufig oben, während Dad immer im Büro arbeitete) schlüpfte Emma bald in die Rolle der Mutter, mit Sitiawa als Big Girl und Tea als Baby. Von Mina lernte sie, Baby in einer Schlinge auf dem Rücken oder auf der Hüfte zu tragen, und da Mina oft oben war und gezeichnet wurde, übernahm Emma dann auch die Rolle von Teas Amah. Sie lernte, wie Mina zu schmollen, mit den Zehen auf Dinge zu zeigen und sich in den Hüften zu wiegen, und sie befahl Sitiawa, Babys grün gefärbte Milch zuzubereiten, genau wie ihre eigene Mutter es gegenüber der angehenden Köchin Supina tat. Tea verweigerte normale Milch. So gefügig sie im allgemeinen war, verschanzte sie sich manchmal in Widerstandsnestern, aus denen sie mit keinem Mittel herauszuholen war. Wie ihr Beharren auf grüner Milch, hatte ihr Widerstand etwas recht Willkürliches an sich, als könne sie all die Zeit, in der sie artig war, dadurch wettmachen, daß sie sich hin und wieder aus Prinzip besonders störrisch aufführte.

Ungeachtet ihrer hellen Haut und ihrer blonden Haare versuchte Emma nach Kräften, sich in eine Malaiin zu verwandeln, und sie imitierte alle Gewohnheiten von Mina und Supina. Die beiden brachten ihr bei, wie ein Sarong getragen wird, steckten ihr Haar zu einem Knoten auf und schmückten es mit Blumen. Sie lernte, mit einem angewinkelten Knie und dem anderen Bein unter ihrem Hinterteil auf dem Fußboden zu sitzen, wie die Malaien es beim Essen stets taten, und wäre ihr erlaubt worden, an den Mahlzeiten in der Malaienunterkunft hinter dem Haus teilzunehmen, hätte sie natürlich mit den Fingern gegessen. Sie brachten ihr bei, ihnen Nissen aus dem Haar zu klauben, während sie einander Geschichten über die *hantu* – Geister oder Gespenster – erzählten, die Haus und Garten bewohnten, und Emma glaubte genauso unbeirrbar an diese Gespenster wie die Malaien.

In dem Bestreben, eine von ihnen zu werden, übernahm sie den Brauch, sich mit einer Haarklammer das Wachs aus den Ohren zu entfernen. Sie lernte, auf Zahnpasta zu verzichten und sich die Zähne mit Holzkohle zu schwärzen, weil dies die beste Säuberung sei. Während Vater in seinem Kolonialamt war und die Einheimischen verwaltete und Mutter sich oben darauf konzentrierte, sie zu zeichnen, warf ihre Tochter alles Englische von sich ab, um möglichst ganz so wie eine Einheimische zu werden.

Was sie für die Malaien bereits war. Wenn sie mit ihren schwarzen Zähnen, das eine Knie angewinkelt und das andere auf dem Boden, unter ihnen saß, in ihrer Sprache mit ihnen plauderte und nach dem einen oder anderen *hantu* Ausschau hielt, der in den Kolbenbäumen lauern könnte, wurde Emma von Mina, Suppiah und Supina als eine der ihren angenommen. Mit der Sprache und den Gedanken vertraut, wußte sie viel besser, was im malaiischen Geist vorging, als ihre Mutter oder ihr Vater. Keine Strategie wurde erörtert, denn solche Absichten existierten nicht, aber allmählich entwickelte sie sich zu einer Art Spionin im Haus ihrer Eltern, wo sie im Laufe der nächsten Jahre heimlich und beharrlich viel dazu beitrug, die Sache der Einheimischen zu fördern.

Mummy, warum sind wir nicht wie sie, fragte Emma, die die Abneigung ihrer Mutter, auf Bäume zu klettern, mißbilligte, und während Mummy versuchte, eine Antwort auf die erste Frage zu finden, stellte Emma eine zweite. Wäre es nicht schön, meinte sie, wenn Suppiahs Mann Ahmad als Koch für die Nachbarn arbeitete? Sehr schön, Liebling, aber die Nachbarn haben doch schon einen Koch. Nein, stimmt nicht, erwiderte Emma, welche die Nachricht Minuten nach dem Ereignis durch ihre eigenen malaiischen Kontakte erfahren hatte, er ist heute morgen abgehauen. Mutter legte den Stift nieder und betrachtete ihre Tochter nachdenklich.

Suppiah *hatte* einen Mann, ohne Zweifel – sie hörte nie auf, sich bei meiner Mutter über ihn zu beschweren –, und er war nicht nur Friseur, Musiker, Wahrsager und Amateurringer (das hier eingefügte *Amateur* war eine typische Ahmad-Nuance, die andeutete, daß er auf allen anderen Gebieten ein Profi war), sondern er behauptete auch, ein ordentlicher Koch zu sein. Der malaiische Ausdruck war um einiges vager – und mittlerweile begegnete meine Mutter allen Behauptungen, jemand sei ein Koch irgendeiner Art, mit äußerster Vorsicht –, aber wenn Ahmad in der Ortskaserne als Steward gearbeitet hatte, schien die Annahme berechtigt, daß er sich wenigstens mit der Vorbereitung von Mahlzeiten auskannte. Zur Zeit war Ahmad arbeitslos. Suppiah wohnte damals noch nicht bei uns, und wenn sie jeden Morgen zum Haus spazierte, schlenderte Ahmad hinter ihr den Hügel herauf und spähte mit sorgenvoller Miene über die Hibiskushecke in unseren Garten. Manchmal holte er eine Gartenschere hervor und gab sich den Anschein, die Hecke zu schneiden, bis er von Abbas, dem Gärtner, entdeckt wurde, der ihn wütend davonjagte.

Meine Mutter empfahl den Nachbarn Ahmad als Koch und tat sich dadurch selbst einen Gefallen. Ihre Überlegung war folgende: Wenn Ahmad nebenan arbeitete, war es vernünftig, wenn Suppiah und er in die Malaienunterkunft hinter unserem Haus zogen, und je besser sie sich dort eingewöhnten, desto widerwilliger, so hoffte Mutter, würden sie uns im Stich lassen und anderswo Arbeit suchen. Sie hatte den Eindruck, daß die Malaien ein halb nomadisches Volk waren, das aus Heirats- oder Beschäftigungsgründen ohne einen Moment des Zögerns von Kampong zu Kampong zog – nicht nur auf ihrer eigenen Halbinsel, sondern auch über das Meer hinweg nach Java und Sumatra und sogar bis nach Indien. Mutter wollte unbedingt verhindern, daß Suppiah so etwas tat. Zu ihrer großen Erleichterung ließ sich Suppiah auf die Idee ein und zog am folgenden Tag mit Ahmad in die Malaienunterkunft.

Tempor, unsere Katze, schloß sich dem Haushalt rein zufällig zur selben Zeit an. Sie war eine vortreffliche Mäusefängerin und hatte das von Nagetieren durchsetzte alte Gebäude innerhalb einer Woche gesäubert. Als Ahmad merkte, wie zufrieden seine Arbeitgeber mit der Katze waren, beanspruchte er es als sein Verdienst, sie ins Haus gebracht zu haben – ein eigennütziger Trick, der uns bald sehr vertraut werden sollte, aber damals nahm ihn noch niemand zur Kenntnis. Nachdem Tempor die Malaienunterkunft so fleißig wie das Haus gesäubert und sich in der Küche eingerichtet hatte, wo sie einen Wurf nach dem anderen produzierte, und als sie manchmal auf dem Dach festsaß und die ganze Nacht hindurch wimmerte, ließ seine Begeisterung für die Katze nach. Das Malaienquartier war beengt genug, auch ohne daß man noch Platz für Katzenfamilien finden mußte. Die Malaien waren am Ende eines überdachten Fußwegs hinter dem Haus untergebracht, der direkt in die Küche führte. Jenseits der Küche gab es vier Zimmer, von denen zwei unserem Haus und zwei dem der Nachbarn zugewandt waren, die dort hin und wieder ihr Personal einquartierten.

Ahmad und Suppiah teilten sich eines der Zimmer, Mina und Supina das andere. Die Räume waren nach malaiischer

Art möbliert, das heißt, sie waren überhaupt nicht möbliert. Zwei Fuß über dem Boden brachte man ein Brett an, und darauf schlief der jeweilige Bewohner. An der Wand hing ein Spiegel. Das war alles.

Während meine Mutter glaubte, daß vier Hausangestellte mehr oder weniger ausreichten, und mein Vater mit dem Gehalt eines jungen Beamten keinen Zweifel daran hatte, waren die Malaien anderer Meinung. Sie wußten nicht das geringste von der Bezahlung eines jungen Beamten. Für sie war *tuan* ein Gebieter von unbegrenztem Reichtum, der nur in den Garten hinauszugehen und seinen Geldbaum zu schütteln brauchte. Sie hatten uns genauso mit Beschlag belegt wie wir sie, alles wurde brüderlich geteilt, denn wir gehörten derselben Familie an und waren im selben Familiengeschäft mit den gleichen Verpflichtungen für sämtliche Mitglieder.

Meine Eltern hatten sich angewöhnt, die Personalunterkunft jeden Abend für ein oder zwei Stunden aufzusuchen, um mit den Malaien zu plaudern, wobei man entweder auf den Stufen vor den Zimmern oder in einem Kreis unter den Kolbenbäumen saß. Bei einer dieser Gelegenheiten entdeckte mein Vater zu seinem Erstaunen ein Foto von sich selbst, seinen sechs Geschwistern, seinen Eltern und deren Hund, die auf dem Rasen des Pfarrhauses in Somerset für das Familienporträt posierten. Das Foto war an die Wand des Zimmers geheftet, das sich Mina und Supina teilten. Irgendwie war es in die Kinderspielzeugkiste und von dort in das Zimmer der Mädchen gelangt. Vater erkundigte sich auf malaiisch, was es dort zu suchen habe. Die Mädchen lachten über diese alberne Frage und sagten, *tuans* Familienbild hänge dort, weil sie mit seiner Familie unter einem Dach wohnten.

Wohnraum zog die Malaien an, und bald waren zweimal so viele Menschen hinter dem Haus untergebracht, wie sich durch die Zahl des Personals der beiden Familien auf dem Hügel erklären ließ. Von Emma erfuhr meine Mutter, daß all diese Leute wirklich einer einzigen Sippe angehörten. Wenn es keine Familienbeziehung gab, zögerten die Malaien nicht, eine herzustellen. Zum Beispiel war Mina, wie wir erfuhren, die Adoptivtochter Suppiahs und ihres ersten, verstorbenen Mannes, während Supina mit Ahmad, dem Bruder von Suppiahs zweitem Mann, verheiratet gewesen war.

Bald übernachtete auch Suppiahs alte Mutter Peah bei uns, häufig wochenlang. Obwohl Emmas angebetete Spielgefährtin, die winzige Sitiawa, nach nebenan gehörte und, wie wir dachten, nicht mit unserer Sippe verwandt war, erwies sie sich als Peahs Enkelin, das Kind von Asmah, Peahs Tochter mit ihrem zweiten Mann, einem Tamilen. Peah war die Grande Dame eines weitgespannten, unglaublich komplizierten Familiennetzes, da sie vier Ehen, manchmal gleichzeitig, mit Männern in vier Ländern geführt hatte. Der erste stammte aus Java, der zweite aus Indien, der dritte aus China, der vierte aus Malaya, und mit allen hatte sie Kinder gehabt.

Wenn meine Eltern aufstanden, trafen sie ungefähr einmal pro Woche einen Neuankömmling im Garten oder im Haus an. Einmal zum Beispiel hängte ein hübsches Mädchen mit geflochtenem Haar, das meine Mutter nie im Leben gesehen, geschweige denn für die Hausarbeit angestellt hatte, die Wäsche auf. Das ist Zeida, malaiische Mutter tot, indischer Vater verschwunden, ist meine Adoptivtochter, sagte Suppiah, als meine Mutter wissen wollte, ob das Mädchen vielleicht mit ihr verwandt sei. Hmm, und wirklich sehr eindrucksvoll, murmelte meine Mutter, bereits besessen von dem Wunsch, ein Porträt des Mädchens anzufertigen. Sehr gutes Mädchen, sagte Suppiah, die das Eisen schmiedete, während es heiß war. Sehr gute Hausarbeit, zehn Hände, alle fleißig. Sie soll zu mir kommen und mit mir darüber sprechen, sagte meine Mutter und schärfte ihre Stifte. Als Zeida ihre erste Sitzung für meine Mutter beendet hatte, war sie bereits auf der Lohnliste.

Es gab Leute wie Zeida, die sich direkt auf die Lohnliste begaben, andere wie Ahmad, die sich hineinschlichen, und noch andere wie Peah, die darauf warteten, daß die Lohnliste zu ihnen kam. Peah war eine alte Frau (siebenundfünfzig), halb im Ruhestand und hatte viel Zeit. Sie konnte dasitzen und rastlose Kinder mit einer unerschöpflichen Geduld besänftigen, die über die Möglichkeiten einer jungen Amah wie Mina, selbst kaum mehr als ein rastloses Kind, hinausging.

Meine Mutter machte sich Sorgen wegen Minas Launen und meinte, sie könne sich nicht mehr darauf verlassen, daß Mina allein ordentlich auf Tea aufpaßte. Tea, die dauernd auf noch unsicheren Beinen hinter ihrer hyperaktiven Schwester herlief, fiel immer wieder hin, und das in einem Haus voller gefährlicher Simse und einem Garten mit steilen, vier Fuß tiefen Entwässerungsgräben aus Beton. Peah, die so große Erfahrung mit Kindern und all den Risiken hatte, denen sie ausgesetzt waren, hielt ein Auge auf das kleine Mädchen, ahnte voraus, was es tun könnte, und lenkte es ab, wenn eine Aktion nicht ratsam zu sein schien.

Während meiner Taufparty im Haus des Gouverneurs waren meine Schwestern so eifrig vor Freude gehüpft (weniger meinetwegen, wie ich hinzufügen sollte, als wegen der neuen Kleider, die sie aus diesem Anlaß bekommen hatten), daß Tea im Steingarten des Gouverneurs einen besonders spektakulären Sturz vollzogen und es geschafft hatte, das Bewußtsein zu verlieren. Tea hatte eine *Gehirnerschütterung* erlitten und wurde rasch ins Krankenhaus gebracht, wo Röntgenaufnahmen einen *haarfeinen Riß* an ihrer Schädeldecke erkennen ließen. Meine Mutter wiederholte diese Worte in den folgenden Wochen und Monaten so viele tausendmal, daß sie in meinem Kleinkindvokabular zusammen mit Mama und Dada und Kaka ganz vorne standen und mir bald geläufig über die Zunge kamen.

Nach Emma hatte nun auch Tea das Schild um den Hals, das sie ihre ganze Kindheit hindurch tragen sollte. Darauf stand: *Fragile*.

Mein Vater beschwerte sich bei meiner Mutter über das Chaos, das sich in ihren häuslichen Angelegenheiten ausbreitete, aber in seinem eigenen Bereich hatte er nicht viel mehr Erfolg. Zu Vaters Verantwortungsbereich gehörten einfache mechanische Dinge wie Rasenmäher und nicht ganz so einfache wie Autos, dazu der Gärtner und der Chauffeur, die angeblich für sie zuständig waren. Aber der Gärtner konnte den Rasenmäher nicht anwerfen, mein Vater scheiterte ebenfalls und entschied sich vernünftigerweise für ein handgetriebenes Modell. Das war in Ordnung, soweit es Rasenmäher anging.

Wenn aber an einem Auto etwas nicht funktionierte, gab es keine derartige Alternative. Und irgend etwas ging dauernd schief. Der erste Chauffeur, Yussuf, ein untypisch brütender Malaie mit finsterer Miene, hielt es nicht für seine Aufgabe, etwas von der Funktionsweise eines Autos zu wissen. Mein Vater dagegen war ein unerschütterlicher Do-it-yourself-Anhänger, ein Amateur von geradezu karikaturistischen Ausmaßen. Außerdem war er ein sehr hartnäckiger Mann, so daß er viele Abende in oder unter dem Auto verbrachte, bevor er zugab, daß er Verbrennungsmotoren nicht gewachsen war, und bevor der finstere Yussuf gehen mußte. Da wir draußen auf den Hügeln wohnten, mußte derjenige, der das Auto fuhr, in der Lage sein, es auf der Stelle zu reparieren.

Mein Vater stellte Hassan ein, einen Balinesen mit hohen Haarwellen, die sich seismographisch auf seinem Kopf bewegten, während er am Steuer saß, denn er neigte zur Panik, wenn etwas schiefging, sogar wenn jemand im Wagen nur hustete oder ihm eine Frage stellte, auf die er nicht vorbereitet war. Seine Panik färbte auf meine Mutter ab, und nach zu vielen Beinahekatastrophen, bei denen sich Hassans Haar vertikal auf seinem Kopf sträubte, bat sie meinen Vater, sich von ihm zu trennen.

Die Liste der Fahrer, die mein Vater in den folgenden beiden Jahren anheuerte, wurde so lang wie eine biblische Ahnenreihe. Da war Hassan, der Ismail zeugte, einen fähigen Chauffeur und Mechaniker, der sich leider eines Tages aufmachte und spurlos verschwand, und Ismail zeugte Salem, einen vom Glauben abgefallenen Moslem, der sich betrank und das Auto in einen Graben fuhr. Salem zeugte Isnain, einen fröhlichen, gutaussehenden jungen Javaner, der bei meiner Mutter und allen Damen sehr beliebt war. Er kleidete sich elegant und war ein eleganter Fahrer, der wußte, wie er den Gang zwischen dem niedrigen Tempo, das auf den Einkaufsfahrten meiner Mutter verlangt war, und dem hohen Tempo zu wechseln hatte, das benötigt werden mochte, damit mein Vater rechtzeitig ins Büro kam. Bei den häufigen Rettungsfahrten zwischen unserem Haus und dem nächstgelegenen Hospital – vom Fieber geschüttelte Kinder, Scharen von schwangeren Frauen in den

Wehen – stellte Isnain all seine kühne Meisterschaft zur Schau, indem er in Kurven überholte und über rote Ampeln raste, es jedoch immer schaffte, seine Passagiere sicher und in Windeseile ans Ziel zu bringen. Frühmorgens war er jedoch nie in bester Form, und als mein Vater herausfand, daß dies an Isnains nächtlichen Abenteuern lag, für die er sich das Auto auslieh und mit seinen Freundinnen zum Tanzen in die Stadt fuhr, war das Ende auch von Isnain gekommen.

Mein Vater, dieser endlosen Kette von Chauffeuren überdrüssig, suchte sich einen Familienvater in mittleren Jahren und von tadellosem Charakter. Dieser verstand zwar nichts von Autos, aber mein Vater lehrte ihn zu fahren und ließ ihn in einer Vauxhall-Werkstatt ausbilden, wo man ihm beibrachte, mit einfachen Motorproblemen fertig zu werden. Ahmad der Kahle, so genannt, um ihn von unserem eigenen Ahmad zu unterscheiden, blieb unser unkomplizierter Fahrer für den Rest der Zeit in Singapur.

Mit dem Dienstantritt Ahmads des Kahlen stieg die Zahl der Malaien in der Unterkunft hinter unserem Haus auf dreizehn. Davon hatten sich acht irgendwie auf die Lohnliste meines Vaters setzen lassen – einige ohne ein förmliches Vorstellungsgespräch und einer sogar ohne die Förmlichkeit eines Arbeitsplatzes. *Tuan* ging eines Abends vorbei, zählte sie und machte eine Szene. Genug! Es werde keine weiteren Adoptivtöchter, Cousins oder Onkel oder sonst was geben. Hiermit sei die Familie komplett.

Die Malaien akzeptierten das Ultimatum mit Fassung, kicherten wie immer, wenn sie verlegen waren, und *tuans* Tochter unter ihnen zeigte ihre glänzenden schwarzen Zähne.

Das Schild, das etwa von der Zeit an, als ich meine Beine mühelos benutzen konnte, um meinen Hals hing, trug die Aufschrift *Scamp*, mit anderen Worten: *Lausebengel.* Aber obwohl ich die Verantwortung für meine Eigenarten akzeptiere, muß ich hinzufügen, daß mir Ahmad oft Beihilfe leistete.

Über seinen freundlichen Umgang mit kleinen Kindern hinaus, besonders mit Tea und mir, hatte Ahmad an mir auch ein persönliches Interesse. Eine lange Reihe falscher Prophezeiungen hatte seinen Ruf als Wahrsager beschädigt. Der schien irreparabel zu sein, als Ahmad alles für die kühne Voraussage riskierte, daß *tuans* drittes Kind ein Sohn sein werde. Ich lieferte den lebenden Beweis dafür, daß er ein Seher unter den Menschen war. Die besondere Zuneigung, die Ahmad mir gegenüber empfand, erwuchs aus seiner Dankbarkeit dafür, daß ich ihn nicht enttäuscht hatte. Zuweilen, wenn er sich fortreißen ließ oder ein stärkeres Gefühl der Verpflichtung in meinen Eltern wecken wollte, stellte er diese These auf den Kopf und behauptete, daß auch er *mich* nicht enttäuscht habe.

Aus der Sicht eines Kindes hatte Ahmad den Vorteil gegenüber europäischen Erwachsenen, daß er kleiner als sie war. Selbst wenn er stand, war er dem Boden viel näher, und auf dem Boden oder nicht weit davon entfernt waren Dinge, die mich interessierten, vor allem Dinge, die sich bewegten. Da es an Modellautos – und überhaupt an Spielsachen – mangelte, besorgte Ahmad andere Dinge, die sich bewegten: zum Beispiel Frösche. Es waren kleine Frösche mit übermäßig langen Beinen, die nachts gigantische Sprünge auf die Terrasse machten, in das Puppenhaus in Teas Schlafzimmer eindrangen, die Möbel dort umstürzten und Schleimspuren auf den Teppichen hinterließen.

Morgens befreite Ahmad das Puppenhaus von diesen unerwünschten Fröschen und brachte sie hinunter in den Garten, wo ich mit ihnen spielen konnte. Er schaffte zu meiner Unterhaltung etliche andere Tiere herbei – Eidechsen, Hirschkäfer und Riesenameisen, von Skorpionen ganz zu schweigen.

Skorpionrennen waren ein Lieblingssport der Malaien. Die Rennen wurden auf dem flachgedrückten Rasen unter den Kolbenbäumen veranstaltet. Ahmad verstand sich besser als die meisten anderen darauf, die Skorpione zu fangen, ihnen den Stachel aus dem Schwanz zu schneiden und sie in Players-Cut-Tabakdosen zu stecken, die an der Wand aufgereiht wurden und die Startlinie markierten. Die Wettstreiter öffneten gleichzeitig ihre Dosen, die Skorpione rannten heraus, und der erste, der das Stück Schnur auf dem Gras erreichte, war der Gewinner. Die siegreichen Skorpione wurden freigelassen. Die weniger glücklichen kehrten zurück in die Players-Cut-Dosen, um neue Rennen zu bestreiten, bis sie starben.

Als Ahmad zu uns zog, trug er am liebsten einen himmelblauen Pyjama, möglichst ohne Jacke. Später beschlossen seine Arbeitgeber, daß es sich für einen Koch nicht schicke, in seiner Pyjamahose zum Dienst zu erscheinen, und ihm wurde offenbar geraten, einen Sarong anzulegen. Aber ich sehe Ahmad nicht in einem Sarong, sondern ich sehe einen Mann, der zu allen Tageszeiten eine himmelblaue Pyjamahose trägt und gewöhnlich einer für mich interessanten Tätigkeit nachgeht. Zum Beispiel kletterte er auf Bäume, um kleine gelbgrüne Früchte zu pflücken, die er mir zum Essen brachte, oder er trug mich einfach durch den Garten und imitierte die Geräusche aller möglichen Tiere, die er angeblich erspähte. *Dei-wit! Dei-wit!* Es klang wie ein Vogelschrei. In Wirklichkeit war es Ahmad, der meinen Namen David rief. Aber die Malaien können das englische V nicht aussprechen, weshalb sich mein Name bei ihnen wie Dei-wit anhörte.

Nach Emmas und Teas Beispiel nannte ich Ahmad *bapa* (Vater), Suppiah *mak* (Mutter), Zeida und Supina *kakak* (Schwester) und warf hin und wieder ein *maki* (Tante) für die älteren Frauen ein, die beinahe jeden Abend bei der unter den Kolbenbäumen versammelten Malaienfamilie vorbeikamen. Wie Emma erfuhr ich von den *hantu*, die auf den Bäumen wohnten und die man stöhnen hörte, wenn der Wind blies und sich die Äste aneinander rieben. Dann sagten die Malaien, daß die Bäume miteinander sprächen. Es gab *hantu*, die schnell beleidigt waren, zum Beispiel die Geister in bestimmten Sträuchern, die ihre Blätter schlossen, wenn man sie berührte. Jedes Zimmer des Hauses hatte einen eigenen *hantu*, was meine Eltern nicht wußten. Vater muß sich manchmal gefragt haben, warum wir uns so beharrlich vor unheimlichen Dingen fürchteten, denn wir baten ihn abends immer, mit seiner Taschenlampe unters Bett zu leuchten, falls sich dort etwas verbarg.

Ohne unser eigenes Wissen und das unserer Eltern wurden wir bereits durch die Zugehörigkeit zu einer anderen Welt vereinnahmt. Für Tea und mich war es die einzige, die wir kannten. Unsere Eltern waren in einer spätviktorianischen Welt aufgewachsen, die Erwachsene von Kindern trennte. Bei den Malaien existierte diese Unterscheidung nicht. Als Kolonialkinder, die zusammen mit den Einheimischen aufwuchsen, standen wir den Malaien näher als ihren Herren. Wir verbrachten den größten Teil des Tages damit, ihre Sprache zu sprechen, dieselben Speisen zu essen, uns mit ihnen die Zeit zu vertreiben, ihren Aberglauben, ihre Freuden und Enttäuschungen zu teilen. Es hätte kaum anders sein können.

Noch jahrelang, nachdem wir nach England zurückgekehrt waren, behielten wir den Toilettenbegriff der Malaien bei: *bearak*. Dies entsprach der europäischen Sitte, Euphemismen zu benutzen, wenn von Ausscheidungen die Rede ist. Aber in der malaiischen Sprache war *bearak* kein Euphemismus. Man redete offen über die Körperfunktionen, seien es *bearak*, Schwangerschaften oder Sex. Da unsere Eltern Malaiisch viel langsamer als wir lernten, brauchten sie eine ganze Weile, um herauszufinden, worüber die Einheimischen sprachen (häufig recht »derbe« Themen, wie meine Mutter, deren Wertschätzung für die Malaien lange überwiegend visueller Art blieb, zu ihrem Erstaunen entdeckte) und welchen Dingen wir in den endlosen Stunden zuhörten, die wir unbeaufsichtigt in ihrer Gesellschaft verbrachten. Deshalb waren wir schließlich dort: um von *ihnen* beaufsichtigt zu werden. Und sie gaben uns die Freiheit, die sie selbst hatten.

Der Klatsch unter den Malaien galt meistens Familienangelegenheiten, was bedeutete, daß wir unfreiwillig in Suppiahs und Ahmads Probleme verwickelt wurden. Sie hatten keine eigenen Kinder, worüber Ahmad verbittert war. Wo ist unser Baby, reizte er seine Frau in unbedachten Momenten. Geh zum Markt, hol chinesisches Baby. Zieh Baby doch als unseres auf. Manchmal biß Suppiah an und war wütend über Ahmad, manchmal reagierte sie mit kalter Verachtung. Sie habe bereits genug mit *ihm* zu tun, ein Baby sei das letzte, was sie benötige, zumal ein Baby von ihm.

Irgendwo in ihrer Kleidung bewahrte Suppiah ein Foto ihres geliebten Mannes auf, der während der japanischen

Besatzung gestorben war. Bei ihren Streitereien mit Ahmad verzichtete sie selten darauf, dieses Foto hervorzuholen und es ihm unter die Nase zu halten. Also das war ein Mann! Mein Mann Nummer eins! Guck ihn dir genau an! Ein Muster an Vollkommenheit! Wir hörten nie etwas anderes als Nummer eins, wenn von diesem ersten Gatten die Rede war. Vielleicht kannte nicht einmal Ahmad seinen Namen oder brauchte ihn gar nicht zu kennen, denn ihm war es bestimmt, als Nummer zwei durchs Leben zu gehen. Suppiahs gnadenlosem Hohn ausgesetzt, der durch den Vergleich mit jenem Muster an Vollkommenheit hier mit dem verachtenswerten Mann von Fleisch und Blut dort verschärft wurde, konnte Ahmad die Reste seiner Würde nur dadurch bewahren, daß er sich schweigend zurückzog.

Obwohl die beiden bemüht waren, solche Reibereien vor uns Kindern zu vermeiden, ließ sich die Spannung zwischen ihnen nicht ignorieren. Das wurde noch schlimmer, als die Nachbarn fortzogen und Ahmad nicht nur seine Nächte, sondern auch seine Tage in unserem Haus verbrachte, wo unser Untermieter, Mr. Simms, ihn als Steward beschäftigte. Da Mr. Simms kaum jemals zu Hause war, hatte Ahmad nun viel mehr Zeit, die er uns widmen konnte. Aber es gab Tage, an denen nicht einmal quirlige Kinder, die es liebten, mit Ahmad zu spielen, seine düstere Stimmung zerstreuen konnten. An solchen Tagen rang er mit dem *hantu* von Nummer eins. Und Nummer eins drückte ihn zu Boden.

Meine Eltern, die diesen Kampf zuerst ganz hilflos beobachteten, entwickelten allmählich Techniken, um Ahmad aufzurichten, wenn er in den Seilen hing, und seinen Gegner mit etwas Glück sogar ganz abzuschütteln. Ahmad hatte geschickte Hände und zeigte sich besonders begabt darin, die Gesundheit unpäßlicher Glühbirnen wiederherzustellen. In jenen Tagen konnte eine Birne durchbrennen und danach trotzdem noch repariert werden. Mein Vater hatte einen Vorrat defekter Glühbirnen, die er Ahmad reparieren ließ, wenn dieser wieder einmal über die Maßen unter Nummer eins litt. Das hier ist ein ziemlich komplizierter Fall, sagte mein Vater dann, um ihn zu ermuntern, während er ihm eine der Birnen reichte, vielleicht sogar für dich zu schwierig. Ahmad untersuchte die Birne wie ein Mediziner, der es mit einer seltenen Krankheit zu tun hat. Er prüfte, wo sich die Fäden gelöst hatten, und fügte sie durch ein sanftes Schütteln wieder zusammen. Voilà! Ahmads Gesicht erhellte sich, und er richtete sich ein wenig auf den Zehenspitzen auf.

Ahmads Aufstieg war langsam, doch stetig: von der Arbeitslosigkeit in einem Kampong nach oben auf den Hügel, wo die Nachbarn ihn als Koch beschäftigten und er in der Unterkunft hinter unserem Haus wohnte, bis hin zu einem Posten als Steward, der im Haus selbst arbeitete, wenn auch zu seinem Bedauern immer noch nicht für uns. Ich möchte auch hier arbeiten, *mem*, erklärte er meiner Mutter, als er einzog, und überreichte ihr einen Blumenstrauß. Was für wunderschöne Blumen, sagte sie und wollte wissen, woher er sie hatte. Ahmad wedelte abschätzig mit der Hand. Chinesischer Freund mit großem Garten, krieg Blumen, wann *mem* will, sagte er. Von Zeit zu Zeit tauchte er wieder mit Blumen auf, und es wurde zu einem Ritual, daß er meiner Mutter dann anvertraute, was er vom Leben erwartete. Er wollte ein chinesisches Baby adoptieren. Vor allem aber wollte er unser Koch sein.

Meine Eltern wären bereit gewesen, ihn als Koch einzustellen. Mit Ahmad als Koch und Suppiah als Haushälterin konnte vielleicht eine Gleichheit zwischen den beiden hergestellt werden, die Ahmad mehr Selbstvertrauen verleihen und ihm helfen würde, den *hantu* von Nummer eins zu besiegen.

Unglücklicherweise verfügten sie bereits über die Dienste einer Köchin, die von meiner Mutter persönlich ausgebildet worden und nun mehr oder weniger etabliert war: Supina. Es gab weniger gut etablierte Aspekte von Supinas Leben – sie klagte über Geräusche im Kopf und Ohnmachtsanfälle, bei denen das Zimmer um sie herum wirbelte –, die meiner Mutter, wenn sie sich vorstellte, daß Supina mit einem vollbeladenen Tablett unterwegs ins Kinderzimmer war, einige unruhige Momente (später würde sie von Vorahnungen sprechen) bereiteten, aber das war schwerlich ein Grund dafür, Supina durch Ahmad ablösen zu lassen. Also hatte meine Mutter den Einfall, Ahmad zu Supinas Zweitbesetzung zu machen – für alle Fälle sozusagen, und sie beschloß, daß es am besten war, Ahmad zu ihrem zukünftigen Koch aufzubauen, indem sie ihm die Verantwortung für die Einkäufe übertrug.

Da die Läden so weit entfernt waren, hatte mein Vater die Einkäufe bis dahin widerwillig in seiner Mittagspause erledigt. Manchmal lagen die Sachen den ganzen Nachmittag lang in dem heißen Auto, und wenn Vater abends nach Hause kam, wurden sie in einem recht trostlosen Zustand aus dem Wagen geholt. Nichts fürchtete mein Vater mehr als Ahmads mitleidigen Blick, das trockene, leise Lachen und die paar geringschätzigen Worte, während er die Lebensmittel im Haus inspizierte. Gewöhnlich ließ er es dabei bewenden, aber wenn Nummer eins ihn plagte und Ahmad boshaft gestimmt war, verhörte er meinen Vater, um die Preise zu erfahren. Wieviel für den löchrigen Sack Reis? Die verschimmelten Bohnen? Den verschrumpelten Kohlkopf? Wenn mein Vater die Preise nannte, rollte Ahmad mit den Augen und zischte durch die Zähne. *Tuan* sei ausgeraubt worden, aber das sei nicht seine Schuld. Nur er, Ahmad, wisse nach Jahren der Erfahrung, wie man mit den Schurken auf dem Markt umzugehen habe.

Und er wußte es wirklich. Mein Vater begleitete Ahmad die ersten beiden Male zum Markt und stellte erstaunt fest, daß dieser Chinesisch sprach. Die Chinesen waren kaum weniger überrascht, als sich ein Mann von unverkennbar malaiischem Äußeren ihren Ständen näherte, ihre Auslagen verächtlich musterte und in jener derbsten Fischweibersprache, dem Kwandong-Dialekt, spöttische Bemerkungen über sie machte. Überzeugt, daß unsere Einkäufe nun in fähigen Händen waren, ließ mein Vater Ahmad gewähren.

Dreimal pro Woche wurde Ahmads Rückkehr nach einer Einkaufsexpedition sehnlichst vom ganzen Haus erwartet.

Er betrat das Haus stets mit der Miene eines Mannes, der einem Nervenzusammenbruch nahe ist: zitternd, bleich, das Weiße seiner Augen von trübgelblicher Farbe. Aber wenn er Zeit gehabt hatte, sich zu erholen, schilderte Ahmad sämtliche Abenteuer, die er an jenem Tag auf dem Markt erlebt hatte. Er stand auf, stolzierte großspurig durchs Zimmer und übernahm dann die Rolle des Standbesitzers. Indem Ahmad zwischen den beiden Rollen hin und her wechselte, stellte er den Dialog, drohender Käufer hier und eingeschüchterter Standbesitzer dort, in Explosionen aus wild klingendem Kwandong dar, die er nebenher geschickt ins Malaiische übersetzte. Auseinandersetzungen über den Preis eines Stückes Fisch waren im Glanz von Ahmads Schlachtrhetorik sofort vergessen, und aus diesen Schlachten ging Ahmad stets als Sieger, der Feind stets als vernichtend geschlagen hervor.

Meine Mutter wurde durch diese Darbietungen aufgewühlt. Besorgt über die schädliche Wirkung auf seine Gesundheit, welche die lange Reise zum und vom Markt dreimal pro Woche haben konnte, veranlaßte sie, daß der Chauffeur Ahmad morgens auf der Fahrt zum Büro meines Vaters am Markt absetzte, und sie gab ihm Taxigeld für die Rückkehr.

An jedem Einkaufsmorgen schlenderte Ahmad nun pfeifend durchs Haus, ließ die Münzen in seiner Tasche klingeln und folgte Suppiah, die ihren Pflichten nachging. Nummer eins hat auch Taxigeld in Taschen klingeln, eh, Frau? Nummer eins geht einkaufen mit *tuan* in Chauffeurwagen?

Einmal kehrte Ahmad ohne Einkäufe, aber dafür mit einer viel besseren Schilderung der Tagesereignisse zurück. Er war ausgeraubt worden – ja! Er holte das Portemonnaie hervor und zeigte es uns zum Beweis – leer!

Zwei Männer hatten ihm in einer Gasse hinter dem Markt aufgelauert; der eine hatte sich von hinten herangeschlichen und Ahmads Arme festgehalten, so daß der andere ihn durchsuchen und das Portemonnaie an sich bringen konnte. Mit seinen Gegnern raufend, wobei er sich selbst mit seinen eigenen Armen von hinten packte und nach seinem Portemonnaie abtastete, führte Ahmad einen außerordentlichen Kampf zwischen drei Männern vor, der seinem Publikum einen lebhaften Eindruck von den Geschehnissen verschaffte. Offenbar hatte er sich durch sein unablässiges Gefeilsche auf dem Markt Feinde gemacht.

Meine Eltern überlegten, ob es sicher war, ihn weiterhin allein einkaufen zu lassen, und versprachen, ihm den Gärtnerjungen mitzugeben, damit Ahmad nicht noch einmal ausgeplündert wurde.

Mutters Sorgen um seine Gesundheit erwiesen sich als sehr begründet. Bei einer seiner besonders dynamischen Nacheinkaufsszenen kippte Ahmad um und stand nicht wieder auf. Ich erinnere mich daran, daß ich vor Erregung glucksend auf und ab hüpfte, als ich ihn auf dem Boden hingestreckt liegen sah.

Gehirnerschütterung! Haarfeiner Riß an der Schädeldecke! Ahmad machte meine Schwester Tea nach.

Aber die Erwachsenen wirkten überhaupt nicht belustigt. Etwas Weißes kam aus Ahmads Mund. *Hantu! Hantu!* riefen die verängstigten Frauen. Von ihrem Schrekken angesteckt, begannen meine Schwester und ich zu weinen und wurden aus dem Zimmer gebracht.

Ob Ahmad an jenem Tag von Epilepsie oder dem *hantu* von Nummer eins niedergestreckt worden war, blieb ungeklärt. Solange er in Singapur für uns arbeitete, wiederholte sich der Vorfall nicht. Er wurde ins Krankenhaus eingeliefert und kehrte am folgenden Tag mit einer vorläufigen Epilepsie-Diagnose auf seinen Entlassungspapieren zurück. Aber während er bewußtlos auf dem Boden lag, hob Suppiah seinen Kopf auf ihren Schoß und ließ die anmutigsten malaiischen Worte erklingen, all die liebevollen Wendungen, die Kosenamen und Zärtlichkeiten, die er im Wachzustand nie von ihr zu hören bekam.

Nur die Malaien waren in der Küche, als Supina Amok lief. Oben aus der Baumwipfelveranda hörte meine Mutter ihre Schreie und eilte hinunter.

Auch Supinas Mann hatte sich in der Küche aufgehalten. Nach dem, was sich meine Mutter später zusammenreimen konnte, war dieser extreme Anfall dessen, was Supina *Schwindelkopf* nannte, durch ihn ausgelöst worden. Sie schien plötzlich in eine Trance zu fallen, ergriff ein Messer, hob es hoch über den Kopf und ging damit auf ihn los. Er wich zurück und rannte aus dem Haus. Es waren die Frauen, Zeida und Suppiah, die ihre Arme packten und ihr das Messer entwanden.

Meine Mutter versuchte, mit Supina zu sprechen, konnte ihr jedoch kein vernünftiges Wort entlocken. Supina nahm ihre wenigen Habseligkeiten und verließ das Haus, kurz bevor ein Polizist eintraf, der eine Anzeige über den Vorfall erhalten hatte und Nachforschungen anstellen wollte. Ahmad, dessen Bruder angegriffen worden war, beschimpfte Supina und bot seine Hilfe an, damit sie vor den Richter gebracht werden könne. In Supinas Abwesenheit war Ahmad auf den Posten des Kochs aufgerückt, den er seit so langer Zeit begehrt hatte. In diesem Moment des Triumphs zeigte er, wie rachsüchtig er sein konnte. Vielleicht hatte kein anderer als Ahmad die Sache angezeigt.

Monate später tauchte Supina eines Nachmittags im Haus auf, ruhig und gefaßt wie immer, als könne sie sich nicht an das Ereignis erinnern. Sie war zu ihrem Mann zurückgekehrt und lebte wieder mit ihm zusammen. Meine Mutter zahlte ihr den ausstehenden Lohn und bat sie, nicht mehr wiederzukommen.

Der Vorfall verstörte meine Eltern nicht zuletzt deshalb, weil sie gemerkt hatten, wie wenig sie über die Menschen in ihrem Haushalt wußten. Zwei Angestellte hatten gerade Anfälle erlitten, die Mutter und Vater hauptsächlich wegen uns Kindern beunruhigten. Wie verläßlich waren diese sanften, charmanten Malaien, in deren Obhut wir uns befanden? Warum waren ihre Ehen so stürmisch? Es mochte sich nicht damit vergleichen lassen, daß Supina mit einem Messer auf ihren Mann losgegangen war, aber auch Suppiah holte häufig mit einem Knüppel nach Ahmad aus. Und Mina war schon als Fünfzehnjährige von ihrem Mann verlassen worden.

Unter dem Einfluß dieser Ereignisse beschloß meine Mutter, daß es ratsam wäre, wenn Suppiah und Ahmad uns während des Urlaubs begleiteten. Ursprünglich hatte sie geplant, nur Peah mitzunehmen, die auf mich aufpassen sollte. Vielleicht würde ein Kulissenwechsel Suppiah und Ahmad guttun. Vielleicht würde die Ferienatmosphäre den Streitereien zwischen ihnen ein Ende setzen.

Also kam ein Klappbett für Ahmad, zusammen mit seiner Gitarre und ein paar seiner anderen Besitztümer, zu den Haushaltsgütern auf dem Dach des Lastwagens hinzu, der uns nach Mersing, etwa hundert Meilen küstenaufwärts auf der Malaiischen Halbinsel, bringen sollte. In Urlaub zu fahren sei wie ein Umzug, sagte meine Mutter immer, und für uns Kinder war das plötzliche Erscheinen von Schrankkoffern oft das erste Anzeichen, daß sich in unserem Leben etwas ändern würde.

Fahren wir nach Hause, Mummy, fragte Emma, wann immer die Koffer auftauchten, und sie hüpfte herum, als könne sie es kaum abwarten. Unsere Mutter sprach häufig auf rätselhafte Weise von dem Zeitpunkt, *wenn wir nach Hause fahren*. Für Tea und mich war das verwirrend. Wir dachten, daß das Haus auf dem Hügel, in dem wir wohnten, unser Zuhause sei. Aber da Emma mehr als wir über die Heimat wußte (schließlich war sie dort geboren worden und hatte jahrelang bei Granny gewohnt), hüpften auch wir auf und ab, wenn unsere Mutter zu packen anfing, und riefen alle gemeinsam: *Fahren wir nach Hause!*

Suppiah saß hinten mit Peah, meiner Mutter und uns, Ahmad nahm vorn neben dem Fahrer Platz. Kurz nachdem wir die Brücke nach Johore Bahru überquert hatten, kamen wir durch einen Kampong. Suppiah deutete durch den Regen auf ein grau bedachtes Haus auf Stelzen, das sich nicht von den anderen unterschied. Dort hatte sie früher mit ihrem ersten Mann gewohnt. Diese Bemerkung führte zu dem üblichen Lobgesang auf Nummer eins im Gegensatz zu Nummer zwei, was wiederum Ahmad veranlaßte, eine seiner vielen Geschichten zu seiner eigenen Lobpreisung zu erzählen. Mutter saß hartnäckig taub zwischen den beiden und brach in Entzückensschreie über die Landschaft aus, die wir durchquerten. Die Straße führte durch Reisfelder, bevor sie sich durch hügelige Gummiplantagen in den Dschungel hinaufwand, einen dunklen Wald aus Riesenbäumen, der mir recht beängstigend vorkam. Schließlich erreichten wir einen windgepeitschten Strand, wo ein einsames Haus auf das Meer hinausblickte.

Ahmad ist eine große Gestalt an meinem kleinen malaiischen Horizont, aber in Mersing war er zumeist abwesend. Vielleicht gab es in der Pension keinen Platz für ihn, und er hatte sein Klappbett genommen und es in der Umgebung in einem Kampong aufgeschlagen. Andere Gestalten, mein Vater und meine alte Amah Peah, treten aus dem Hintergrund hervor und werden Teil einer speziellen Erinnerung oder eines besonderen Gefühls.

Peah wird durch das Quietschen des Rades an der Rattankinderkarre bestimmt, mit deren Hilfe ich gehen gelernt hatte. Diese Karre nahm Peah mit, um mit mir am Strand in Mersing Spaziergänge zu machen oder um mich darin zu schieben, wenn mich das Gehen ermüdet hatte. Sie sprach nie von dem Geräusch des Rades, sondern von dem Tier, vielleicht eine Spitzmaus oder der *hantu* einer Spitzmaus, das in dem Rad lebte und nur herauskommen konnte, wenn die Karre stehenblieb. Peah beugte sich über die Karre, wenn sie anhielt, und ihre Hand glitt über den Boden. Dann hob sie die Hand, damit ich mich überzeugen konnte. Sieh, Dei-wit! Sieh, wie er rennt! Und ich sah mit eigenen Augen, was meine Ohren gehört hatten: Das Quietschen war verstummt.

Das mit Peah verbundene Gefühl hat mit Langsamkeit und Ruhe zu tun. Wenn sie mich auf die Arme nahm, roch ich etwas wie Lakritze an ihren Händen und Kokosöl in ihrem Haar. Sie hatte einen Kniff, durch den sie Kinder, besonders schwitzende und müde Kinder, wieder in Babys verwandelte, lange nachdem sie entwöhnt waren. Dazu steckte sie den Finger in eine Schale mit Milch und Wasser und ließ die Tropfen einen nach dem anderen in meinen Mund fallen. Und sie zählte die Tropfen auf hypnotische Art, *satu, dua, tiga, empat* ..., bis ich selbst zu einem Tropfen wurde und einschlief.

Auf einer sonnenbeschienenen Lichtung am Meer, knochenweiß von totem Gras und den Skeletten vertrockneter Bäume, rief ich *ular! ular!* und gluckste vor Vergnügen, als Peah auf mich zuwatschelte, so rasch sie ihre alten Beine tragen konnten, erschrocken oder vermeintlich erschrocken über die Schlange, die ich vortäuschte gesehen zu haben. Ein Sturm brach los, während wir ein Dorf erreichten und Zuflucht in der Dunkelheit eines Langhauses suchten, umgeben von derselben Wärme, welche die Körper all der Menschen durchfuhr, die sich dort vor dem Regen schützten.

Der Regen fängt an
Das Vieh rennt weg
Du Dei-wit-Boy
Hinein in dein Eck!

Es war zu Beginn des Jahres, kurz vor oder nach meinem Geburtstag. In der Pension auf der windigen Landzunge am Meer, wo meine Eltern belebende Spaziergänge machten, bibberten die Malaien in ihren Sarongs und klagten über die Kälte. Ahmad sah sich sogar veranlaßt, ein Baumwollunterhemd anzuziehen. Allerdings lehnte er einen Tennispullover der Cambridge University mit den stark verblichenen Farben von Corpus Christi ab, den mein Vater ihm anbot. Wie viele Malaien war Ahmad eitel und wäre lieber gestorben, als *tuans* schäbige alte Kleidung anzuziehen. Lieber fror er.

Mein Vater spielt in Mersing eine prominente Rolle, denn zum erstenmal in meinem Leben ist er wochenlang tagsüber bei uns.

Ein großes, wichtig aussehendes Buch lag auf dem Tisch im Zimmer meiner Eltern. Tea und ich durften es überhaupt nicht anrühren, Emma nur unter elterlicher Aufsicht. (*Nicht dürfen*, abgeschwächt durch *elterliche Aufsicht*, gehörte zu den unausgesprochenen Regeln, denen wir uns anpassen mußten, wann immer wir von dem malaiischen in den englischen Teil unseres Lebens überwechselten.) Das große Buch begleitete uns nach Mersing. Emma las den Titel immer in einem einzigen Atemzug laut vor, wenn sie das Buch öffnete, weshalb ich ihn nie vergessen habe. *Unsere Inselgeschichte eine Historie Englands für Jungen und Mädchen von H. E. Marshall.*

Emma ist nun ein großes Mädchen, sagte Vater. Es wird Zeit, daß sie erzogen wird. Da es keine sehr leichte Sache war, dies auf einem Hügel mitten in Singapur, geschweige denn an einem Strand in Mersing zu tun, hatten sie sich der Parents National Education Union (PNEU) angeschlossen, einem System der Do-it-yourself-Erziehung unter elterlicher Aufsicht. Dieses System bestand aus nicht weniger als drei Büchern. Neben *Unsere Inselgeschichte: Eine Historie Englands für Jungen und Mädchen von H. E. Marshall* gab es ein Buch mit Bibelerzählungen und einen Gedichtband mit dem Titel *Ein Schatzkästlein der englischen Poesie*.

Tea und ich schauten interessiert zu, während unsere ältere Schwester den neuen Erziehungspfad einschlug, auf den unsere Eltern soviel Wert zu legen schienen. Nachdem die Bücher eingetroffen waren, lackierte meine Mutter die Deckel – damit keine Würmer in die Bücher eindringen und sie auffressen, sagte sie. Sie glänzten, als wären sie mit Klebstoff bestrichen worden. Tea und ich lernten, daß Erziehung etwas war, das man sorgfältig schützen mußte, damit es nicht aufgefressen wurde.

Mutter brachte Emma die Gedichte im Schatzkästlein der englischen Poesie bei, Vater lehrte sie die Hymnen aus der Bibel, und beide wechselten sich darin ab, sie in englischer Geschichte zu unterrichten. Außerdem übte Mutter die Marian-Richardson-Handschrift mit ihr. Sie stellte Vorlagen her, die Emma kopieren sollte, damit sie ein Gefühl für die Neigung der Buchstaben entwickelte.

Jeden Morgen ging Emma nach dem Frühstück mit Vater zu ihren Rechenstunden an den Strand hinunter. Er schrieb mit einem Stock Multiplikationstabellen in den Sand, die Emma lernen mußte, dazu Additions- und Subtraktionsaufgaben, die sie lösen sollte. Tea und ich beobachteten aus der Ferne, wie Emma um ihre Rechenlektionen herumtollte und auf und ab hüpfte, wenn sie die Lösung fand. Es schien Spaß zu machen, und wir hätten uns ihr gern angeschlossen, aber wir durften den Strand nicht betreten, bis Emma ihre Stunden beendet hatte. Nach den Rechenstunden erhielt sie Schwimmunterricht. Dann bedeutete Vater Tea und mir durch ein Winken, daß wir auch hinuntergehen durften. Er zeichnete mit seinem Stock Irrgärten in den Sand. Wir mußten einen Weg durch die Irrgärten finden, und manchmal schafften wir es nicht vor dem Mittag.

Mein Vater ist ein hochgewachsener, kahlköpfiger Mann, dem es gelingt, uns Kinder sogar am Strand von Mersing zu erziehen, indem er Irrgärten für uns zeichnet, in denen wir die Orientierung verlieren müssen, damit wir uns einen Weg hinausbahnen können. Mein Vater hat es nie auf unverfälschten Spaß abgesehen wie Ahmad, sondern er verkörpert eine Art Hindernisrennen. Ich stehe am Meer und mustere den Sand, den er in einen Irrgarten verwandelt hat, und muß mir überlegen, welcher Weg zu meinem Vater führt, der an der anderen Seite wartet.

Abends faltete er einen Papierbogen zu einem sternförmigen Umschlag und zog Fragen daraus hervor, die er Emma stellte. Wenn sie richtig antwortete, gab er ihr Threepence. Dann durfte sie hinausgehen und sich ein Eis kaufen, wobei sie sich eine moralische Prämie verdiente, wenn sie auch eines für ihren Bruder und ihre Schwester mitbrachte. Unterdessen lagen Tea und ich schon im Bett und er las uns aus *Unsere Inselgeschichte* vor.

»Was für ein lustiger Brief, Daddy, sagte Spen, während er den schmalen Briefumschlag betrachtete, der gerade eingetroffen war, und dem Knistern des dünnen Papiers lauschte. Findest du, fragte Daddy, er ist von zu Hause. Von zu Hause, sagte Spen lachend, aber Daddy, dies hier ist doch unser Zuhause. Ich meine, aus der alten Heimat, Spen ...«

Ich wußte genau, was Spen meinte. Bei dem, was Spen sagte, lachte er häufig, obwohl manches ihn ein wenig nervös gemacht haben muß, und ich bewunderte ihn dafür. Ich entlieh ihn mir aus der Einleitung zu *Unsere Inselgeschichte*. Er zog in Mersing zu uns und war mein Bruder, obgleich ich seinen Namen nicht mochte. Später trat Spen immer aus dem Buch heraus, wenn ich das Gefühl hatte, einen Bruder zu benötigen.

Ein schmaler blauer Umschlag traf aus der alten Heimat ein, ein Luftpostbrief mit knisterndem dünnen Papier, das wir durch die offene Tür des Zimmers unserer Eltern hören konnten. Emma las die Absenderadresse auf dem Umschlag: Long Acre, Flint Norton, Somerset. Er ist von Granny, sagte sie.

Mehrere Tage lang fuhren unsere Eltern jeden Morgen mit einem Boot zu einer kleinen Insel vor der Küste, wo sie bis zum Abend blieben. Emma organisierte in ihrer Abwesenheit die eine oder andere Unterhaltung für Tea und mich. Ich machte Spaziergänge mit Peah. Ahmad erschien mit einem Drachen. Starke Winde rührten das Meer auf, und die Wellen schwappten höher an den Strand, wo sie die Rechenhausaufgaben verwischten, die Vater für Emma im Sand hinterlassen hatte.

Unser Großvater war gestorben, was wir allerdings erst viel später erfuhren. Wenn wir spürten, daß eine Veränderung in der Luft lag, dann höchstens wegen Emmas Erziehung.

Es ist an der Zeit, sagten unsere Eltern, Emmas Erziehung ernsthaft in Angriff zu nehmen. Sie riefen Emma eines Morgens in ihr Zimmer und erkundigten sich, ob sie in eine Schule gehen wolle, eine wirkliche Schule. Emma glaubte, alles über wirkliche Schulen zu wissen, denn sie hatte darüber in Büchern wie *Malory Towers* und in alten Exemplaren der *Girls' Own Stories* gelesen. Mädchen ritten zur Schule, sie erlebten Abenteuer und hielten in den Schlafsälen mitternächtliche Festgelage ab. Emma war begeistert – wann war sie es nicht? – bei dem Gedanken, ein Internat zu besuchen, und gab ihren Gefühlen Ausdruck, indem sie am Strand ein Rad nach dem anderen schlug.

Banditen, kommunistische Rebellen, hatten den Gouverneur von Singapur auf der Fahrt zu einer der Hügelsiedlungen erschossen, in denen die Briten ihren Urlaub verbrachten, um der Hitze zu entkommen. Die Zivilisten zogen ab, und die Soldaten rückten an. Es dauerte einige Zeit, bis Cameron Highlands für banditenfrei erklärt wurde. Das Internat, das Emma besuchen sollte, war erst vor kurzem wiedereröffnet worden.

Laut einer goldenen Kolonialregel (sagten unsere Eltern, die das wiederholten, was Generationen vor ihnen gesagt hatten) behielt man in den Tropen ein Kind, das über sieben Jahre alt war, nicht mehr bei sich. Emma wurde bald neun, und sie wollte in der klebrigen Hitze Singapurs nicht gedeihen. Sie hatte eine blasse Hautfarbe, schwarze Zähne und Furunkel am Hintern, die Suppiah nicht sehr erfolgreich mit einer Mischung aus heißen Umschlägen und Hexerei behandelte. Unsere Eltern betrachteten ihre Tochter und waren nicht zufrieden mit dem Anblick. Nicht nur, daß Emma gesünder hätte sein können; noch dazu war sie auf dem besten Wege, eine Heidin zu werden, deren Leben stärker durch *hantu* beeinflußt wurde als durch die Church of England. Es war an der Zeit, sie Miss Griffith-Jones zu übergeben.

Die Anstalt, die Miss Griffith-Jones im banditenverseuchten Cameron Highlands führte, war so wichtig, daß Kolonialeltern in einem Radius von fünfhundert Meilen ihre Kinder, wenn nötig unter Panzerbegleitung, zur Schule schickten. Auf der Anschaffungsliste standen Stiefel für Dschungelwanderungen, eines von Emmas Lieblingsfächern, sogar als die Kinder dabei von Soldaten beschützt werden mußten. Sie stürzte sich begeistert in alle sportlichen Aktivitäten. Auf dem Plateau, wo die Schulgebäude standen, konnten die Kinder den Soldaten bei Verfolgungsjagden durch schmale Tunnel hinunter an dicht bewaldeten Hängen entwischen, sie konnten sich mit einem Fangenspiel, genannt Kick the Can, vergnügen oder im Rosengarten der Schulleiterin ein geheimes Loch nach Australien graben.

Der akademische Teil des Unterrichts verwirrte Emma. Sie saß die Stunden wie in einem Traum ab. Alles, was sie gelernt hatte, hatte sie unbewußt aufgenommen. Wie viele Seiten hat eine Streichholzschachtel? Vier. Sie war so schlecht im Kopfrechnen, daß sie eine Klasse zurückversetzt wurde. Um rechnen zu können, brauchte sie Sand und einen Stock und das Geräusch des Meeres im Hintergrund. Mit der Geschichte war es das gleiche. Sie kannte all die Illustrationen in H. E. Marshalls Geschichte Englands auswendig (Königin Boadicea: »Werdet ihr mir folgen, Männer?« – Tea und ich hörten diesen Satz oft von unserer älteren Schwester), aber schriftliche Arbeiten brachten sie aus der Fassung. Die Geschichtslehrerin, Miss Hayes, schleuderte Emmas Geschichtsheft über den Fußboden und sagte: Blödsinn! Ihr Englisch war nicht korrekt. Malaiisch sprach sie fließend, aber es war Straßenmalaiisch, und in Cameron Highlands zählte Malaiisch ohnehin nicht.

In Cameron Highlands zählte es, daß man lernte, Engländer oder Engländerin zu sein. Die Übermittlung dieses sehr erlesenen Wissens war der Schulleiterin, Miss Griffith-Jones, anvertraut. Sie bereitete die Kinder auf den Tag vor, an dem sie heimkehren und die Große Schule in England besuchen konnten. In England komme es viel mehr als hier auf Dinge wie Haltung an. Hatte Emmas eigener Vater sich nicht schon in Singapur immer über *Haltung* ausgelassen? Mädchen, die nicht gerade saßen, wurden mit dem Rücken an den Stuhl gebunden, damit sie die richtige Haltung bei den Mahlzeiten erlernten. Danach band man sie los, damit sie aufstehen und ihre Haltung beibehalten konnten, während sie die Nationalhymne sangen, und zwar mit allen drei Strophen.

In England kam es auch auf Dinge wie die Aussprache an, auf das reine Englisch nach Art des Königs. Miss Griffith-Jones zeichnete sich auf diesem Gebiet aus. Sie war die persönliche Vertreterin des reinen Englisch in der Kronkolonie Singapur. Emma hatte nie jemanden gehört, der die englische Sprache so wunderschön beherrschte. Verzückt lauschte sie den Tennisclubvokalen von Miss Griffith-Jones, und auf der Toilette übte sie diese Laute. *Wör freuen öns söhr, daß Sö zöm Dönner zö öns kommen.*

Jeden Abend las die Schulleiterin ihnen die Geschichte der beiden Prinzessinnen vor. Sie war von den Töchtern des Königs mit Hilfe ihrer Kindermädchen im Buckingham Palace geschrieben worden. Emma war zutiefst ergriffen von der Geschichte der Prinzessinnen und von tiefer Ehrfurcht über alles erfüllt, was Miss Griffith-Jones den Kindern über die englische Heimat erzählte. Sie war nicht unglücklich in Cameron Highlands, obwohl sie häufig an Heimweh litt – nicht nach England, wie sie mit einem Anflug von Schuldbewußtsein merkte, son-dern nach ihrer Familie in Singapur, auch nach *bapa* und *mak* und all ihren malaiischen Freunden. Sie war durcheinander.

Sollte sie die Prinzessinnen vor dem Schlafengehen in ihre Gebete einschließen?

Gott segne den König und seine ganze Familie und Mummy und Daddy und Tea und Dei-wit und ... Sitiawa und Suppiah und Asmah und Asmahs Baby und Mina und Peah und Nasib und Salem und Ahmad und Ahmad den Kahlen, amen. Während die Liste der malaiischen Namen immer länger wurde, erhielt Emma den Eindruck, daß ihre Gebete sehr unenglisch klangen und daß Miss Griffith-Jones dies nicht gutheißen würde. Deshalb sprach sie, wenn sie die malaiischen Namen erreichte, nur noch halblaut, damit niemand außer Gott sie hören konnte.

Meine Mutter sollte den Tag bedauern, an dem sie Ahmad vorgeschlagen hatte, sich im Metier der Hühnerzucht zu versuchen. Aber sie sehnte sich nach frischen Eiern, die auf dem Markt zu teuer waren, und so kam der unheilvolle Vorschlag zustande. Über Nacht entwickelte sich Ahmad zum Geflügelexperten. Er verwickelte meine Mutter in Diskussionen über die Vorzüge der reichlich Eier legenden Rasse aus der Ebene, verglichen mit der weniger fruchtbaren, aber widerstandsfähigeren Hügelrasse. Er empfahl, einen Hahn zu kaufen und unsere Hühner selbst zu züchten. Diese technischen Details erschöpften die Reserven des gebrochenen Malaiisch meiner Mutter, und sie winkte zustimmend, ohne zu wissen, worauf sie sich einließ.

Ein prächtig aussehender Hahn traf ein, ließ seine Farben blitzen und stolzierte umher, um sich von seinen Hennen bewundern zu lassen – genau wie ein malaiischer Mann in seinem besten Sarong, bemerkte Suppiah, genau wie Ahmad. Offenbar hatte Ahmad einige der Hühner für sie gekauft, aber es gab keine klare Trennungslinie zwischen ihren und unseren, und meine Mutter lernte nie, sie zu unterscheiden. Alle hatten tagsüber Auslauf im Garten und wurden nachts im selben Stall untergebracht.

Die Hühner waren ein gewaltiger Erfolg. Ahmad wurde mit Lob überhäuft, und Ahmad glühte. Zur Abwechslung von den milden Currys, den Nasi Goreng und Goula moulacca, an die Tea und ich gewöhnt waren, wurde uns nun ein exotisches Gericht namens Pfannkuchen vorgesetzt. Meine Mutter bekam jeden Tag ihr frischgekochtes Ei zum Frühstück. Mein Vater erhielt zum Abendbrot viel häufiger Käseomelett, als er sich ausgerechnet hatte. Vielleicht wurde er dieser Käseomeletts überdrüssig, weshalb er immer später zum Abendbrot zurückkehrte oder ihm ganz fernblieb.

Unsere Vorstellung von dem, was unser Vater tat, beschränkte sich auf das, was wir ihn tun sahen. Wenn er früh aus dem Büro kam, machte er einen Spaziergang mit Mutter, und aus irgendeinem Grund war es ihnen lieber, wenn wir nicht dabei waren. Außerdem nahmen sie ihr Abendbrot allein zu sich. Wir konnten ihn beobachten, während er seine Pfeife auf der Veranda rauchte und seine Zeitung las, aber es war ratsam, ihn noch nicht anzusprechen.

Abends kam die Sippe oft unter den Kolbenbäumen zusammen. Vater war der Häuptling unseres Langhauses auf dem Hügel, unseres Kampong. Er schlichtete unter den Malaien, zahlte ihre Löhne, nahm sie mit zum Einkaufen und fuhr sie bei Notfällen ins Krankenhaus. Er war der Mann, der durch das Haus ging und die Fensterläden schloß, wenn ein Sturm drohte, denn bis die Malaien daran dachten, wäre es bereits zu spät. Es war Vater, der sich auf einen Stuhl stellte, um Tempor herunterzuheben, wenn sie auf dem Dach des Verbindungsganges zwischen dem Haus und dem Personalquartier feststeckte, weil er als einziger groß genug dafür war.

Kaum etwas war unterhaltsamer für die Malaien, als zuzusehen, wenn *tuan* auf einem Stuhl stand, um die Katze vom Dach zu holen. Es war dieser seltsame *tuan*, der nicht ins Haus eintreten oder es verlassen konnte, ohne sich niederzubeugen, um die drei oder vier Paar Pantoffeln auszurichten, welche die Malaien stets schlampig am Eingang zurückließen. Wenn das Dinner spät endete und die Malaien bereits schliefen, kam es durchaus vor, daß er das Geschirr abwusch. Wenn eine Schlange durch das Abflußrohr hinauf ins Badezimmer gelangte, war er der richtige Mann für die Aufgabe. Abgesehen davon, daß er unser Vater war, erwies er sich auch im Haus als unentbehrlich.

Zwischen seinen heimischen Pflichtübungen als Häuptling saß Vater in seinem Büro und entwarf ohne unser Wissen Pläne für eine Föderation der malaiischen Staaten. Er hatte bereits fünf Jahre im Fernen Osten verbracht und war der Meinung, daß es noch mindestens fünf weitere Jahre dauern werde, bis die dortigen britischen Kolonien Unabhängigkeit erlangten. Durch die Abwesenheit ihrer ältesten Tochter war meiner Mutter und ihm schmerzlich klar geworden, daß sie in fünf Jahren wahrscheinlich allein hier leben und ihre drei Kinder Internate Tausende von Meilen entfernt in England besuchen würden.

Vater konnte jederzeit seinen Abschied einreichen, aber dann würde er seine Pension verlieren. Die einzige Möglichkeit, den Kolonialdienst zu verlassen und die Pension zu behalten, bestand darin, zum Zeitpunkt der Unabhängigkeit als Zivilbeamter in einer Kolonie zu arbeiten. Dann hätte er die Wahl, entweder in den Ruhestand zu treten und heimzukehren oder sich weiterhin von dem unabhängigen Staat beschäftigen zu lassen. Fünf Jahre waren zu lang, um auf die Unabhängigkeit für Singapur und Malaya zu warten. Deshalb wurde mein Vater auf eine Nachricht aufmerksam, die besagte, daß eine britische Kolonie in Westafrika, die Goldküste, als erste, vermutlich innerhalb der kommenden zwei Jahre, ihre Unabhängigkeit erhalten werde. Damit bot es sich an, daß er sich dort um seinen nächsten Posten bewarb.

In seiner Funktion als Vater einer fünfköpfigen Familie war er völlig berechtigt, solche Gedanken zu hegen und sogar einen heimlichen Besuch in England zu machen, dessen wahren Zweck er seiner Frau zunächst vorenthielt: die Bewerbung um eine freie Stelle beim Kakaovertriebsvorstand an der Goldküste. Aber in seiner Eigenschaft als Häuptling unseres Langhauses auf dem Hügel schien er die Erwartungen der viel zahlreicheren Mitglieder seiner malaiischen Sippe unterschätzt haben, gar nicht zu reden von ihren Bindungen an *tuan* und *tuans* Familie.

Wie albern von *tuan*, seine Gedanken in diesem von Klatsch und Gespenstern besessenen Land verbergen zu wollen! Die Kolonialpensionspläne, mit denen sich mein Vater trug und die er bis dahin nicht einmal seiner Frau enthüllt hatte, wurden bald von den Kolbenbäumen, die ihre Äste im Wind aneinanderrieben, der Öffentlichkeit preisgegeben. *Hantu* in Haus und Garten flüsterten über die sich abzeichnenden Pläne und den künftigen Wandel, und wenn die Malaien nicht verstanden, was die *hantu* sagten, so fühlten sie sich doch in ihre Stimmung ein. Die ruhige Oberfläche ihres Lebens wurde durch einen Wind aus einer unbekannten Richtung gekräuselt.

Dinge begannen auf mysteriöse Art schiefzugehen. Mina machte sich davon, hatte ein Baby, hieß es, hatte eine Abtreibung, besagten die sich anschließenden Gerüchte. Die Frau des Gärtners unserer Nachbarn ging hinaus, um ihren Sohn während eines Wolkenbruchs von der Schule abzuholen, wurde fortgeschwemmt und ertrank in einem überfluteten Abflußgraben am Fuß des Hügels. Suppiah schlich nachts durch den Garten (nachdem sie Ahmad lange mit Nummer eins verschont hatte), verfluchte ihren Mann und heulte zum Mond hinauf. Tempor, die Hauskatze, verschwand. Tea hatte plötzlich Eiterbeulen. Ich fuhr mit meinem Dreirad in einen der Betonabflußgräben, so daß meine Kopfhaut aufplatzte und die Wunde genäht werden mußte. Meine Mutter hatte Fieber. Die Hennen hörten auf, Eier zu legen.

Was ist mit deinen Hennen los, fragte meine Mutter Ahmad, ist ihnen vielleicht der Appetit vergangen? *Deine* Hennen, wiederholte Ahmad ironisch, hob die Augenbrauen und sog Luft durch die Zähne. *Mems* Hennen alle krank, hören auf, Ei zu legen. Vielleicht falsche Rasse. *Unsere* Hennen alle gut genährt und strotzend vor Gesundheit. Meine Mutter befahl Ahmad, alle Hühner sofort zurück in den Stall zu scheuchen und für eine Untersuchung bereitzuhalten.

Aber es machte wenig Sinn, daß sie in den Hühnerstall

kroch und so tat, als verstehe sie etwas von Geflügel. Mutter war ein Stadtmädchen. Sie konnte eine Ente kaum von einer Gans unterscheiden, geschweige denn die Hühner aus der malaiischen Ebene und die ähnlich aussehende Rasse, die in den Hügeln gezüchtet wurde. Auch konnte sie sich nicht erinnern, mit Ahmad über deren jeweilige Vorzüge gesprochen zu haben, und sie entsann sich nicht der Entscheidung, die in ihrer Abwesenheit getroffen worden war. Das Geflügel aus der Ebene legte mehr Eier, war aber weniger robust, die widerstandsfähigere Hügelrasse dagegen war nicht so produktiv. Also hatte Ahmad beschlossen, sich abzusichern, indem er sechs Hühner der erstgenannten Rasse für *mem* und sechs der Hügelrasse für sich selbst und Suppiah kaufte. Die letzteren waren natürlich wohlgenährt und von strotzender Gesundheit, während unsere – räudig, niedergeschlagen, unsicher auf den Beinen und nun eierlos – unabänderlich dahinsiechten.

Als Ahmad Mutter anbot, ihr die eigenen Eier zum halben Marktpreis zu verkaufen, wurde sie so wütend, daß sie nicht mehr sprechen konnte. Ihre Sicht der malaiischen Welt erhielt einen Riß, von dem sie sich nicht wieder erholte.

Der Krieg mit Ahmad hatte begonnen. Wenn wir schon keine Eier essen könnten, sagte meine Mutter, als sie ihre Stimme wiedergefunden hatte, würden wir die Hühner essen. Ahmad war entsetzt. Schlachte sie, befahl *mem* mit kalter Stimme und stolzierte zurück ins Haus.

Der Ramadan sorgte für den Aufschub der Hinrichtung. Mutter hatte tiefen Respekt vor allen Religionen, da sie selbst ohne die Vorteile einer Religion aufgewachsen war. Man hatte ihr mitgeteilt, daß gewisse Tätigkeiten während des Ramadan verboten seien. Die Schlachtung von Hühnern, dessen war sie sich sicher, mußte dazugehören. Während der Monat voranschritt und sich Berge von Wäsche aufhäuften, die Suppiah hätte waschen sollen, während die Näharbeiten unerledigt blieben, der Staub nicht aufgefegt wurde und die Mahlzeiten, die Ahmad auf den Tisch brachte, immer schlechter mundeten, fragte Mutter sich allmählich, ob *irgendwelche* Tätigkeiten während des Ramadan erlaubt waren. Sie machte jedoch keine Bemerkung gegenüber ihrem Personal, sondern zog mit ihrem Zeichenblock und ihrem Hocker durch das Haus und den Garten. Den größten Teil des Tages hindurch lagen die Malaien wie Steine im Schatten, so daß sie die Möglichkeit hatte, eine erhebliche Zahl von Studien ruhender Menschen fertigzustellen.

Nach mehreren Wochen kehrte Vater von einer Geschäftsreise zurück, die ihn in die alte Heimat geführt hatte. Er fand seinen Haushalt in einem jämmerlichen Zustand vor. Spinnweben hingen an den Fenstern. Hennen wanderten durch das Haus. Der Garten war überwuchert. Seine Frau war hysterisch. Er rief das Personal zusammen. Was geht hier vor, wollte *tuan* wissen. Es kam zu einer heftigen Auseinandersetzung.

Er war auf undefinierbare Weise anders. Die alte Heimat hatte ihre Krallenspur auf ihm hinterlassen. Die Malaien wurden mürrisch. Sie hörten die Kolbenbäume im Wind murmeln, nicht spezifisch über eine Laufbahn beim Kakaovertriebsvorstand in Westafrika, sondern über finstere, geheimnisvolle Vorgänge in der alten Heimat, und die Folgerung lautete, daß *tuan* seine eigenen Interessen über ihre gestellt habe. *Tuan* hatte die Sippe verraten.

Nicht lange nach seiner Rückkehr durchstöberte Vater die Rumpelkammer und kam mit zwei Koffern heraus, deren Nähte locker waren und deren Griffe sich lösten. Er brachte die Koffer zu einem Lederhändler im Ort, um sie ausbessern zu lassen.

Als der Neumond kurz am Himmel erschien – jedenfalls wird davon gemunkelt, sagte Vater mit ungewohntem Sarkasmus, denn alle Malaien hätten geschlafen und könnten ihn nicht gesehen haben –, war der Monat Ramadan vorbei. Es war eine Zeit der Feste und Feierlichkeiten. Ahmad kam ins Haus, während meine Eltern beim Frühstück saßen, und verkündete grimmig, es gebe Huhn zum Lunch.

Auf Mutters strengste Anweisung hin mußten Tea und ich oben spielen und durften den ganzen Morgen nicht hinuntergehen. Sie setzte sich zu uns, um dafür zu sorgen, daß wir gehorchten. Die Stunden verstrichen, und Mutter wurde noch unruhiger als wir. Von Mr. Simms, unserem früheren Untermieter, hatte Ahmad in Anerkennung seiner Dienste als Steward einen Gong geerbt. *Tuan* liebte den Klang von Gongs – daheim in Somerset war seine Familie damit traditionsgemäß zu den Mahlzeiten gerufen worden – und hatte Ahmad ermutigt, seinen Gong für den gleichen Zweck zu benutzen. Dies tat er mit einer solchen Energie, daß bei einer unvergeßlichen Gelegenheit, als ein Trauerzug den Hügel hinauf zum chinesischen Friedhof schritt, eine verspätete Gruppe von Gästen, die hinter der Hauptprozession zurückgeblieben war, Ahmads Mittagsgong fälschlich für den Trauergong hielt und in die Auffahrt unseres Hauses umgelenkt wurde. Aber heute blieb der Gong stumm. Mutter konnte sich nicht erklären, warum der Lunch so spät serviert wurde, und um halb zwei ging sie hinunter, um es herauszufinden.

Sie entdeckte Ahmad in der Küche, der mit Federn und Blut verschmiert war, als er gerade dem letzten Huhn den

Kopf abhackte. Er legte es auf eine Platte neben acht andere Hühnerleichen, unseren gesamten Geflügelbestand. Es war ein Massengemetzel. Sogar die Hügelrasse, die Ahmad für sich beansprucht hatte und die sich angeblich strotzender Gesundheit erfreute, war geopfert worden, um uns zu ärgern und den rachsüchtigen *hantu*, nämlich Ahmads verletzten Stolz, zu besänftigen.

Aber warum, war alles, was meiner Mutter einfiel, warum?

Mem habe befohlen, die Hühner zu schlachten, oder etwa nicht? *Mems* Befehle seien ausgeführt worden.

Huhn zum Lunch, sagte Ahmad.

Die Bekanntmachung war offiziell. *Tuan* und *mem* gingen eines Abends hinüber zur Personalunterkunft und erklärten den Malaien, daß wir im neuen Jahr heimkehren würden. *Tuan* hielt es für geraten, diese Entscheidung mit dem Hinweis auf die Sippenangehörigen im Kampong in Somerset zu rechtfertigen, deren Interessen er seit so vielen Jahren vernachlässigt habe. Das Familienfoto wurde aus Zeidas Zimmer herausgeholt und herumgereicht, während *tuan* sprach. Er zeigte auf die jeweils erwähnten Familienmitglieder. Das sei sein Vater, der vor nicht langer Zeit dahingegangen sei und eine Witwe hinterlassen habe, die von ihren Söhnen im Stich gelassen worden sei, weil sich alle – mein Vater deutete auf seine Brüder Peter, Chris, Roger und Dei-wit – zur Arbeit ins Ausland begeben hätten.

Dies verblüffte die Malaien und machte einen ziemlich schlechten Eindruck. War England ein so armes Land, daß *tuan* und seine Brüder ins Ausland hatten reisen müssen, um Arbeit zu suchen? Meinem Vater fiel es recht schwer, eine gute Antwort auf diese Frage zu finden. Vor allem wollten die Malaien wissen, weshalb Dei-wit, mein Onkel und Namensvetter, im Profil zur Kamera stand, statt sie anzuschauen wie alle anderen. Mein Vater versuchte zu erklären, daß Dei-wit schielte. Seine Mutter habe nicht gewollt, daß er direkt in die Kamera blickte, damit das Schielen auf dem Foto nicht zu erkennen sei. Dies war den Malaien entweder unverständlich, oder sie glaubten es nicht. Deshalb ließen sie sich eine plausiblere Erklärung einfallen. Dei-wits Schielen sei in Wirklichkeit ein schwerwiegender Fall von bösem Blick, was einen viel wahrscheinlicheren Grund dafür darstelle, daß *tuans* Vater gestorben war und all seine Brüder die Flucht ins Ausland ergriffen hatten.

Dei-wits böser Blick, der *tuans* kühne, doch überhastete Rückkehr nach England erforderlich gemacht habe, lieferte unseren Malaien eine Erklärung, die es ihnen erleichterte, mit unserer Abreise fertig zu werden. Außerdem waren es nicht mehr dieselben Malaien wie die, welche am Anfang für uns gearbeitet hatten, und mit etlichen verknüpften uns nicht so starke Bande wie mit Ahmad und Suppiah. Der Gärtner Abbas hatte den Posten gewechselt, Mina war verschwunden und von einer Straits-Chinesin namens Ka Muna abgelöst worden; an Supinas Stelle trat Asmah, Peahs Tochter aus ihrer Ehe mit dem Tamilen. Asmah zog mit ihrer Tochter Sitiawa und einem Baby ein, das von ihrem zweiten Mann Din stammte.

Dessen Erscheinen nahm Ahmad so sehr in Anspruch, daß er es meiner Mutter bald verzieh, ihn zur Schlachtung der Hühner gezwungen zu haben – er vergaß es völlig. Dins gutes Aussehen und seine tadellosen Manieren, der Anklang, den er unter Frauen fand, und seine allgemeine Beliebtheit lösten Ahmads nie ruhenden Neid aus. In

Ahmads Augen war völlig klar, weshalb Din eine solche Beliebtheit genoß: Er war Friseur.

Wo immer Din mit seinem Fahrrad auftauchte, strömten die Leute herbei. Abends kamen sie vom nahe gelegenen Kampong, um sich unter den Kolbenbäumen das Haar von Din schneiden zu lassen. Din war ein Meister im Smalltalk und hielt alle bei Laune. Wenn sich keine Kunden einstellten, blieb Din in Übung, indem er die Haare seiner Stieftochter Sitiawa stutzte, hin und wieder zwei- oder dreimal pro Woche, bis Sitiawa das Haar langsam ausging und ihre Mutter sich einschaltete.

Von Din in den Schatten gestellt und voller Groll über die Art, wie dieser ins Rampenlicht trat, begriff Ahmad eine wichtige Wahrheit über sich selbst: Er war als Koch nicht mehr glücklich, sondern er war dazu bestimmt, Friseur zu werden. Damit hatte Ahmad keinen Grund mehr, Einwände gegen unsere Abreise zu erheben. Im Gegenteil, er hatte einen Grund, dankbar dafür zu sein, denn sie würde ihm ermöglichen, seiner wahren Berufung nachzugehen.

Während Ahmad darauf wartete, Friseur zu werden, mußte er etwas finden, womit er Din übertrumpfen konnte. Nachdem er von meiner Mutter gehört hatte, daß Emma zu Weihnachten aus der Schule zurückkehren werde, schlug er vor, eine große Party zu organisieren, um gleichzeitig Emma willkommen zu heißen, Weihnachten zu feiern und der Familie einen angemessenen Abschied zu bereiten. *Mem* solle ihm die Vorkehrungen überlassen. Mutter hielt dies für einen netten Einfall, man einigte sich auf ein Budget, und Ahmad machte sich an die Arbeit.

Einige Wochen vor Weihnachten konnte man beobachten, wie sich eine noch seltsamere Kavalkade als jeder gongläutende chinesische Trauerzug den Hügel zu unserem Haus heraufbewegte. Sie bestand aus zwei Fahrrad-Rikschas und einem Baum. Die Rikschas rollten vor und hinter dem Baum dahin, etwa so, wie Motorradeskorten den Gouverneur zum Regierungssitz zu begleiten pflegten, nur sehr viel langsamer. Zur Beunruhigung meiner Mutter, die diese Szene zufällig aus unserem Wohnzimmer in den Baumwipfeln betrachtete, fuhren die Rikschas und der von ihnen eskortierte Baum in unsere Anfahrt ein und machten vor dem Haus halt.

Nun wurde deutlich, daß auch der Baum selbst auf einer Rikscha saß. Aber der Rikscha-Fahrer und sein Passagier waren zuerst nicht sichtbar. Erst als ihm die beiden anderen Rikscha-Fahrer zu Hilfe kamen und sie aus dem Baum herauslösten, rückten sie allmählich ins Blickfeld: der Fahrer, ein Chinese in Shorts und mit einer zylinderförmigen Kopfbedeckung, der durch die Äste spähte, und sein Passagier Ahmad, der den Stamm mit den Armen umklammerte. Die beiden Rikscha-Begleiter befreiten Ahmad von seinem Baum, und er stieg ab. Erfreut über das Publikum, das sich mittlerweile am Eingang versammelt hatte, ignorierte Ahmad die aufgeregten Fragen, entfernte in aller Ruhe Baumstücke von seinem Körper und scherzte auf chinesisch mit den Rikscha-Fahrern. Weihnachtsbaum, verkündete er schließlich mit gekünstelter Beiläufigkeit und bedeutete den Fahrern, den Baum ins Haus zu bringen.

Der Baum wurde im Flur abgestellt, damit *tuan* nach seiner Rückkehr aus dem Büro entscheiden konnte, welches Zimmer ihn aufnehmen sollte. Die Malaien waren so erregt über die Anwesenheit eines ausgewachsenen Baumes im Hausinnern, als läge dort ein gestrandeter Wal. Sie schnalzten mit der Zunge und äußerten sich bewundernd über eine solche Heldentat. Nicht einmal Suppiah konnte sich enthalten, einen Blick auf den Baum zu werfen. Ahmad reckte den Kopf in die Höhe. Nummer eins haben Weihnachtsbaum für Feier von *tuan*-Fest, eh, Frau? Nummer eins bringen Baum ohne Hilfe auf Fahrrad nach Hause, Frau?

Und es war tatsächlich eine Art Weihnachtsbaum. *Tuan* inspizierte ihn und meinte, es sei ein Immergrün, wenn nicht gar ein Nadelbaum. So etwas habe er noch nie in Singapur gesehen. Der Baum hatte ausladende gezackte Blätter, an denen man auf ideale Weise Schmuck aufhängen konnte. Aber woher hatte Ahmad einen solchen Baum? War es vielleicht eine seltene Gattung, die er im Botanischen Garten ausgegraben hatte?

Chinesischer Freund haben großen Garten, sagte Ahmad mit dem Arm wedelnd, als meine Mutter sich nach dem Ursprung des Baumes erkundigte, haben viele Blumen, haben Weihnachtsbaum, alle Arten, egal, was *mem* haben will. *Mem* entsann sich des rätselhaften Gartens, aus dem Ahmad bei vielen Gelegenheiten für sie Blumensträuße hergezaubert hatte.

Als Emma zu Beginn der Ferien heimkehrte, fand sie einen Weihnachtsbaum vor, der wie ein Schornstein aus dem Wohnzimmer im zweiten Stock emporragte. Noch ungeschmückt, war er mit einem Banner versehen, auf das Ahmad ohne jede alphabetische Hilfe durch meinen Vater oder meine Mutter WELKUM HOM geschrieben hatte.

Auf dem Markt kaufte er Stöcke und Farbpapierrollen und setzte sich dann mit Suppiah in ungewöhnlicher Eintracht hin, um aus dem Papier Rüschen zur Verzierung der Stöcke herzustellen. Auf malaiischen Hochzeiten wurden diese Rüschen straußförmig an der Spitze von Bambusrohren angebracht, aber für *tuans* Weihnachtsfest steckte man die Rüschenstäbe in die Wanne, in welcher der Baum stand, so daß sie einen Schmuck um den Stamm herum bildeten. Seit Jahren hatte die Familie sämtliche Silberpapierfetzen gehortet, zum Beispiel die Folie von Schokoladenriegeln. Das war eine von *tuans* Gewohnheiten, fast ein Fetisch, den er von seiner Mutter geerbt hatte. Sie sammelte zwanghaft Silberpapier für Wohltätigkeitsorganisationen, anscheinend unter dem Eindruck, daß sich daraus Sixpence-Münzen machen ließen. Meine Mutter überredete ihn, einen Teil des Silberpapiers aus seinem Schatz als Weihnachtsbaumschmuck zu opfern.

Alle Malaiinnen saßen abends unter den Kolbenbäumen und formten *tuans* Silberpapier zu Sternen, Armbändern und Blumensträußchen. Wenn Emma von den Proben zu einem Weihnachtsspiel zurückkehrte, an dem sie in der Garnisonskirche von Tanglin teilnahm, wechselte sie ihr Engelskostüm und ging hinaus, um sich den Frauen anzuschließen. Während sie draußen beschäftigt war, schlichen Tea und ich nach oben, um das Engelskostüm nacheinander anzuprobieren. Es bestand aus einem weißen Kleid, das Suppiah aus einem Kissenbezug genäht hatte, einem Heiligenschein und einem Paar Flügel, für das, wie uns schien, ein übermäßiger Teil des Wohltätigkeitssilberpapiers verbraucht worden war.

Das Weihnachtsspiel und Emmas Rolle darin sollten ein Geheimnis sein. Aber sie war zu aufgeregt, um Geheimnisse zu hüten, und ohnehin konnte man sie überall im Haus hören, wenn sie allmorgendlich in ihrem Zimmer *Im Stall eine Krippe* übte. Zeida summte das Lied bald beim Bügeln, Ahmad flötete es, wenn er auf einer Leiter stand und die Rolläden schrubbte, und er nahm Tonfolgen davon mit zum Markt, wenn er einkaufen ging. Ein oder zwei Dutzend weitere Engel in der Nachbarschaft dürften auch *Im Stall eine Krippe* geübt haben, denn kurz darauf war es überall zu hören. Es wurde von dem hausierenden Eiskremverkäufer aufgeschnappt, als er den Hügel heraufradelte, und geriet in die Melodien, die er aus seinem Glücksrad hervorkurbelte, wenn jemand ein Eis kaufte. Einige hypnotische Takte sollen sogar in die Melodien vorgedrungen sein, die der Schlangenbeschwörer auf seinen Runden flötete. Alle Malaien waren anwesend, als das Lied beim Weihnachtsspiel in der Garnisonskirche vom vollständigen Engelchor gesungen wurde, und hätten nötigenfalls einfallen können.

Das Schmücken des Baumes nahm den ganzen Weihnachtsabend in Anspruch, und es machte den Malaien so viel Spaß, daß sie ihn die Nacht hindurch weitergeschmückt hätten, wäre ihnen nicht von *tuan* und *mem*, die schlafen wollten, Einhalt geboten worden. Am ersten Weihnachtsfeiertag, als die Verandarolläden im Morgengrauen geöffnet wurden und einen Lichtstrom hereinließen, glänzte der Baum unter all dem Silberschmuck an seinen Zweigen. Wir saßen unter dem Baum und öffneten unsere Geschenke, während Ochsenfrösche unten im Garten quakten und Eidechsen oben an der Decke lachten. Es war ein hohes, trockenes, rasselndes Lachen, ein bißchen wie das Lachen des alten Chinesen, der manchmal vorbeikam, um mit Peah zu klatschen. Die Eidechsen waren klebrige, unangenehme kleine Geschöpfe, aber sie fraßen Fliegen und Mücken und brachten Glück in das Haus, in dem sie lebten, erzählten uns die Malaien, denn dadurch, daß sie die Insekten fraßen, beseitigten sie Krankheiten. Zuweilen fielen die lachenden Eidechsen von der

Decke, landeten auf unseren Geschenken und lachten nicht mehr. Ahmad hatte mir einen Bären zum Aufziehen geschenkt, der Purzelbäume schlug, und Tea eine Pirouetten drehende Tänzerin, und von Suppiah erhielt Emma ihr Lieblingsgeschenk, ein malaiisches Kostüm mit einem Muster aus Segelbooten und Blumen.

Nach seinem Welkum-Hom-Banner für Emma produzierte Ahmad zwei weitere, wobei er seine orthographischen Fähigkeiten unablässig steigerte. MERRY KRISMAS war an die Eingangstür geheftet, und von der Veranda hing eine Abschiedsbotschaft auf den Vorbau hinunter: GOODBYE.

Eines Morgens kam ein Lastwagen und parkte in der Auffahrt. Suppiah und Ahmad trugen ihre Haushaltsgegenstände um das Haus herum und luden sie auf den Wagen: eine Matratze, Töpfe und Pfannen, Sarongs, Gemüse, Ahmads Gitarre. Er sah genauso aus wie der Lastwagen, der uns im Jahr zuvor nach Mersing gebracht hatte. Ich lief nach oben und fragte meine Mutter, ob wir in Urlaub fahren würden. Nein, Liebling, wir fahren nach Hause.

Wir fahren nach Hause! Tea und ich hüpften auf und ab. Emma kam weinend ins Haus. Der Flur war voller Koffer und Kisten mit dem Stempel OBERSTLT. J.A.E. BLUNDEN.

Tea und ich gingen hinaus in die Auffahrt, und der Lastwagen war verschwunden. Wir rannten hinter das Haus. Dort war niemand. Wir liefen zurück ins Haus, wo unsere Eltern packten, und fragten sie, was aus den Malaien geworden sei. Vater erwiderte, sie seien nach Hause gefahren. Wir alle fahren nach Hause, sagte er. Tea fragte, ob sie dort sein würden, wenn wir einträfen, und er antwortete, das glaube er nicht, denn unser Zuhause sei nicht dasselbe wie ihres.

Das Haus machte ein leeres Geräusch. Wir rannten herum und schrien in den leeren Zimmern.

Zeida blieb, um in aller Früh das Feuer anzuzünden und unser Frühstück zuzubereiten, bevor wir abreisten. Oben liefen Emma Tränen über das Gesicht, und dann auch Tea, weil Emma weinte. Mutter hatte ihnen eigens blaue Ginghamkleider mit Smokstichen für die Heimreise gemacht, aber Emma wollte das Kostüm mit den Segelbooten tragen, das Suppiah für sie geschneidert hatte. Deshalb sagte Tea, auch sie wolle ihr Kleid nicht tragen. Mutter setzte sich auf das leere Bett und weinte.

Vater sagte, wenn die Mädchen ihre blauen Ginghamkleider anzögen, werde er mit ihnen auf der Heimreise die Pyramiden in Ägypten und noch ein paar andere Dinge besichtigen. Emma stampfte mit dem Fuß auf und entgegnete, sie wolle die Pyramiden nicht sehen und wolle nicht heimkehren. Tea und ich trauten unseren Ohren nicht. Wir alle kehrten doch heim, oder?

Da Vater spürte, daß eine Meuterei drohte, sagte er mit seiner Sehr Kalten Stimme zu Emma, wenn sie sich ihr Kleid nicht blitzgeschwind anziehe, werde er ihr den Hintern versohlen. Sie zog es an.

Als mein Aufziehbär sämtliche Treppenstufen hinunter Purzelbäume gemacht hatte, bat meine Mutter mich, ihr den Bären zu geben, damit sie ihn in den Spielzeugbeutel stecken könne, den wir mitnähmen. Das Auto ist da, sagte sie, es wird Zeit aufzubrechen. Mit einem Gefühl des Unbehagens schaute ich zurück zur Auffahrt, wo Zeida vom Vorbau her winkte, und fragte meine Mutter, wann wir wieder nach Hause fahren würden. Mutter wünschte sich, daß wir aufhörten, all diese Fragen zu stellen, und Emma sagte, wir würden nie wieder zurückkommen, weil wir nicht mehr hier wohnten. Vater deutete durch die Windschutzscheibe und sagte: Guckt mal!

Ich drehte mich um und sah ein Flugzeug aufsteigen, und als ich wieder zum Haus auf dem Hügel zurückblickte, war es bereits nicht mehr zu erkennen.

Der Flug zurück nach England dauerte dreieinhalb Tage. Wir flogen nonstop bis nach Kalkutta, wo das Flugzeug zum Auftanken landete und wo man uns Lunch servierte, obwohl wir bereits vor der Abreise gegessen hatten. In Kalkutta war es sogar noch heißer als in Singapur. Mutter ging mit Emma und Tea zur Damentoilette und half Emma, ihr Strandkleid anzuziehen, damit sie sich frischer fühlte. Tea und ich durften in der Unterhose herumlaufen. Wir setzten uns nebeneinander auf eine Bank, während wir auf das Flugzeug warteten, und kitzelten einander am Rücken, wie es die Malaien immer taten. Die Leute am Flughafen erinnerten uns ein wenig an Zeida, aber sie trugen andere Kleidung, die Frauen waren dicker und hatten einen viel größeren Busen. Busen war ein ungezogenes Wort, deshalb mußten wir es flüstern. Mutter kam herüber, um herauszufinden, worüber wir kicherten.

Dann flogen wir weiter nach Bahrain. Wir mußten durch einen langen dunklen Korridor zum Hotel gehen, wo wir die Nacht verbrachten. Vater sagte, wenn wir am Morgen aufwachten, würden wir die Wüste sehen können, vielleicht sogar Kamele, aber das Gelände um uns herum war völlig flach, und Tea und ich konnten nur Flugzeuge sehen, die landeten und starteten.

In Kairo fuhren wir zu einem großen Hotel mitten in der Stadt. Im Innern waren ein Springbrunnen und eine breite, von Säulen flankierte Marmortreppe. Zwei Männer mit schwarzen Hosen, weißen Hemden und roten Kappen mit Quasten trugen unser Gepäck hinauf in unsere Zimmer. Vater war schon früher in Kairo gewesen und wollte mit uns einen Spaziergang über den Markt machen. Mutter fürchtete, mich zu verlieren, deshalb legte sie mir ein Laufgeschirr an und befahl Vater, Emma und Tea fest an die Hand zu nehmen. Ein Mann stoppte Vater auf unserem Weg über den Markt und fragte ihn etwas in einer Sprache, die wir nicht verstanden, Vater jedoch schon. Er lachte über ihn und schritt weiter. Mutter wollte wissen, was der Mann gefragt hatte. Vater erklärte, er habe sich erkundigt, ob Tea zum Verkauf stehe. Mutter sagte, man sei auf diesen Basaren nicht sicher, und wir sollten sofort ins Hotel zurückkehren.

Am Nachmittag stiegen wir in einen Bus. Tea fragte, ob es der Bus nach Hause sei, und Vater antwortete, sie solle nicht so alberne Fragen stellen. Alle waren müde und unwirsch. Mutter weckte mich, damit ich die Pyramiden und ein paar Kamele angucken konnte, und dann schlief ich wieder ein. Vater ritt auf einem Kamel rund um eine der Pyramiden – auf Kamelen zu reiten hatte im Krieg zu seinen Pflichten gehört –, aber das sah ich nicht, weil ich schlief.

Im Hotel wohnten wir in einer großen Suite. Wir drei Kinder hatten ein Zimmer und unsere Eltern ein anderes, mit einem Verbindungszimmer dazwischen. Sie kamen herein und sagten gute Nacht, obwohl es draußen noch hell war. Vater meinte, wir würden am Morgen sehr früh weiterfliegen. Mutter sagte, wir brauchten uns nicht zuzudecken, da es heiß war und der Ventilator nicht funktionierte, wir könnten uns einfach aufs Bett legen, aber wir dürften nicht aufstehen und herumlaufen. Wenn wir

Durst hätten, könnten wir mit dem Krug von der Anrichte durch den Korridor gehen und ihn von dem Houseboy mit der Blumentopfkappe, der für unsere Suite zuständig sei, mit Wasser füllen lassen.

Sobald unsere Eltern uns allein gelassen hatten, bekamen wir Durst. Emma nahm den Krug von der Anrichte, ging in ihrem Schlüpfer durch den Korridor und bat den Houseboy um etwas Wasser. Obwohl er Houseboy hieß, war er in Wirklichkeit ein Mann. Er ließ seine Hände an ihrem Körper hinauf- und hinuntergleiten und küßte sie auf die Wange, und als er den Krug mit Wasser füllen wollte, zitterten seine Hände so sehr, daß er ihn am Hahn zerschmetterte. Er holte einen weiteren Krug und streichelte sie wieder am ganzen Körper, bis er erneut zitterte. Dann gab er ihr ein Zeichen, in ihr Zimmer zurückzukehren.

Was für ein komischer Mann, sagte Emma, die noch immer den Wasserkrug hielt, als sie ins Zimmer unserer Eltern trat. Wißt ihr, was für komische Dinge er mit mir gemacht hat?

Vater riß die Tür auf und stürzte hinaus. Er packte den Houseboy und fragte Emma, die mit offenem Mund in der Tür stand, ob dies der Mann sei, der komische Dinge mit ihr gemacht habe. Emma merkte, daß ihr Daddy sehr unfreundlich mit dem komischen Mann umspringen würde, und es tat ihr leid, daß sie die Sache erwähnt hatte. Tea und ich hörten den Lärm draußen und öffneten die Tür. Wir sahen unseren Vater, der mit einem der Männer mit den Blumentopfkappen rangelte. Vater zerrte den Mann durch den Korridor von uns fort, und der Mann zerrte zurück. Vater schlug den Mann mit der Faust, und der Mann schlug Vater, und beide purzelten die Treppe hinunter. Mutter stieß einen Schrei aus. Tea und ich rannten hinterher.

Wir hatten kaum Zeit, unseren Vater im Kampfgewühl mit dem Houseboy zu bewundern, dessen rote Troddelkappe die Stufen hinunterrollte. Mutter packte uns und befahl Emma, uns ins Zimmer zurückzubringen. Emma sagte, wir sollten ein leises Spiel spielen. Während Vater den komischen Mann zu Brei schlug, spielten Tea und ich mit Emma Blinde Kuh, bis Mutter uns ins Bett brachte und wir einschliefen.

Am Morgen hatte Vater eine geschwollene Wange und eine aufgerissene Lippe. Wir fragten ihn, ob er gewonnen habe. Wenn Vater über etwas nicht sprechen wollte, schien er zu erstarren. Eisblöcke wurden in Stellung gebracht. Man mußte behutsam vorgehen. Vater sagte, diese Angelegenheit werde Konsequenzen haben. Wir wußten nicht, was Konsequenzen waren, aber da Vater mit seiner Sehr Kalten Stimme sprach, wußten wir, daß sie nicht schön sein würden. Mutter forderte uns auf, das Thema zu vermeiden.

Vom Flugzeug aus sahen wir eine wirkliche Wüste, die Sahara hieß. Wir flogen direkt über sie hinweg. Vater sagte, er sei einmal mit einem Bus hindurchgefahren. Als nächstes wurde uns ein Vulkan geboten. Der Pilot sagte, er werde niedergehen, damit wir einen gründlichen Blick auf den Vesuv werfen könnten. Alle Passagiere, die auf der falschen Seite des Flugzeugs saßen, bewegten sich zur anderen hinüber, aber der Pilot befahl ihnen, auf ihren Sitzen zu bleiben. Er werde den Vulkan in einer Richtung umkreisen, dann aufsteigen und ihn in der anderen Richtung umkreisen, damit jeder einen gründlichen Blick hinunter in den Krater werfen könne. Die Stewardeß ließ Emma und Tea und mich den Gang zu den Plätzen unserer Eltern überqueren, so daß wir die einzigen Passagiere an Bord waren, die den Vesuv zweimal sahen.

In Rom wollte Vater ein paar Märkte erforschen, aber Mutter sagte, sie habe wirklich genug von Basaren, und er mietete einen Buggy, um statt dessen mit uns den Vatikan zu besichtigen. Wir widmeten dem Vatikan nicht viel Aufmerksamkeit, weil wir mit unserer ersten Coca-Cola beschäftigt waren und sie mit unseren Lieblingsgetränken verglichen. Ich mochte sie gern, aber ich änderte meine Meinung, als Tea sagte, grüne Milch sei ihr lieber, und als Emma sagte, sie schmecke ihr überhaupt nicht.

Es war viel kühler in Rom. Mutter sorgte dafür, daß Emma ihr Strandkleid auszog und wieder in ihr blaues Ginghamkleid schlüpfte – um auf England vorbereitet zu sein, sagte sie.

In England war es naßkalt. Während wir den Flughafen hinter uns ließen und es auf das Dach des Autos zu regnen begann, sangen Emma und Tea das malaiische Regenlied.

Der Regen fängt an
Das Vieh rennt weg
Du Dei-wit-Boy
Hinein in dein Eck!

Ich dachte daran, wie Peah das Lied gesungen hatte. Mag sein, daß ich weinte, ein bißchen. Ich wollte nach Hause.

2

IN MEINER FAMILIE GIBT es mehr Pfarrer, als ich zählen möchte, und noch viel mehr Kinder müssen in Pfarrhäusern geboren worden sein. Fünfzig? Hundertfünfzig? Zwei oder drei Generationen lang ist die Frage berechtigt, ob überhaupt eines von ihnen außerhalb eines Pfarrhauses geboren wurde. Vielleicht die letzte in einer langen Reihe von Pfarrhausgeburten – überhaupt von Hausgeburten, nachdem England knarrend die viktorianische Ära hinter sich gelassen hatte – war meine Schwester Emma. Sie entging bekanntlich nur knapp einem Zusammenstoß mit einer Portion Mehlpudding, die in meine

Mutter hineinglitt, während Emma unterwegs nach draußen war.

Die Geburt Peters, des älteren Bruders meines Vaters, in einem Pfarrhaus in Northamptonshire wurde mit Glockengeläute von der benachbarten Kirche gefeiert, anscheinend weil der Vorgänger meines Großvaters Junggeselle gewesen war und endlos auf seinem Posten verharrt hatte, so daß es seit fünfzig Jahren in dem alten frauenlosen Haus zu keiner Geburt gekommen war. Keine derartigen Probleme plagten das beeindruckende Pfarrhaus in Flint Norton, Somerset, in das mein Großvater 1925 einzog. Seine fruchtbare Frau und er säten und ernteten, säten und ernteten und fuhren im Laufe eines Dutzends ungestümer Jahre sieben Kinder ein, die Fehlgeburten nicht mitgezählt. Folglich läuteten keine Glocken, als Emma geboren wurde. Vielmehr gab es einen betäubenden Mangel an Glocken. Es war Winter. Es herrschte Krieg. Ihr Vater war fort. Viele andere Väter auch. Wie an Vätern war man auch knapp an Kohle, was möglicherweise noch mehr schmerzte. Aber meiner Ansicht nach war in dem Dorf Flint Norton kein Rohstoff so knapp wie Freude.

Das Dorf war eine lange, verstreute Ansammlung von Häusern am Granitrand der Mendip Hills; es lag an der Straße von Bristol nach Shepton Mallett und hatte vier- oder fünfhundert Einwohner. Als meine Großeltern dorthin zogen, besaßen vielleicht drei Personen ein Auto. Schon eine Generation später, als Emma geboren wurde, hatte sich diese Zahl verdoppelt. Wenn man am Bahnhof von niemandem abgeholt wurde, mietete man sich entweder den Wagen des Postamts oder man ging zu Fuß.

Mein Vater ging zu Fuß. Später fuhr er mit dem Rad, und zwar gewaltige Entfernungen. Die Familie hatte kein

Auto und wollte kein Auto (vielleicht fühlte sie sich Autobesitzern sogar ein wenig überlegen). Mein Vater rechnete einmal aus, daß er im Alter zwischen elf und zwanzig Jahren rund siebentausend Meilen zu Fuß und per Rad zurückgelegt haben mußte – weiter als die Strecke von Flint Norton nach Singapur. Dann beschloß er, sich ein Motorrad zu kaufen. Er gewöhnte sich mühelos an den motorisierten Verkehr und stellte fest, daß dieser nicht so schlecht wie sein Ruf war. Ein Jahr später saß er bereits am Steuerknüppel eines Flugzeugs.

Da die Familie kein Auto besaß, wurden die Kinder nie weiter als ins Nachbardorf eingeladen, denn fernere Orte konnten sie nicht erreichen. Ihre ganze Jugend hindurch wurden die Tugenden der Selbstgenügsamkeit in meinem Vater und seinen Geschwistern gepflegt, und diese Tugenden waren im Erwachsenenalter zu jener Robinson-Crusoe-Mentalität gereift, die der Kolonialunternehmung so gute Dienste leistete. Flint Norton war das imperiale Großbritannien im kleinen, oder, genauer gesagt, Flint Norton Court war es.

So hieß das Haus, in dem sie wohnten, ein strenges, etwas ungeschlachtes Gebäude aus Granitblöcken, das so dauerhaft aussah wie die umliegenden Hügel, in denen die Steine abgebaut worden waren. Sogar der Name – Flint Norton Court – hatte einen steinernen Klang. Da meine Großeltern meinten, Flint Norton Court höre sich protzig an, änderten sie den Namen nach einem an das Haus angrenzenden Feld in Long Acre. Irgendwie gelang es ihnen, dem Namen einen Brocken Grau zu entreißen und ihm eine Spur Grün hinzuzufügen.

Früher war das Haus der Wohnsitz des Gutsverwalters gewesen. Das Arbeitszimmer meines Großvaters, das ursprüngliche Büro des Gutsverwalters, hatte noch immer ein Fensterchen mit einer Klappe darunter wie an einem alten Eisenbahnschalter, durch die man den Gutsarbeitern ihren Lohn ausgezahlt hatte. Meine Großmutter zeigte mir, wie das vor sich gegangen war, und ich malte mir aus, wie sie dort stand und Lohntüten für ihr Hauspersonal hindurchschob.

Ein weiterer Grund für das fehlende Glockengeläute bei Emmas Geburt könnte der gewesen sein, daß sie zwar im Haus ihrer Großmutter geboren wurde, deren erstes Enkelkind und weiterhin einer ihrer Lieblinge aber auch die Tochter meiner Mutter war. Wenn ich an dem Bürofenster mit der Klappe darunter stand und mir vorzustellen versuchte, wie meine Mutter auf ihren Lohn wartete, sah ich meine Großmutter die Klappe hochschieben und sie fortschicken. Eine Notiz erschien im Fenster: Geschlossen.

Emma hatte unerklärlicherweise nicht die blauen Augen ihres Vaters und ihrer Großmutter geerbt. Sie hatte die braunen Augen ihrer Mutter. Genau wie Tea. Genau wie ich. Flachsblond, *wenn auch braunäugig wie seine Schwestern*, meldete mein Vater seiner Mutter bedauernd aus Singapur. Wir hatten die Erwartungen nicht erfüllt.

Unsere falsche Augenfarbe bestärkte meine Großmutter vielleicht in ihrer Meinung, daß ihr Sohn die falsche Frau geheiratet hatte. Sie war die Enkelin eines Mannes, der Schweinefleischpasteten hergestellt hatte. Sie war ausgerechnet in London zur Welt gekommen, dort aufgewachsen und offenbar nicht in einem Glauben erzogen worden, der dem christlichen auch nur entfernt ähnelte. Mutter war die Tochter von Musikern, fahrendes Volk, die dafür bezahlt wurden, Leute zu unterhalten. Großmutter und

Großvater warfen einen einzigen Blick auf dieses Mädchen und sagten: *Gewerbe*.

Drei an Kohle knappe Jahre lang wohnte meine Mutter, während ihr Mann im Krieg war, in Long Acre bei ihrer Schwiegermutter. Sie äußerte sich kaum über diese Zeit, aber ihre wenigen Bemerkungen klangen nicht ermutigend. Granny tat ihr Bestes, sagte meine Mutter hin und wieder und rang die Hände. Ich meine, *sie tat wirklich ihr Bestes*.

Und Grandpa?

Versuchte es gar nicht erst. Alter Griesgram.

Grandpa war tot. Granny – oder um ihr ihren offiziellen Titel zu geben: Granny Blunden, mir auch unter dem Codenamen Großmutter Nr. 1 bekannt – hielt nun allein die Stellung in Flint Norton.

Der Zeitpunkt war gekommen, daß ich Granny Blunden kennenlernte – und sie mich.

Der Bote, der zum Bahnhof geschickt wurde, um uns abzuholen, war Taylor. Mit einem vorsichtigen schwarzen Auto, das sich noch an den Gedanken gewöhnen mußte, im Dienst des Haushalts von Granny Blunden zu stehen. Die kleinen Schwingen, die an beiden Seiten aus dem Wagen hervorsprossen und auf Tempo hindeuteten, waren völlig irreführend. Er kroch die Straße entlang. Sogar die Hupe war kastriert worden. Sie hupte nicht, sondern blökte wie ein erschrockenes Schaf. Das Auto versuchte, so zu tun, als existiere es nicht. Taylor hielt es in einer Garage eine halbe Meile vom Haus entfernt gut versteckt.

Taylor war eine jener Gestalten aus der späten Feudalzeit, die in England Mitte des 20. Jahrhunderts noch nicht ganz zu Ende gegangen war. Niemand wußte, ob er einen Vornamen hatte. Man bedachte ihn nicht mit der Höflichkeit, ihn Mr. zu nennen, wenn er angesprochen wurde.

Aber eigentlich wurde Taylor nicht angesprochen, sondern herbeizitiert. Taylor! Sogar ich lernte, ihn so zu nennen: Taylor! Ich war viereinhalb Jahre alt. Taylor muß hundert gewesen sein – mindestens.

Eine große stämmige Frau mit einem kräftigen Busen (den wir nicht bemerken und schon gar nicht erwähnen durften, damit wir nicht in Gekicher ausbrachen) wartete am Hauseingang. Sie stand mit leicht gespreizten Beinen da, auf breiten Hüften, und sah so aus, als wäre sie mühelos in der Lage, dem Ansturm eines Wildebers zu trotzen. Sie schaute dich, selbst wenn du ein Wildeber gewesen wärst, der auf sie zuraste, mit kühlem Blick an. Es war ein scharfer, durchdringender Blick.

Mir kamen alle in England unglaublich alt vor. Granny Blunden war in den Sechzigern. Taylor und seine Frau, die im Haus arbeitete, waren unfaßbar greisenhaft. Mit Ausnahme Peahs war keiner der Malaien, unter denen Tea und ich aufwuchsen, älter als Mitte Dreißig gewesen, und viele von ihnen hatten noch nicht die Zwanzig erreicht. Die Leute in England waren viel älter und größer, rochen anders und wohnten in Häusern, die ebenfalls viel älter und größer waren und anders rochen.

Puh! Was für ein komischer Geruch!

Granny Blunden sagte, man rede nicht über Gerüche, schon gar nicht, wenn man bei jemandem zum erstenmal zu Besuch war. Tea und ich rannten hinein, um Nachforschungen anzustellen.

Im Haus schien es uns sehr dunkel zu sein. Neben der Haustür gab es einen Platz, an dem man Mäntel, Öljacken und Schals aufhängen und Gamaschen, Regenschirme, Reitpeitschen, Gummistiefel und modrig riechende Regenwettersachen verstauen konnte, die ich nie zuvor gesehen hatte und deren Zweck ich erst später herausfand. Eine Tür führte in den hinteren Teil des Hauses mit kalten, dunklen Räumen, wo, wie Emma sagte, die Lebensmittel verwahrt wurden, denn es gebe keinen Kühlschrank. In diesem Haus brauche man so etwas nicht. Sie geleitete uns nach oben, um uns das Gästezimmer zu zeigen, wo sie zur Welt gekommen war. Grannys Zimmer war gleich hinter dem Treppenabsatz, genau wie unsere Schlafzimmer und eine Toilette, ein großer Porzellanthron mit einer Holzbrille, auf die wir uns abwechselnd setzten. Wir hatten nie etwas Ähnliches zum *Bearakmachen* gesehen. In diesem Haus konnten wir unbesorgt über *bearak* sprechen, da niemand wußte, was es bedeutete. Eine Standuhr auf dem Treppenabsatz tickte so laut, daß man sie in den Zimmern hören konnte.

Eine andere Treppe als die, die wir heraufgekommen waren, führte hinunter in die Küche und dann wieder hinauf ins Kinderzimmer und ins Nähzimmer, in dem eine Maschine mit einem Fußpedal stand. Über die beiden Treppen gelangte man hinauf und hinunter in verschiedene Teile des Hauses, und ohne Emmas Hilfe hätten wir uns bald verirrt.

Tea fragte Emma nach *hantu* im Haus. Emma antwortete, sie glaube nicht, daß es *hantu* im Erdgeschoß oder im Stockwerk darüber gebe, aber es könnten durchaus welche auf der Etage ganz oben und mit Sicherheit unten im Keller sein. Tea und ich wußten nicht, was ein Keller ist. Als Emma es erklärt hatte, wollten wir sofort hinuntersteigen und ihn uns ansehen. Emma sagte, sie müsse Granny um den Schlüssel bitten. Sie sei nicht sicher, ob wir ohne einen Erwachsenen nach unten gehen dürften, denn ich war noch klein und könnte mich erschrecken.

Granny nannte Emma PJ, kurz für Phyllis Joyce, wie sie in Wirklichkeit hieß. Emma war nur ihr Spitzname. Aber für mich wurde Emma durch PJ in jemanden verwandelt, den ich nicht kannte und der mir vielleicht nicht gefallen würde, zum Beispiel in eine recht strenge Person mit einer gestreiften Schürze und einer Brille und einem spitzen Kinn. Ich nannte sie auch weiterhin Emma.

Granny Blunden und ich hatten unseren ersten Streit darüber, wie meine Schwester korrekt anzureden sei.

Emma ist nicht ihr Name. Warum sagste das zu ihr?

(Es war eine Gewohnheit von ihr, *ste* statt *du* zu sagen)

Ich erwiderte: Emma klingt eben so ...

Was soll das heißen, *klingt* eben so?

Granny ließ sich auch mit meinem Namen auf keine Kinkerlitzchen ein. Nach dem Beispiel der Malaien nannten mich alle in der Familie Dei-wit, was mit der Zeit zu Wit verkürzt wurde. Granny Blunden sagte: Du bist auf den Namen David getauft worden, und so werde ich dich nennen. Man verkürzt keine Namen.

Ich hatte nie jemanden so sprechen hören.

Da PJ Grannys Liebling war, konnte Emma sie sogar fragen, ob sie nach dem Abendessen mit uns Verstecken spielen würde, und Granny war oft einverstanden. Nur der Keller war verbotenes Terrain.

Nach dem Essen war es schon ziemlich dunkel. Tiefe Schatten verdichteten sich überall im Haus. Granny stand im Flur und zählte bis zwanzig. Bei drei war Emma bereits verschwunden, denn sie kannte das Haus in- und auswendig. Tea und ich schlichen nach oben, aber die Treppe knarrte, und wir wußten, daß wir uns verraten hatten.

Elf, zwölf ...

Tea verlor die Nerven, huschte durch die erste offene Tür und versteckte sich hinter dem Klo.

Vierzehn, fünfzehn ...

Mein Instinkt drängte mich, soviel Distanz wie möglich zwischen Granny Blunden und mich zu legen. Ich kletterte die nächste Treppe zum oberen Teil des Hauses hinauf.

Eigentlich war es ein Dachgeschoß. Ein Korridor führte von einem Ende zum anderen, Türen öffneten sich in Zimmer mit schräger Decke, in denen Laken über sämtliche Möbelstücke drapiert waren. Fotos von Jungen und Mädchen hingen überall an den Wänden. Die Fenster waren geschlossen. Es roch nach Staub und Schimmel. Ich war mir sicher, daß es hier auch *hantu* gab.

Ko-o-mme!

Ich duckte mich unter ein Möbelstück, auf dem ein Staublaken lag, und horchte. Es war sehr finster dort unten. Ich hörte ein Knarren. Jemand kam die Treppe herauf. Emma war Granny entwischt. Doch die würde sich nicht um *sie* kümmern. Granny wußte, daß wir oben waren, und sie wollte *uns* schnappen.

Ich hörte ein Quietschen, als Tea gefunden wurde, und Grannys Stimme: Das ist also die erste. Wo wohl der andere sein kann ...

Ich bekam es ein wenig mit der Angst zu tun und hoffte, daß Tea Granny helfen würde, mich zu finden. Ich wollte nicht, daß Granny allein hier heraufkam. Aber Tea hatte sich auf die Suche nach Emma gemacht. Granny kam allein herauf und sagte, als sie den Treppenabsatz erreichte, mit einer gruseligen Stimme: *Fee fi fo fum! Ich rieche das Blut eines Englishman.*

Ich hörte sie durch den Korridor schlurfen, langsam,

aber sicher wie eine Blinde, die sich in ihrer Umgebung auskennt. Hoffentlich knipste sie das Licht an. Es war dunkel. Aber sie konnte sehen. Ich war außer mir vor Furcht.

Da!

Sie packte mich am Knöchel, und ich kreischte auf.

Dann rollte ich unter dem Staublaken hervor, und sie stellte mich auf die Beine.

In dem fast dunklen Zimmer hielt sie ihr Gesicht ganz dicht an meines und betrachtete mich gründlich. Ich konnte Barthaare sehen, die sich an ihrem Kinn kräuselten.

Wie deine Mutter biste, sagte sie.

So wie Ahmad und Peah meinen Horizont in Singapur ausgefüllt hatten, so tat es Granny Blunden in Flint Norton. Meine Mutter versank unter dem Gewicht dieser Persönlichkeit ins Bedeutungslose. Und mein Vater – mein Vater reiste einfach ab wie immer. Vater verschwand eben dauernd. Daran waren wir gewöhnt.

Er ließ seine Brut – Bossy, Fragile und Scamp – in Long Acre unter der Aufsicht seiner Mutter zurück, damit seine halb eingeborenen, halb heidnischen Kinder einen kräftigen Hauch von England in die Nüstern bekamen.

Bossy war sieben Jahre lang fort gewesen, aber sie kannte die Regeln und wußte, wer hier im Haus der Boß war. Fragile konnte mit einer sanfteren Version der für Bossy geltenden Maßregelung gefügig gemacht werden. Es war die gleiche Methode wie die unseres Vaters. Er war seiner Mutter Sohn. Kinder hatten zu gehorchen. Wenn sie es nicht taten, griff Vater auf seine Kalte Stimme zurück, und wenn diese nicht wirkte, auf seine Sehr Kalte Stimme, die fast nie versagte. Granny spezialisierte sich auf die Granitmiene. Das zweite Stadium war ein Herabziehen ihrer Mundwinkel. Das dritte Stadium war ein Blick, und dann wußte sogar Scamp, daß sie es ernst meinte.

Wenn sich rund fünf oder mehr von uns in Long Acre aufhielten – gewöhnlich geisterte noch eine Tante oder ein Onkel herum –, wurde das Frühstück im Eßzimmer serviert. Emma genoß das Privileg, die Kaffeebohnen mahlen zu dürfen, wobei sie die Kurbel einer an der Küchenwand angebrachten antiken Kaffeemühle achtzigmal drehte – nicht mehr, nicht weniger. Kaffee war noch immer ein Ereignis in Long Acre, galt noch immer als etwas Erstaunliches, als wäre er erst eine Woche zuvor entdeckt und aus dem Orient heimgebracht worden. Er wurde in einer rituellen Prozession – Taylors Frau hielt die Kaffeekanne, gefolgt von Granny, gefolgt von allen anderen – ins Eßzimmer getragen. Ich stelle mir vor, daß man den Wildschweinkopf bei mittelalterlichen Banketten auf ähnliche Weise hereintrug. In diesem Haus gehörte Kaffee in die Kategorie der exotischen Wonnen, der Luxusgüter mit einem Hauch von Verruchtheit. Ich bin sicher, daß meine Goßmutter ihren Kaffee deshalb so sehr liebte.

Ich lernte den Eßzimmertisch, besonders dessen Unterseite, intimer kennen als jedes andere Möbelstück in meiner Kindheit. Das lag daran, daß der Tag mit Frühstücksgebeten anfing. Wir alle knieten uns auf den Boden und stützten die Ellbogen auf die Stühle. Die Stühle waren mit Noppen übersät, die sich im Sommer hart und im Winter dazu noch kalt anfühlten. Während Granny die Gebete für den Tag sagte, grinsten Tea und ich einander unter dem Tisch an, zeigten auf das Hinterteil der Anwesenden oder auf Löcher in ihren Schuhen und gaben uns alle Mühe, nicht zu lachen. Die Gebete wurden manchmal durch leises Gejaule unter dem Tisch unterbrochen, was mir nicht gerade Grannys Zuneigung einbrachte. Wenn sich das Gejaule fortsetzte, nickte sie meiner Mutter zu, diese stand auf, und ich wurde entfernt.

Nach dem Frühstück band sie ihre Schürze um, und wir wurden zum Spielen hinausgeschickt. Sie mußte ihre Hausarbeit erledigen, und wir durften sie dabei nicht stören. Wenn das Wetter schlecht war, gingen wir ins Schulzimmer. Manchmal, wenn es draußen prasselnd regnete, lief ich nach oben und verkroch mich in meine Regenecke; entweder ins Bett oder in einen Schrank, wo ich mein Lager hatte. Granny setzte dem bald ein Ende. Das Bett sei nur zum Schlafen da, und nur beim Versteckspiel dürfe man in Schränken sitzen. Sie schleppte mich wieder hinunter ins Schulzimmer, wo, wie sie stolz sagte, meine Tanten von ihrer Gouvernante unterrichtet worden seien und wo meine Onkel, oft mit denselben Spielsachen, eine Generation zuvor gespielt hätten.

Es waren eher Brettspiele als Spielsachen: Halma, Dame, ein Tivolispiel. Onkel Peter, dessen Geburt in dem Pfarrhaus in Northamptonshire durch Glockengeläute begrüßt worden war, glich den Mangel an Glocken bei Emmas Geburt dadurch aus, daß er einen Satz Holzklötze für sie anfertigte: Reststücke, die er per Hand abgeviert, mit den Buchstaben des Alphabets sowie mit arabischen und römischen Ziffern bemalt und aus dem fernen Kanada geschickt hatte (wo Onkel Peter angemessenerweise im Holzhandel arbeitete. Die Klötze lagen in einem Holzkasten, an dessen Außenseite PJB und ein Ahornblatt gemalt waren).

Dann gab es noch einen Stapel großer quadratischer Bücher ähnlich den Tafeln, die Moses vom Berg heruntergebracht hatte. Das wichtigste – und gewöhnlich lag es ganz oben – war das Goop Book oder *How to Be a Goop*.

Das Goop Book war ein spätviktorianisches Handbuch, durch das man Kinder zu gutem Benehmen erziehen wollte, indem man ihnen mit Hilfe von moralischen Geschichten vorführte, was geschehen würde, wenn sie sich *nicht* gut benahmen. Goops benahmen sich nicht gut und mußten dafür büßen. Sie taten goopartige Dinge und steckten zum Beispiel die Hände ins Essen, wonach sich Essensreste in ihrem Haar wiederfanden. Pfui! Liebe Kinder wollten keine Goops sein. Aber ich war häufig auf der Seite der Goops und wußte, daß die Moral von der Geschichte nicht stimmte. Schließlich hatte ich meine eigenen Erfahrungen. Die Malaien aßen mit den Händen und hatten nie Essen im Haar.

Bücher waren wie offene Türen, deren Luftzug mich einsog.

Emma las mir aus dem zweiten Buch des Stapels vor, dem *Struwwelpeter*:

Da kam der große Nikolas
Mit seinem großen Tintenfaß.
Der sprach: Ihr Kinder, hört mir zu
Und laßt den Mohren hübsch in Ruh'!

Ich wurde in die Geschichte vom großen Nikolas und den schwarzen Buben hineingesogen, ich sah, wie ich mit ihnen – eins, zwei, drei – in das Tintenfaß tauchte, und war entsetzt. Wieder und wieder bat ich Emma, mir die Geschichte vorzulesen.

Warum denn, wenn sie dir solche Angst macht?

Noch einmal, bitte!

Für mich verschmolz das, was auf der Seite eines Buches stand, mit der Welt außerhalb. Wo endete das Buch, und wo begann die Welt? Ich konnte beides nicht immer unterscheiden. Emma zeigte mir das winzige Bild einer Frau, die auf der letzten Seite eines Buches durch ein Tor kam.

Da ist Beatrix Potter. In ihrem eigenen Buch.

Ist sie *da*?

Sie ist in dem Buch.

Ich meine, *ist* sie das?

Das habe ich doch gerade gesagt.

Wie konnte Beatrix Potter in jenem Farbtupfer sein, der nicht größer als mein Daumen war? Es war ein großes Rätsel. Ich bezweifelte, daß ich es je ergründen würde.

In England spielte man im Schulzimmer, wenn das Wetter schlecht, und draußen, wenn es gut war. Granny sagte: Es gibt Tage für drinnen und Tage für draußen. Das hatte in Singapur anders ausgesehen. Man war gleichzeitig drinnen und draußen. Drinnen war wie ein Buch, das mit dem, was draußen war, verschmolz.

Außerhalb von Long Acre gab es Felder und Wälder, die sich an einem anderen Ort als das Haus zu befinden schienen, obwohl es seinen Namen mit einem der Felder teilte. Emma ging zu der alten verfallenen Mühle und sammelte am Bach Fossilien. Tea und ich hielten nach Schlangen Ausschau und fanden Würmer. Emma sagte, es gebe keine Schlangen, und wir könnten durch das hohe Gras gehen. Wir liefen in eine Brennesselböschung hinein und rannten schreiend wieder hinaus, weil wir gebissen worden waren.

Natürlich nicht, Dummchen! Ihr seid *verbrannt* worden, von einer *Brennessel.*

Emma rieb uns mit einem Blatt ein, damit es nicht so schlimm brannte. Es heißt Ampfer oder Dock Leaf, sagte sie, weil der Doktor damit Brennesselstiche behandelt. Das Brennen ließ nach.

Ich lief zu den Nesseln zurück, attackierte sie mit einem Stock und mähte eine ganze Reihe davon nieder.

Beißt mich bloß nicht noch einmal!

Eine erhebliche Verbesserung gegenüber Singapur war etwas, das man das zweite Frühstück nannte. Granny brachte unser zweites Frühstück auf einem Tablett zur Gartenbank und blies in eine Trillerpfeife. Wir sausten herbei wie Kaninchen, setzten uns auf die Bank, aßen hausgemachte Kekse und tranken Zitronen-Gerstenwasser, das noch immer das Lieblingsgetränk meines Vaters war. Die Bank, alt und grau wie alles in Long Acre, hatte eine Inschrift. Ich wollte wissen, was sie bedeutete, und wünschte mir, lesen zu können. Granny las sie laut vor, während wir unser zweites Frühstück verspeisten.

Der Sonne Kuß für Seelenruh
Der Vogel Sang zur Freude
Im Garten bist Gott näher du
Als gleichwo auf der Erde.

Sie erklärte, die Bank sei unserem Grandpa von seiner dankbaren Gemeinde geschenkt worden, und sie fragte, ob wir wüßten, was eine Gemeinde sei. Wir antworteten, wir wüßten es nicht, da wir in den Tropen keine Gemeinde gehabt hätten. In Singapur hatten wir keine gesehen. Dort hatte es einen Mangel an Gemeinden gegeben (das Wort *Mangel* ließ sich in unserer Nachkriegskindheit immer anwenden). Granny fragte, wann wir zum letzten Mal in der

Kirche gewesen seien, und Emma erwiderte, Weihnachten. Granny schnalzte mißbilligend mit der Zunge und schüttelte den Kopf.

Nach dem Lunch legte sich Granny im Salon mit der *Times* aufs Sofa, löste das Kreuzworträtsel und hielt Mittagsruhe. Dann verließ sie das Haus. Es schien zur Innen-Außen-Teilung des englischen Lebens zu gehören, daß Granny immer einen Hut aufsetzte, bevor sie nach draußen ging. In England mußte man, wenn man das Haus verließ, etwas anziehen, gewöhnlich Regenwettersachen. Granny tauschte den Rock und die Schürze, die sie vormittags trug, gegen ein Kostüm und hochgeschnürte Schuhe. Taylor fuhr sie zum Einkaufen oder hinüber nach Blagdon, wo sie ihre Tochter besuchte, oder sie spazierte über das Feld zum Tee mit Mrs. Shankley.

Seit fünfunddreißig Jahren kannten sie einander als Mrs. Shankley und Mrs. Blunden. Sie waren englische Nachbarinnen: wohltemperiert, aber nicht warm. Es klang wie die Anweisung zur Einnahme eines Medikaments.

Wenn Granny fort war, servierte Mutter uns das Abendessen. Wenn Granny zu Hause war, wurde der majestätische High Tea aufgetragen – der an hochviktorianische, hochwohlehrwürdige Sitten erinnerte, denn in Grannys imperialer Dämmerung ragte der High Tea unter den Mahlzeiten empor als eine Art indische Vizekönigschaft im letzten Glimmen des Tageslichts, wonach nur noch der Abstieg zum kalten Abendbrot folgen konnte.

High-Tea-Tafeln waren mit leckeren Dingen wie Erdbeerkonfitüre aus reinen Früchten und Kremtorte und Teekuchen überhäuft, aber die Hausregel verlangte, daß man bescheiden mit Brot und Butter anfing, wobei jeder, der freiwillig die Kruste aß, Pluspunkte erhielt. Erst die

Arbeit, dann das Vergnügen. In allem verbarg sich eine Moral, sogar im High Tea.

Abends setzte Granny sich ans Klavier und spielte, während Emma ein Lied anstimmte, Tea sich dazu gesellte und ich draußen im Korridor dröhnte – ein Flugzeug, das in Richtung Singapur abhob. Schumanns Album für die Jugend, rührselige viktorianische Musicals, die meine Mutter in Melancholie stürzten, Kinderlieder über Doktor Dog und Mother Tabbyskins und über ungezogene Jungen und Mädchen.

Dolly, bist so ungezogen
Deine Haare sind zerstoben
Sieh, dein Schühchen ist beschmutzt –
Oh, ich hab's doch grad geputzt!

Ins Bett zu gehen war der schlimmste Teil des Tages. Meine Mutter oder meine Großmutter machten das Licht im Flur an, damit Tea und ich die Treppe hinaufklettern konnten. Sobald wir oben waren, ging das Licht aus, und wir verließen unsere Betten bis zum nächsten Morgen nicht, denn es war ein vom Keller bis zum Dachboden *hantu*-verseuchtes Haus, obwohl die alte Standuhr auf dem Treppenabsatz vor unserem Zimmer die ganze Nacht hindurch *tick tack tick tack* Wache hielt.

Granny backte ihr Brot und ihre Törtchen selbst, machte Marmeladen, weckte Obst ein und hielt Federvieh, und genauso mußte man es nennen, nicht Hennen oder Geflügel, denn Federvieh war ihre Ausdrucksweise, und sie hatte immer recht. Sie mischte ihre eigene Kleie für ihr eigenes Federvieh und stellte ihr eigenes Hackfleisch mit einem an den Küchentisch geschraubten Fleischwolf her.

Große Brocken wurden oben hineingestopft, und rotweiß gestreifte Würmer kamen unten heraus. Sie plättete ihre Laken selbst in einer Presse mit riesigen Rollen und einer Kurbel, die von Taylors Frau gedreht wurde. Ich stellte mir vor, Fleisch statt Laken zwischen die Rollen zu schieben, und es würde an der anderen Seite flach wie ein Brett und mit rotweißen Streifen herauskommen. Es gab einen Waschraum und eine Spülküche und einen Kühlraum, wo die Milch in einer Schüssel, bedeckt von einem Netz, aufbewahrt wurde. Morgens schöpfte Granny die Sahne mit einer Kelle ab, genau die richtig Menge, und patschte einen Klumpen auf eine Untertasse für Burma, den rheumatischen alten Kater. In Flint Norton wurden sogar die Katzen nach den Kolonien benannt.

Wir wuschen uns nicht allzu gründlich, Gesicht am Morgen, Füße und Hände am Abend. Ein Bad zu nehmen war eine umständliche Prozedur, deshalb rochen wir meistens recht stark. Das war ein Teil des englischen Lebens. Wenn jemand ein Bad nehmen wollte, mußte Taylor in den Kesselraum hinuntergehen, den Kohlenschacht öffnen und den Kessel ein, zwei Stunden zuvor anheizen.

Die Badewanne war ein Metallfaß, das mit einem hellen Ton antwortete, wenn man mit der Scheuerbürste anklopfte. Sie war tief genug, um begrenzte Taucheinsätze zuzulassen, und diese wären nötig gewesen, hätte man die Kalziumverkrustungen entfernen wollen, die den Boden wie ein Riff bedeckten. Wer in die Wanne stieg, mußte aufpassen, daß er sich nicht die Zehen aufschnitt.

Taylor sah, wenn er Kohle in den Kessel schaufelte, um das Badewasser zu erhitzen, mit seinem lodernden Gesicht wie ein Heizer im Maschinenraum eines Ozeandampfers aus. Er hatte im Ersten Weltkrieg bei der Marine gedient und sagte, daß Dampf zu erzeugen überall das gleiche sei, ob man nun ein heißes Bad vorbereiten oder ein Schiff anwerfen wolle. Das ist alles Jacke wie Hose, sagte er. Ich war gern in Taylors Nähe und schnappte die seltsamen Wendungen in seinem West-Country-Akzent auf, die ich später an meinen Schwestern ausprobierte.

Zwar wuschen wir uns nicht, aber das glichen wir dadurch aus, daß wir ausgiebig beteten, morgens und abends und sonntags auch mitten am Tag. Granny sagte, ihr gefalle die Kirche, in die wir gingen, weil sie nicht so erhaben sei. Die Kirche in Chewton Mendip war zu hochgestochen für ihren Geschmack.

In Grannys Bett lag ein Keilkissen, das sie früher in ihren ungestümen Tagen als Zeichen dafür, daß sie unrein war und er Enthaltsamkeit üben mußte, zwischen sich und ihren Mann plazierte. Irgendwie geriet das Keilkissen in die Familienüberlieferung, wie die Geschichten über Ungewöhnliche Geburten, aber sie selbst hätte nie jemandem davon erzählt.

Von Granny Blunden lernte ich, daß bestimmte Dinge auf eine bestimmte Art getan werden mußten. Außerdem lernte ich von ihr, daß es bestimmte andere Dinge gab, die man *nicht* tun oder sagen durfte, und auf der Skala der Tugenden wogen die letzteren meist schwerer.

Hierin erkannte ich den Einfluß des in Long Acre ansässigen *hantu*. In dem Haus herrschte eine Atmosphäre, in der bestimmte Dinge unerwähnt blieben und in der man vorgab, daß sie nicht existierten. Scheidung wurde nie erwähnt. Für Granny existierte sie nicht, genausowenig wie geschiedene Personen, weshalb die Schwester meiner Mutter nie erwähnt werden durfte und nicht existierte, solange wir uns in Long Acre aufhielten.

Da der *Haus-hantu* verbot, bestimmte Dinge zu sagen oder zu tun, statt zu ihnen zu ermutigen, war die Atmosphäre, die Granny Blunden umgab, hauptsächlich eine der Mißbilligung. Dadurch, viel weniger als durch Billigung, wurde moralische Rechtschaffenheit ausgedrückt. Erst nachdem ich sie kennengelernt hatte, lernte ich meinen eigenen Vater kennen. In Singapur war ich zu jung, dies zu durchschauen, und ohnehin waren die Umstände durch die Anwesenheit der Malaien völlig verändert, aber auch die Atmosphäre um meinen Vater war eine der Mißbilligung.

Da kam der große Nikolas
Mit seinem großen Tintenfaß

Das war eine deutliche Warnung. Nehmt euch vor dem großen Nikolas in acht.

Im Haus meiner Großmutter lernte ich, daß Kinder taten, was ihnen befohlen wurde. Sie lebten nach den Maßstäben von Belohnung und Strafe, von Billigung und Mißbilligung. Wenn sie taten, was ihnen befohlen wurde, existierten sie. Aber wenn nicht, konnte es sehr schnell geschehen – klipp und klapp mit der Scher' –, daß sie zu existieren aufhörten, wie viele der Geschichten im *Struwwelpeter* und viele von Grannys eigenen moralischen Beispielen erschreckend klar machten.

Meine Großmutter wurde zur Verkörperung Englands, ihr Haus wurde unser Zuhause, in dem ich mich mißbilligt und schuldig fühlte, und langsam gelangte ich zu der Erkenntnis, daß ich etwas Böses getan haben mußte.

Da draußen gab es noch ein anderes England mit Grenzlinien, die genauso ausgeprägt waren wie jene Schützengräben, aus denen meine Großmutter Schüsse auf die Angehörigen meiner Mutter abgab und sie als *Gewerbe* abtat. Auf der einen Seite waren die Blundens, die Shankleys, die Clares und die Antrobuses, auf der anderen der Rest. Diejenigen mit dem für Somerset typischen gurgelnden Tonfall – eine Spielart des Englischen, die für einen malaiischen Muttersprachler wie mich besonders faszinierend war – gehörten zum Rest: Dorfbewohner wie die Domans, zu denen wir jeden Tag geschickt wurden, um in einem Eimer die Milch zu holen, oder die Taylors – der Gärtner und Chauffeur Taylor und der ehemalige Marineingenieur und Maat Taylor, der den alten Badekessel in Long Acre anheizte und instand hielt, dazu Taylors Frau, die Hüterin des Kaffees, die im Haus für meine Großmutter arbeitete.

Der Rest wohnte in Arbeiterhäuschen auf gleicher Höhe wie das Straßenpflaster, und wenn man dort eintrat, machte man einen Schritt hinunter in dunkle und schäbige kleine Zimmer – armselig, sagte meine Mutter –, und die Bewohner sprudelten freundliche Begrüßungen hervor, hielten jedoch immer auf Förmlichkeit, was uns auf eine Weise verlegen machte, die wir nie verspürt hatten, wenn wir die Malaien hinter dem Haus besuchten.

Der Dorfjunker, immer noch am Leben, doch selten gesichtet, war der alte Commander Shankley, der jenseits des Feldes in Flint Norton Park residierte, das in der Nachbarschaft als The Park bekannt war. Niemand konnte genau sagen, wodurch er den Titel Commander errungen hatte. Er war ein exzentrischer, eigenwilliger alter Gentleman, der es durchaus fertiggebracht hätte, sich den Titel selbst zu verleihen. Der Commander war dem Vernehmen nach kein sehr geselliger Mann. Er schaute mit einem Periskop um die Tür, um zu sehen, wer im Salon war, bevor er eintrat.

In seinem Laboratorium hantierte der Commander an Zylinderblöcken herum und löste gelegentliche Explosionen aus. In den zwanziger Jahren hatte er Flint Norton dadurch verblüfft, daß er einen Panzer ins Dorf holte, der im Ersten Weltkrieg in Flandern eingesetzt worden war. Angeblich für die Beförderung schweren Bauholzes bestimmt, donnerte der Panzer zwei Jahre lang herum und leistete nicht allzuviel, abgesehen davon, daß er die Landbevölkerung in Angst und Schrecken versetzte und eine Narbe in Feldern und Wäldern hinterließ, bis er aus dem Dienst abgezogen wurde und in einer Scheune seinen Ruhestand antrat.

Der Hauptgrund dafür, daß meine Großeltern den Namen ihres Anwesens änderten, war wohl der, ganz deutlich zu machen, daß sie nicht mit den Shankleys konkurrieren wollten. Der Name Long Acre war recht neutral, während Flint Norton Court wie eine Kleinausgabe von Flint Norton Park wirkte, einem viel älteren und majestätischeren Anwesen. Ein Blick auf die Shankleys, und meine Großeltern dürften gewußt haben, daß sie ihnen nicht gewachsen waren. Sollten die Shankleys von Flint Norton Park sich doch an der Erde Tand entzücken. In der Abteilung der moralischen Überlegenheit würden die Blundens von Long Acre unschlagbar bleiben.

Die Söhne des Commanders hatten die Liebe des Alten zu technischen Spielereien geerbt. Gemessen an den Bräuchen ihrer puritanischen, altmodischen Nachbarn in Long Acre war die Faszination der Shankleys für Maschinen eine Liebeserklärung an die moderne Zeit. Hier näherte man sich einer der Riffzonen des englischen Lebens. Man war entweder für Maschinen wie die Shankleys auf der einen Seite oder dagegen wie die Blundens und wahrscheinlich eine Mehrheit der Engländer.

Die Ungeschicklichkeit meines Vaters im Umgang mit Maschinen welcher Art auch immer, die ich leider ganz und gar geerbt habe, hat damit zu tun, daß er von seinen eigenen Eltern gelernt hatte, Maschinen zu *mißbilligen*. Sie hatten etwas leicht Anrüchiges an sich. Keine Maschine schuftete je im Schweiße ihres Angesichts. Aber wenn ich in den Familienstammbaum hinaufblicke, in dessen Ästen es auf den Seiten beider Großeltern von Pfarrern wimmelt, wird mir klar, daß der Argwohn der Blundens hauptsächlich mit der beunruhigenden Fähigkeit von Maschinen zu tun hatte, a) Geld zu verdienen und b) Vergnügen zu bereiten.

Als Commander Shankley seinen Panzer ins Dorf holte, dürfte er sich zum Gespött seiner Nachbarn im Pfarrhaus gemacht haben. Und als er in den zwanziger Jahren einen Antennenmast auf dem Dach von The Park anbringen ließ, zog man in Long Acre unzweifelhaft die Augenbrauen hoch. Vermutlich geschah es in aller Heimlichkeit, daß mein Großvater in den dreißiger Jahren ein Radio kaufte und in sein Arbeitszimmer schmuggelte, denn er wußte, daß seine Frau diesem Gerät so leidenschaftlichen Widerstand leisten würde, als hätte er eine Geliebte ins Haus gebracht. Grandpa schloß sich mit seiner Pfeife und seinem Radio ein, was meine Großmutter kaum ertragen konnte. Sie stolzierte vor dem Zimmer herum und stichelte über Madame Radio, wie sie dieses neumodische, fragwürdige, sogar verwerfliche Gerät nannte.

Während mein Vater und seine Brüder sich in Long Acre in Ermangelung an Fahrgelegenheiten damit amüsierten, um die Mendip Hills zu radeln, Höhlen zu erforschen und zu Hause Tennis zu spielen, wurden die motorisierten Jungen von The Park in den Gesellschaftstrubel eingesogen, lernten zu rauchen, Martinis zu trinken und mit gefährlichen Frauen zu flirten wie jener berüchtigten Geschiedenen, der Zwillingsschwester meiner Mutter. (Sie umgarnte einen der Shankley-Jungen und heiratete ihn, womit er seine wohlverdiente Strafe erhielt, wie Granny Blunden sagte und dabei boshaft mit den Lippen schmatzte.)

Mit dieser Art Erziehung hinter sich, schritten die Shankleys naturgemäß dazu fort, Geschäfte und Frohsinn zu den Hauptzielen ihres Lebens zu machen, während mein Vater und seine Brüder Beamte, Ärzte oder Farmer wurden, deren Interesse an Geld vorwiegend philantropischer Art war. Diese Arbeitsteilung war in jedermanns Interesse. Die Blundens würden das Personal für das Britische Empire liefern, die Shankleys damit Geld verdienen. Blunden-Sprößlinge sollten auf Jahre hinaus Adressen in Ländern wie Eritrea, Nigeria, Rhodesien, Tasmanien und Neuguinea haben (eines Weihnachtens erhielt meine Großmutter Post von allen sechs Kontinenten). Die Shankleys dagegen reisten kaum weiter als bis Piccadilly.

Flint Norton Park war wie mancher prächtige alte englische Landsitz wahrscheinlich mit dem Erlös aus einer zwei oder drei Jahrhunderte zurückliegenden Kolonialunternehmung, die man besser verschweigen sollte, gebaut worden. Nun, da das Empire unterging und fast verschwunden war, ging Flint Norton Park wie mancher prächtige alte englische Landsitz mit ihm unter.

Die Frau des Commanders fühlte sich wie manche prächtige alte englische Lady verpflichtet, den Schein zu wahren. Bei diesem Bemühen führte sie einen mutigen, doch hoffnungslosen Kampf gegen steigende Kosten und sinkende Einkünfte. Gleichgültig, daß wichtige Dinge wie die Reparatur undichter Dächer über ihre Mittel gingen – Dächer bekamen die Besucher nicht zu Gesicht, und das Wasser tropfte noch nicht bis zum Erdgeschoß durch, in das die Besucher geführt wurden. Was sie sahen, war Wilcox, das Hausmädchen in einer gestärkten Haube, das sie an der Eingangstür empfing.

Zwischen den Kriegen kam der Tag, an dem Wilcox erklärte, sie werde Besuchern nur noch dann die Tür öffnen, wenn sie ihre gestärkte Haube nicht mehr zu tragen brauche und mit ihrem Vornamen angeredet werde. Ihr Name sei Jane, und auf Wilcox werde sie nicht mehr reagieren. Jane, ohne Haube, öffnete die Tür von The Park bis zum Beginn des Zweiten Weltkriegs. Danach gab es keine Wilcox mehr, in welcher Gestalt auch immer. Mrs. Shankley selbst erschien an der Haustür. Manchmal, wenn wir zum Tee vorbeikamen, öffnete überhaupt niemand die Tür. Mrs. Shankley hatte ihre Nachmittagsruhe noch nicht beendet und begrüßte uns vom Fenster eines der oberen Zimmer. »Gebt der Tür nur einen tüchtigen *Stoß* und kommt *herein.*« Emma war wie elektrisiert. Wenn dies nicht die Stimme von Miss Griffith-Jones, ihrer alten Schulleiterin in Cameron Highlands war, dann kam ihr jedenfalls nichts auf Erden näher.

Mrs. Shankley schritt die Treppe herunter in eine Vorhalle, die wie ein Damebrett mit schwarzen und weißen Marmorfliesen ausgelegt war. Sie war eine große, dünne Dame mit Knäueln aus hellem, fast poliertem rosa Fleisch um die Wangenknochen. Die Knäuel schienen durch denselben Umwälzungsprozeß, der ihre Wangen ausgehöhlt hatte, aus ihrem Gesicht nach oben gedrückt worden zu sein. Sie trug ein langes Kleid, dessen Schleppe hinter ihr die Stufen hinunterglitt, und hatte faszinierenderweise etwas in der Hand, das ein Regenschirm zu sein schien. Emma sagte, es sei ein Sonnenschirm, aber wie ich später erfuhr, war es tatsächlich ein Regenschirm, den Mrs. Shankley benötigte, um sich oben vor den undichten Stellen zu schützen.

Die alte Dame war so kurzsichtig wie vergeßlich. Sie trat näher und spähte eine Weile auf uns herunter, um festzustellen, was für Geschöpfe wir waren. Aber dann gab sie jedem von uns die Hand und sagte, wie sehr *erfreut* sie sei, uns kennenzulernen, genau so, als wären wir Erwachsene, nur kleiner. Wenn sie Nachdruck auf ein Wort legte, gab sie ihm auch eine gewisse Würze, und obwohl ich es bis dahin nicht geahnt haben mochte, bezweifelte ich nun nicht mehr, daß es *sehr* erfreulich war, mich kennenzulernen.

Also, seid ihr nicht die, Moment mal, *Kolonial*kinder, Johns *Sippe* von nebenan?

Beim Tee benahmen wir uns schrecklich artig. Ich benahm mich nie so artig wie dann, wenn ich zu Mrs. Shankley zum Tee ging. Es war ein neues Gefühl für mich, und es gefiel mir recht gut. Es gab Spielsachen, aber Mrs. Shankley erwartete von uns – und ich hatte nicht die geringste Absicht, sie zu enttäuschen –, daß wir weniger mit den Sachen *spielten*, als still dasaßen und uns an ihnen *erfreuten*. Also saßen wir in einer Reihe auf dem Sofa, Emma in der Mitte, betrachteten ein Buch, das sie auf dem Schoß hatte, und wechselten uns dabei ab, die Seiten umzublättern und an der Schnur zu ziehen, die aus dem Buch hervorkam. Dann hörte man das Geräusch des Tieres, das man auf der Seite sah. Schafe blökten, Kühe muhten, und

Hunde bellten ununterbrochen, während der Tee getrunken wurde. Sie taten es seit zwei oder drei Generationen, wahrscheinlich seit Gordon bei Khartum vor einem halben Jahrhundert gefallen war. Es war ein Viktorianisches Hightech-Spielzeug, wie es für die Shankleys nicht typischer hätte sein können. Einige der Tiere waren inzwischen sehr leise, andere hatten völlig die Stimme verloren, so daß wir uns still an dem Buch erfreuten, wie Mrs. Shankley befohlen hatte.

Eine Pforte in der Mauer führte direkt von Long Acre zum Wald der Shankleys, wir konnten aber auch das Feld überqueren und mit dem *Spielzeug für draußen*, wie Mrs. Shankley es nannte, spielen, wann immer wir Lust dazu hatten. Durch die Haustür und die Vorhalle erreichte man den Raum, in dem das Spielzeug für draußen aufbewahrt wurde: hauptsächlich Tretautos gemäß der Begeisterung der Shankleys für Maschinen, die den Kindern schon im Alter von vier oder fünf Jahren gestatteten, sich auf den Motorverkehr vorzubereiten.

Diese Fahrzeuge waren an Echtheit nicht zu übertreffen. Wahrscheinlich hatte man sie zwischen der Jahrhundertwende und dem Ersten Weltkrieg hergestellt. Sie besaßen die Karosserie und die Details echter Autos, und da sie fast ein Drittel so groß waren, fühlten sie sich auch so ähnlich an. Umgeben von Leder und Holz im Inneren des Autos mit seinem etwas bedrohlichen englischen Geruch, drückte ich auf eine herrliche Messinghupe, die Granny Blundens Auto von der Straße gescheucht hätte, trat in die Pedale, fuhr auf der Terrasse vor dem großen grauen Haus hin und her und war für kurze Momente, wie mir bewußt wurde, glücklicher als je zuvor in meinem Leben.

Von der Terrasse von Flint Norton Park konnte man die Kirche sehen, in die wir uns jeden Sonntag aufmachten. Granny Blunden kümmerte sich dort um den Blumenschmuck, breitete die Altartücher aus, organisierte die Kollekte und das Saubermachen und stimmte den Gesang mit ihrer festen Stimme an, die alle zum Einfallen aufforderte. Obwohl es die Familienkirche der Shankleys war, hatte man den Commander und seine Frau dort seit Menschengedenken nicht gesehen. Der alte Mann liebte jedoch den *Anblick* der Kirche, und wenn die Erntezeit kam, ermahnte er den Pächter, seine Heuschober hinter den Bäumen aufzurichten, damit ihm die Sicht nicht verstellt wurde.

In Singapur fragte meine Schwester Emma meine Mutter immer, warum wir nicht so wie die Malaien sein konnten, und in Flint Norton fragte ich sie, warum wir nicht wie die Shankleys sein konnten. In The Park konnte man sich vergnügen (in Long Acre auch, aber nur unter bestimmten Bedingungen), und vor allem hatte man dort das Gefühl, *gebilligt* zu werden. Mutter sagte, alles werde sich ändern, wenn wir erst einmal eine eigene Bleibe hätten.

Ohnehin ging unser Aufenthalt in Long Acre seinem Ende entgegen. Es wurde Zeit für Emma, die Große Schule zu besuchen, wie Miss Griffith-Jones versprochen hatte. Und Vater tauchte für ein paar Tage auf und verschwand dann wieder, um mit Emma nach Laleham Abbey zu fahren, bevor er nach Afrika zurückkehrte. Gewisse Einzelheiten über diese Klosterschule blieben Granny Blunden offenbar verborgen, denn sie wurde von Katholiken betrieben, die nach Großmutters Einschätzung nicht besser als Mohammedaner oder Juden waren. Sie empfand einen tief verwurzelten englischen Haß auf den Papismus. Deshalb wurde Emma heimlich in ein katholisches Kloster geschafft. Und mit Ausnahme der etwa acht Wochen im Jahr, in denen sich unsere Ferien überschnitten, sollte ich sie während meiner Kindheit nicht mehr wiedersehen.

Radikale Änderungen vollzogen sich in unserem Leben fast nebenbei. Sie trafen unangekündigt ein, und wenn sich ihre Wirkung bemerkbar machte, waren sie bereits unwiderruflich, Teil einer neuen Ordnung, der wir uns anzupassen hatten. Noch vor meinem fünften Lebensjahr lernte ich, daß nichts dauerhaft ist und daß ich mich auf nichts verlassen konnte.

Die Abreise meiner innig geliebten ältesten Schwester wurde durch einen Unfall im Küchengarten überschattet, für den man sie verantwortlich machte. Als Tea und ich sahen, wie Emma auf die Mauer kletterte, um Äpfel von einem überhängenden Ast zu pflücken, folgten wir ihr, und eine Zeitlang balancierten wir sehr zufrieden auf der Mauer, bis Tea, mit den Worten des Kinderreims, hinunterschepperte und sich die Krone zerdepperte.

Es war ihre zweite oder dritte Gehirnerschütterung und die bis dahin schlimmste. Der haarfeine Riß in ihrer Schädeldecke wurde länger oder breiter oder vielleicht beides. Meine Mutter malte sich aus, daß Teas Schädel jederzeit aufplatzen und der ganze Inhalt hervorquellen könne – eine gräßliche Vision, die ich unfreiwillig teilte. Fragile mußte im Krankenhaus bleiben, meine Mutter den ganzen Tag bei ihr, so daß Scamp unter der Aufsicht von Granny Blunden allein in Long Acre war. Beide Erfahrungen beschleunigten die Entscheidung meiner Mutter, mit Tea und mir in das Haus ihrer eigenen Mutter in London umzuziehen.

Die kleine Gruppe der Übriggebliebenen, die noch ein paar Wochen im großen hohlen Haus meiner Großmutter verweilte, rückte nun zwangsläufig näher zusammen. Hatten Granny Blunden und ich bis dahin über die Schultern unschuldiger Zuschauer hinweg auf gut Glück aufeinander gefeuert, verwickelten wir uns nun in Nahkampfgefechte. Das Frühstück wurde vom Eßzimmer in die Küche verlagert, wo die Atmosphäre im frühen Morgenlicht immer aschgrau war. Granny hatte ihren eigenen Fußschemel. Jeden Morgen kroch ich vor dem Frühstück unter den Tisch und schob den Schemel zum Stuhl meiner Mutter, und jeden Morgen schob meine Großmutter ihn zurück.

Einmal erwischte sie mich bei diesem unverfrorenen Werk auf frischer Tat. Ihre Granitmiene erschien unter dem Rand der Tischdecke und sie flüsterte:

Zucker, Würze und alles Schöne,
Daraus sind kleine Mädchen
Frösche, Schnecken und Hundeschwänze,
Daraus sind kleine Jungen

Eines Abends kam meine Mutter nach oben und sah, wie Großmutter sich über mein Bettchen beugte und mit ihrer dunklen, zitternden Stimme eine Beschwörung murmelte. Meine Mutter argwöhnte, es könne ein Fluch sein. Es wurde Zeit, mich aus dem Haus zu schaffen.

Koffer tauchten in unserem Schlafzimmer auf, und Mutter begann zu packen. Tea und ich fragten, ob wir nach Hause fahren würden, aber diesmal blieb unsere Mutter stumm.

In meinem Gedächtnis ist ein verschwommener Fleck ähnlich dem in meiner alten Schlafzimmerdecke, der in meiner Phantasie unterschiedliche Formen annimmt. Manchmal sehe ich in dem Fleck das Gesicht Peahs, meiner Amah in Singapur, manchmal das Gesicht Nanas, meiner Großmutter Nr. 2. Nana besuchte uns in Singapur und machte wie Peah mit mir Spaziergänge, wobei ich in der Rattankinderkarre mit der im Rad quietschenden Maus saß. Auf einer sonnenbeschienenen Lichtung am Meer, knochenweiß von totem Gras und den Skeletten vertrockneter Bäume, rufe ich *ular! ular!* und gluckse vor Vergnügen, als die alte Frau auf mich zuwatschelt, so schnell sie ihre alten Beine tragen können, erschrocken oder vermeintlich erschrocken über die Schlange, die ich vortäuschte gesehen zu haben. Aber wer ist sie? Ihr Gesicht ist ein verschwommener Fleck. Manchmal ist es Peahs, manchmal Nanas.

Nana hatte ein Haus in St. John's Wood, und zu Anfang lebte ich in der Rätselhaftigkeit des Namens, der das Haus umgab. Ich betrachtete Reihen von Doppelhaushälften wie unsere eigenen zu beiden Seiten einer ebenen Straße. Warum hieß Großmutter Nr. 2 Nana? Wer war St. John? Wo waren all die Bäume in diesem Wald? Warum gab es keinen Berg in der Straße, die Mount Pleasant hieß?

In Long Acre war alles genau festgelegt. In St. John's Wood blieb alles schemenhaft. Nichts ließ sich dingfest machen, und schon gar nicht meine Großmutter. Sie war zweifellos für mich da, aber zuweilen in der Rolle von Peah, zuweilen als sie selbst.

Vaters Welt war seit Generationen in die Familiengeschichte eingemauert, benannt und datiert in Kirchenverzeichnissen, die nach einem schriftlichen Antrag beim Kirchenvorsteher eingesehen werden konnten. Die Familiengeschichte meiner Mutter war irgendwie verlorengegangen. Es gab sogar den Verdacht (gepflegt von Großmutter Nr. 1), daß man sie absichtlich verlegt hatte.

Die Blundens interessierten sich stärker für Familiengeschichte als Familienüberlieferung, die Blands stärker für Überlieferung als Geschichte.

Der Vater meiner Mutter war irgendwann um 1900 praktisch ohne Vorleben aus Neuseeland herangeschwebt, ohne Referenzen außer der, daß er Klavier spielen konnte. Ihre Mutter war die Tochter eines Mannes, der in Stratford-on-Avon Schweinefleischpasteten hergestellt hatte, und da dies im snobistischen Großbritannien ein unbefriedigender Zustand war, wurden stets zwei Punkte hinzugefügt, die ihn aufwerten sollten. Erstens, daß er seine Schweinefleischpasteten an das englische Unterhaus verkauft hatte, und zweitens, daß ihm für sechshundert Pfund eine Kaufoption für das Häuschen von Anne Hathaway, Shakespeares Frau, angeboten worden war.

Warum hätte man im Unterhaus in Westminster Interesse daran haben können, Schweinefleischpasteten bei einem Metzger in Warwickshire zu bestellen? Und warum hatte unser Urgroßvater nicht die Kleinigkeit von sechshundert Pfund herausgerückt, um eines der Kronjuwelen des englischen Erbes zu kaufen und uns alle zu Millionären zu machen? Diese Fragen wurden nie zufriedenstellend beantwortet. Mutters Familiengeschichte blieb eine unvollständige, auf Hörensagen gegründete Angelegenheit.

Vielleicht hatte ich ein Alter erreicht, in dem ein Kind Fragen stellt, oder vielleicht gab es so viele rätselhafte Dinge an dieser Großmutter Nr. 2, die von dem Moment an, da ich ihr in London wiederbegegnete, zur Erbin der heimatlosen Emotionen wurde, die früher mit einer runzeligen alten malaiischen Amah namens Peah verknüpft gewesen waren.

Nana mochte mich, und ich mochte Nana. Ich mochte

ihren Geruch. Sie war ein Bindeglied, sorgte für Kontinuität, denn sie stammte noch aus der mythischen Vergangenheit, zu der Malaya immer rascher wurde. Nana war die Bestätigung dafür, daß es bestimmte Dinge auf der Welt gab, die immer unverändert blieben.

Die Ordnung, die mich formen sollte – der Zusammenhalt meines noch provisorischen Ichs –, fand ihren Ausdruck darin, daß ich die Geographie von Nanas Haus sofort klar erfaßte. Es hatte eine festgefügte Struktur, alles hing zusammen. Ein Zimmer ging eindeutig als Teil eines durchschaubaren Ganzen in das andere über: der Flur in die Küche, die Küche ins Eßzimmer und ins Wohnzimmer, die Treppe in Victors Garderobe auf halber Höhe und in Nanas Schlafzimmer ganz oben. In Nanas Haus löste sich die Willkürlichkeit des Ortes auf, die meine Erinnerung an all die anderen Häuser färbte. Das Haus bekam einen klaren Grundriß, und ich damit auch. Hierher, so schien es mir, gehörte ich.

Wenn es etwas an der rauhen Isolation von Long Acre gab, das auf Afrika hindeutete (und vier von fünf Brüdern hatten Afrika den Vorzug vor ihrer Heimat gegeben), so hatte Mount Pleasant unzweifelhaft etwas an sich, das genau das Gegenteil von rauher Isolation war; verblichener Glanz oder vielleicht nur Verblichenheit ohne Glanz, eine im Verfall begriffene Eleganz, vollgestopfte Zimmer, ein Elefantenfuß als Papierkorb, ein Beistelltisch aus Rattan, mit Initialen versehene silberne Zigarettendosen und künstliche Blumen, rissige, abblätternde Tapeten. All das entsprach (wie ich mir gern einbildete) der Atmosphäre einer heruntergekommenen asiatischen Stadt in der späten Kolonialzeit, zum Beispiel Ranguns, wo mein Onkel Douglas als Polizeichef amtiert hatte.

Der frühere Chef der burmesischen Polizei hatte in Nanas Souterrain gewohnt. Eine Treppe direkt hinter der Haustür führte hinunter. Polizeichefs hatten einen hohen Stellenwert unter meinen damaligen Interessen, und ich hätte mir die Wohnung dieses Onkels nur zu gern angesehen. Leider war die Treppe nun zugebaut, denn dort unten wohnte eine Mrs. White, die Nana nicht loswerden konnte. Wendungen wie *Dauermieter* und *werd' sie nicht los* bewirkten bald eine Verschiebung in meinem Wortschatz, die den kürzlichen Umzug von Somerset nach London widerspiegelte.

Onkel Douglas kam, wie die Geschichte besagte, für ein Wochenende und blieb für ein Vierteljahrhundert. Damit war er doch bestimmt als Dauermieter qualifiziert (Mrs. Whites zehnjähriger Aufenthalt schien mir dagegen von vergleichsweise geringer Dauer zu sein). Nein, Schatz, sagte Nana, stets bereit, meine Fragen zu parieren, ohne allerdings immer für Aufklärung zu sorgen, mit Onkel Douglas war es etwas anderes.

Was war mit Onkel Douglas anders?

Wir gingen die Erinnerungsstücke durch, manchmal zusammen mit Mr. Wilkes, Nanas Taxifahrer, wenn er auf eine Tasse Tee vorbeikam. Mr. Wilkes hatte die Angewohnheit, alles zweimal zu sagen. Ah, sagte er immer, wenn meine Großmutter ihm ein Stück reichte, und nahm die Pfeife aus dem Mund, um es besser mustern zu können, ah.

Erinnern Sie sich daran?

Und ob, und ob.

Das waren noch Zeiten, Mr. Wilkes.

In der Tat, in der Tat.

Fotos von Onkel Douglas in seiner Polizeiuniform,

beim Polospiel, auf die Reling des Schiffes gestützt, das ihn 1920 zu seinem frühen Ruhestand in die Heimat brachte. Ein weiteres Schlüsselwort, das Nana häufig in die Unterhaltung einflocht, lautete: *Privatvermögen*. Sehr früh wurde mir klar, daß Leute mit Dauermietern kein Privatvermögen besaßen. Nana regte sich über Lichter auf, die wir im Flur anließen, wenn wir zum Klo gingen, über Gasöfen, die wir nur deshalb in Gang setzten, damit wir morgens beim Anziehen nicht froren, über Flecken, die wir auf Sofabezügen hinterließen, über Pflanzen, auf die wir im Garten traten, über die unablässig steigenden *Lebenshaltungskosten*. Wie Mrs. Shankley fehlte es ihr an Barem, und auch sie hatte Mühe, den Schein zu wahren.

Steigen dauernd, die Lebenshaltungskosten, das scheint nie aufzuhören, Mr. Wilkes, stimmt's?

Stimmt, Mrs. Bland, stimmt.

Wir widmeten uns wieder den Erinnerungsstücken. Ein Brief an Onkel Douglas von einem berühmten Mann, Rudyard Kipling, den Nana stolz vorlas. *Wo haben Sie sich bloß rumgetrieben, alter Knabe? Habe Sie in letzter Zeit nicht im Club gesehen. Zeit, daß wir uns wieder zum Lunch treffen. Ihr Kipling*. Ein silberner Krug mit einer Widmung für Onkel Douglas von einem anderen berühmten Mann, dem Dramatiker Sir Arthur Wing-Pineiro. Weitere Fotos, die einen dandyhaften Mann mit einem gepflegten Schnurrbärtchen zeigten. Unverheiratet. Ein seltenes Foto von ihm im Garten mit Victor und Nana. Ein faszinierendes Bild von ihm mit meiner Mutter auf der Promenade in Brighton, wo er gelegentlich, als sie in den frühen Teenagerjahren war, Wochenenden mit ihr im Grand Hotel verbrachte.

Mr. Wilkes nahm die Pfeife aus dem Mund.

Wochenenden mit ihr ...?

Er war ihr Onkel, Mr. Wilkes. Er himmelte beide Mädchen an. Und er war immer sehr großzügig.

Die Erinnerungsstücke an Onkel Douglas wurden in Onkel Douglas' Schrank verwahrt. Für mich war der größte Schatz darin ein burmesisches Messer in einer grünen, mit Silber beschlagenen Samtscheide. Zu meiner Enttäuschung glaubte Nana nicht, daß der Polizeichef jemanden damit getötet hatte. Wir suchten die Klinge nach Blutflecken ab und fanden keine. Es war eine rein zeremonielle Waffe, und sie ähnelte dem malaiischen Kris, einem Allzweckmesser, das nur selten von amoklaufenden Ehefrauen zur Ermordung ihrer Männer benutzt wird. Ahmad verwendete einen Kris normalerweise, um Hühner zu köpfen oder den Stachel aus dem Schwanz eines Skorpions zu entfernen, oder vielleicht nahm er ihn auch als Waffe mit, wenn er auf der Suche nach einer Schlange hinaus in den Garten ging. Nana holte dieses sinnlich schöne Messer von Zeit zu Zeit aus dem Schrank und zeigte es mir, um mir eine besondere Freude zu machen. Ich durfte es noch nicht in die Hand nehmen, aber es werde mir gehören, versprach sie, wenn ich dreizehn Jahre alt sei. Mutter sagte, vierzehn.

Victor, mein Großvater und Nanas Mann, schien keine Erinnerungsstücke zu haben. Es gab keinen Schrank für Großvater Victor. Kein Möbelstück war nach ihm benannt. Kein Souterrain, das er fünfundzwanzig Jahre lang mit Beschlag belegte. Allerwenigstens fünfundzwanzig Jahre, denn sonst wäre Onkel Douglas vor ihm dort gewesen, und dann hätte Victor Nana nicht heiraten können, nicht wahr, denn sie wäre statt dessen mit Onkel Douglas verheiratet gewesen.

Nur Victors Garderobe war geblieben, die offiziell nicht einmal so hieß. Es war ein leeres Zimmer in der Form eines Bügelbretts – und nicht viel größer –, in dem mein Großvater seine Kleidung aufgehängt hatte. Obwohl er seit mehreren Jahren tot war, hatte ich den immer noch lebhaften Eindruck, daß Victor und seine Anzüge erst vor kurzer Zeit aus jenem kleinen Zimmer neben dem Treppenabsatz entfernt worden waren. Es ist so elegant, schwatzte ich, wobei ich meine Großmutter nachmachte, so *elegant.* Nana war entzückt.

Dann kam der Tag, an dem meine Mutter, vielleicht der Sitzungen mit Onkel Douglas' Erinnerungsstücken überdrüssig, etwas geringschätzig in Nanas Hörweite sagte: Weißt du, Liebling, Onkel Douglas war kein *wirklicher* Onkel. Wir nannten ihn nur so.

Die Sache wurde interessant.

Mutter fühlte sich, aus welchem Grund auch immer, verpflichtet, ihre Wertschätzung für ihren Vater deutlich zu machen. Wir wußten, daß sie ihren Vater angebetet hatte, denn sie behauptete es einmal pro Woche. Ich habe Daddy *angebetet.* Sie sagte nie, daß sie Mummy anbetete.

Ich setzte ihr mit Fragen über diesen Großvater zu, der ärgerlicherweise gestorben war und selber keine Antworten liefern konnte. Als alle Blundens in die Kolonien geströmt waren, hatte es Victor Bland zurückgeschwemmt, aus Neuseeland. War er ein Sträfling? War er heimgekehrt, weil man ihn entlassen hatte? Und was hatte er angestellt, um dorthin geschickt zu werden?

Meine Mutter wußte nichts von alledem. Kurz, sie hatte nur folgende Informationen über ihren Vater, die sie im Laufe der Jahre ohne Auslassungen oder Zusätze wiederholte: Victor war ein sehr sanfter Mann. Er spielte so gut Klavier, daß man ihn zum Professor ernannte. Er litt an Asthma. Als junger Mann hatte er gut weitspringen können.

Wie weit konnte er springen?

Mutter dachte, ungefähr zwanzig Fuß.

Wo?

Ja, das weiß ich nicht, Liebling. Im *Garten*, nehme ich an. Als wir jung waren, hatten wir nämlich oft Partys im Garten, mit Sportwettkämpfen und so. Und Daddy war einfach sehr gut im Weitsprung. Er gewann immer.

Ich borgte mir Nanas Maßband und ging hinaus in den Garten. Das schuldete ich meinem Großvater. Zwanzig Fuß waren eine gewaltige Entfernung, ein Sprung, der, wenn er stimmte, Onkel Douglas vernichtend geschlagen hätte. Wenn mein Großvater am Geräteschuppen gestartet und mit Anlauf gesprungen wäre, hätte er den Teich überquert und wäre im Souterrain bei der Dauermieterin gelandet. Der Garten war nicht groß genug. Victor mußte es irgendwo anders gemacht haben.

Mit einem gewissen Widerwillen mußte ich einsehen, daß der Weitsprung nicht das wahre Andenken an Victor im Haus darstellte. Auch nicht das Asthma. Es war die Musik. Sie verband ihn mit Nana. Deshalb hatte sie ihn geheiratet. Keine Souterrains, keine Schränke, nicht einmal die Silberkrüge und burmesischen Messer, die Onkel Douglas aus ihnen herauszaubern konnte, waren gewichtiger gewesen als Victors Musik.

Sie kam aus dem Klavier, an dem Nana oft stundenlang beim Spiel saß. Es stand in dem Zimmer, das manchmal Musikzimmer und manchmal, aus Gründen, die ich nicht verstehen konnte, Salon genannt wurde. Ich stellte mich neben das Klavier und beobachtete ihr Spiel, oder, besser gesagt: ich beobachtete Nana.

Unter ihrem gewellten Haar hatte sie ein runzliges Gesicht, das, verglichen mit dem von Granny Blunden, sanft gealtert zu sein schien. Sie trug Seidenkostüme mit Faltenrock und sie hatte schrumplige Finger, die zu den Falten und Runzeln zu gehören schienen, zu der Schrumpligkeit überhaupt, etwas Zerbrechlichem, das sie an sich hatte, etwas Wehmütigem – eine Erinnerung an die falten- und runzellose Frau, die sie einst gewesen war. Die Haut an ihren Armen war straff gespannt, und vielleicht bevorzugte sie kurze Ärmel, um ihre geraden, durchaus nicht alten oder dünnen Handgelenke zu zeigen, die in große Hände und jene schrumpligen, doch flinken Finger übergingen – den Teil von ihr, der noch spielte.

Chopin und Rachmaninow, russische Musik, die um die Jahrhundertwende populär gewesen war, Komponisten, deren Musik kaum mehr gespielt wurde, Namen, an die sich niemand mehr erinnerte, Opern und Musicals von *Madame Butterfly* bis hin zu *Choo Chin Chow* und *Salad Days*, Sprechgesang (sie war Opernsängerin gewesen, hatte jedoch ihre Gesangsstimme verloren), den sie tief aus ihrem Innern hervorholte und mit ihrer sonoren, gefühlvollen Stimme vortrug.

Ich bin des Gartens müde, sagt die Rose,
Denn die Winterwinde fliegen,
Unsre Tränen nie versiegen,
Und meine Blätter bald schon liegen
Unterm Schnee.

Sie hatte Victor, der aus Neuseeland herangetrieben war, kennengelernt, als beide an der Royal Academy of Music studierten. Beide erhielten Auszeichnungen, Nana schlug eine Laufbahn als Sopranistin ein, Victor wurde Professor. Im ersten Jahrzehnt des zwanzigsten Jahrhunderts waren sie eng mit der Musikszene verbunden und mit den Ensemblemitgliedern der meisten Opern befreundet, die im Edwardianischen London auf die Bühne kamen. Sie waren jung und wollten nach oben (die Kolonialketten und die Fesseln provinzieller Schweinefleischpasteten abschüttelnd), waren also mehr als bereit, gegen Gage in der Londoner Gesellschaft vor dem Ersten Weltkrieg aufzutreten. Victor spielte, Nana sang, ein charmantes Paar, *Gewerbe* vielleicht, doch um so dankbarer für die Ehre, vorne durch die Haustür und nicht hinten durch den Boteneingang eingelassen zu werden.

Der Krieg brach aus, Kinder wurden geboren. Etwa um die Zeit der Ankunft ihrer Zwillinge verlor Nana unerklärlicherweise ihre Stimme, und in einigen dunkleren Winkeln der Familienüberlieferung ist die Andeutung zu finden, sie habe das eine für das andere geopfert. Aber die Familie zog in das Haus in Mount Pleasant, wo die Zwillinge mit ihren Zöpfen und ihrer identischen Kleidung neckische Ornamente auf den Gartenpartys beisteuerten, die Nana und Victor in den zwanziger Jahren für berühmte Bekannte aus der Musik- und Literaturwelt gaben: für Nina Milkina und Myra Hess, Nellie Melba, Clara Haskill, Frederick Norton, J. M. Barrie und A. A. Milne. Das war ihre Glanzzeit, die Rose blühte.

Dann kamen sie aus der Mode. Sie waren keine flotten jungen Dinger mehr. Damit war es allzu schnell vorbei, wie Nana sagte.

Der ehemalige Chef der burmesischen Polizei zog ins Souterrain. Das mag ein Schlag für die Boheme-Atmosphäre des Hauses gewesen sein, aber dafür wurde es auf eine festere finanzielle Grundlage gestellt. Nana war nun besessen davon, *das Geld zusammenzuhalten*. Der Beitrag, den Onkel Douglas für die Souterrainwohnung zu ihrem Haushaltsgeld leistete, und das, was er Nana darüber hinaus gegeben haben mochte, waren bald unverzichtbar für eine Frau, die großen Wert darauf legte, den Schein zu wahren.

Aus Malaya eingereist, lernte ich ein Land kennen, in dem alles noch immer genauso vonstatten ging wie früher. Andere Kinder schienen selten zu sein – wir waren darauf vorbereitet worden, in der Heimat Mängel zu erleiden, weshalb also nicht auch einen Mangel an Kindern? –, neue Dinge existierten nicht. Wir lernten die Spiele unserer Großeltern, beschäftigten uns mit ihren Spielsachen und waren zumeist in ihrer Gesellschaft. Mit fünf Jahren wurde ich zu einem Fachmann in Sachen alte Leute.

England war ein Denkmal zu Ehren toter Menschen und Dinge, voll von Häusern, die Vorschriften und Geheimnisse von Grabestiefe in sich bargen, so unaussprechlich, daß man sie nie erwähnen durfte, von alten Häusern, in denen alte Witwen nun allein und in Not lebten. In ein paar Jahren würden auch diese alten Frauen sterben, und mit ihrem Hinscheiden würde eine ganze Generation, der Überrest des Viktorianischen England, untergehen. Aber als ich eintraf, existierte er noch und ich konnte nicht ahnen, daß alles kurz vor dem Zusammenbruch stand.

Tea und ich wandten unsere Aufmerksamkeit Nanas Hintergarten zu. Das war ein Bereich, den wir hofften kultivieren zu können. Wir hatten Pläne für den Garten unserer Großmutter. Zum Beispiel sollte dort Gras wachsen. Fleißig begossen wir das Unkraut in den Spalten des gestückelten Pflasters. Das Unkraut gedieh, nicht gerade mit Nanas Segen, doch wir wußten es besser. Eines Tages würde sie hinausschauen und einen Rasen erblicken.

Als nächstes beschlossen wir, den Geräteschuppen umzurüsten. Einstmals, zu Nanas und Victors Glanzzeit, war der Geräteschuppen ein Gartenhäuschen oder etwas noch Verlockenderes gewesen. Ein Pavillon. Hier waren Partys veranstaltet worden, bei denen unsere Mutter und ihre eineiige Zwillingsschwester – als Nymphen gekleidet und mit Obstschüsseln aus Papiermaché auf dem Kopf – am Eingang des Pavillons auf Sockeln standen. Die Geräte wurden von uns entfernt (in einer Ecke des Gartens aufgestapelt), der Schuppen ausgefegt, Stühle und ein Tisch aus dem Haus hereingeschleppt. Eine schriftliche Einladung wurde in den Briefkasten gesteckt, und Nana kam sehr huldvoll in einem rosa Seidenkostüm zum Tee. Ist das nicht grandios, sagte sie, ihr Lieblingswort benutzend, genau wie in den alten Zeiten, als ich noch ein *junges Ding* war.

Wir glaubten, das Haupthindernis zwischen Nana und den grandiosen Zeiten, die sie einst erlebt hatte (und von denen sie sehnsüchtig sprach), sei die Dauermieterin im Souterrain. Wenn man Mrs. White vertreiben und das Souterrain wieder zu einem Teil des Hauses machen könne, werde Nana erneut so glücklich sein wie zu Victors und Onkel Douglas' Lebzeiten.

Die beste Methode, dies zu bewerkstelligen, so schien es mir und in geringerem Maße auch Tea, bestand darin, einen grauenhaften *hantu* in das Haus in Mount Pleasant einzuführen. Im Idealfall würde er mit dem Kris aus Onkel Douglas' Schrank bewaffnet sein, so daß Mrs. White Todesangst bekam und die Souterraintreppe hinaufrannte, um im Land ohne Wiederkehr zu entschwinden.

Der Kris, zunächst einfach ein Requisit in diesem Plan, wurde in meiner Phantasie bald zu dem Schlüsselelement, das für den Erfolg unerläßlich war. Vielleicht hätte ich sogar das ganze Vorhaben fallengelassen, wenn ich es für das Messer hätte eintauschen können. Aber leider wurde das Messer auf einem Regal ganz oben im Schrank verwahrt. Sogar Nana mußte sich auf einen Hocker stellen, um es herunterzuholen. Wir versuchten es mit Stühlen und mit einer Stehleiter, aber wir waren zu klein.

Tea schreckte schließlich vor der beispiellosen Ungezogenheit meines Tuns zurück, und ihre Vorsicht steckte mich an. Ich wurde von meinem eigenen Mut eingeschüchtert. Dann schlug sie als Ersatz ein Holzschwert vor, das wir selbst anfertigen könnten, indem wir einen Besenstiel in der Mitte zersägten, einen Nagel als Knauf durch ein Ende hämmerten und daran Korken befestigten, und ich akzeptierte die Idee voller Erleichterung. Eines Tages nach dem Abendessen, als es dunkel (aber nicht zu dunkel) war, schlich ich die Treppe hinunter ins Souterrain, bewaffnet mit dem Schwert und in eine gestreifte Decke gehüllt, in die wir Augenlöcher geschnitten hatten. Ich heulte und kreischte, vollführte meine Imitation eines startenden Flugzeugs und stellte mich auf die Mülltonne, damit Mrs. White, die ihre Strümpfe in der Küche aufhängte, den *hantu*, der all den Lärm machte, nicht übersehen konnte. Dann versetzte ich der Mülltonne einen kräftigen Hieb mit meinem Schwert und flitzte hinter das Haus, um Tea im Schuppen Bericht zu erstatten.

Fünf Minuten später erschien Nana am Fenster und rief uns ins Haus. Mrs. White habe gerade bei ihr geklingelt, um sich darüber zu beschweren, daß ich in ihrem Souterrain einen Höllenlärm gemacht hätte. Ich sei ein sehr alberner kleiner Junge und solle sofort hinuntergehen, um mich bei Mrs. White zu entschuldigen.

Vielleicht weil die Erwachsenenrealität wiederholt auf die Unabhängigkeit unserer Welt übergriff – Nana kam zweimal zum Tee in den Pavillon, lehnte weitere Einladungen jedoch ab, das Unkraut in den Spalten des Pflasters war noch nicht dicht genug zusammengewachsen, um auch nur entfernt wie ein Rasen auszusehen, der Versuch, die Dauermieterin zu vertreiben, hatte mit einer Demütigung geendet –, vielleicht auch, weil wir uns in Nanas Haus langweilten, spielten Tea und ich immer öfter So-tun-als-ob.

Abends legten wir uns ins Bett und sagten: Laß uns so tun, als ob wir einschlafen. Morgens taten wir so, als ob wir aufstünden. Wir versteckten uns im Abstellraum und taten so, als wären wir in St. John's Wood verirrte Kinder, die nun im Wald darauf warteten, von ihren Eltern gefunden zu werden. Wir legten uns im Flur auf den Boden und stellten uns tot, setzten uns draußen auf die Gartenmauer und kamen uns wie Waisen vor. Wir taten so, als wären wir in Singapur, als ob unser Vater mit uns in Mount Pleasant wohnte, als wären wir eine vollständige Familie in ihrem eigenen Haus. Manchmal stellten wir uns an die untere Treppe und taten so, als wären wir Busschaffner. Dann sagten wir mit lustigen Schluckaufstimmen, *dank-ke*, sammelten bei unseren Passagieren auf ihrem Weg ins Obergeschoß das Fahrgeld von einem Penny ein und läuteten die Glocke, genau wie der richtige Schaffner auf der Linie 59a nach Regents Park. Wir taten so, als ob wir Hunde, Katzen, Papageien oder andere Haustiere wären, die wir gern gehabt hätten, Nana jedoch nicht. Häufig, da mir nichts Besseres einfiel, tat ich so, als wäre ich ein Flugzeug.

Wir fuhren regelmäßig mit der Linie 59a nach Regents Park über die Baker Street und die Marylebone Road, denn gegen Mittag war Nana meistens aus diesem oder jenem Grund müde, und Mutter sagte, Nana brauche Ruhe, was bedeutete, daß sie uns für ein paar Stunden am Nachmittag aus dem Haus haben wollte.

Für uns waren es Ausflüge voller Gefahren, denn Ungetüme warteten nur darauf, uns zu verschlingen, wenn wir auf die Risse im Pflaster traten, genau wie Christopher Robin gesagt hatte. Mutter bedauerte es, uns das Buch je vorgelesen zu haben. Warum trödelt ihr denn so? Los, Kinder, kommt schon. Wollt ihr nun mit den Booten im Regents Park fahren, oder *nicht*? *Kommt* schon.

Auf dem ganzen Weg durch das British Museum tat ich so, als ob ich ein Holzbein hätte, bis meine Mutter mich hinausschaffte. Als ich die Straße entlangging, tat ich so, als wäre ich blind, stieß mit einem Laternenpfahl zusammen und verpaßte mir selbst ein blaues Auge.

Mutter sagte, ich sei ein schwieriges Kind.

Tag um Tag fuhren wir durch die Gegend, nach Regents Park, Primrose Hill, Hampstead Heath, wo Onkel John Shankley seine Nachmittage damit verbrachte, einen Ozeandampfer mit Fernsteuerung über einen Teich zu schicken. Ich fragte ihn, ob er den Dampfer nach Afrika schicken könne. Kein Problem, altes Haus. Wir gingen dorthin, wo der Eintritt umsonst war. Wir mußten haushalten. Nana und unsere Mutter sprachen mit leiser Stimme über das *Haushalten*, als wäre es ein unanständiges Wort wie Busen.

Das Haushalten verbot uns, das Spielzeuggeschäft an der Ecke der Abbey Road zu betreten. Es verbot uns die Spitfire, die an der Decke hing, und den Zug, der auf einem runden Schienenstrang im Schaufenster kreiste.

Ich tat meiner Mutter gegenüber so, als könne ich lesen, aber in Wirklichkeit kannte ich das ABC-Buch auswendig.

A steht für Ast, der hängt an dem Baum.
B steht für Besen, der fegt den Raum.

Gut gemacht, sagte meine Mutter, wie schnell du lesen lernst.

Ich kehrte vom Regents Park zurück, meine Mutter und Tea hinter mir, und sah einen Mann, der im Garten hockte und einen geöffneten Koffer vor sich auf dem Boden liegen hatte. Diese Szene hatte ich mir so oft vorgestellt, daß ich hinter der Hecke anhielt, um einen prüfenden Blick auf den Mann zu werfen und mich zu vergewissern, daß er wirklich da war, bevor er plötzlich wieder verschwand; um mich zu vergewissern, daß es mein Vater war. Es *war* mein Vater. Ich wartete aber, bis Mutter und Tea mich eingeholt hatten, und fühlte mich schuldig, weil ich gewartet hatte. Diesen Moment lang, den ich verharrte, als ich meinen Vater im Garten sah, aber nicht hineinging, aus Angst – wovor? – vielleicht vor der Enttäuschung, wenn ich merkte, daß er nicht wirklich dort war, aus Angst davor, das Glück beginnen zu lassen, weil es dann irgendwann enden müßte –, diesen unschlüssigen Moment lang sollte ich stets verharren, mein ganzes Leben hindurch.

Mein Vater stand in der Küche und nannte Nana Jimmy, und ich spürte seine Fremdheit und wie sie durch diesen Namen in jemanden verwandelt wurde, den ich nicht kannte. Er stand im Haus, redete, und es wurde heller, als wären alle elektrischen Lichter angeknipst worden und als wäre es ihm gleichgültig, ob Nana haushalten mußte.

Er war so selbstbewußt, so großartig in der Helligkeit, die von ihm ausging, daß die Schatten aus dem Fenster flogen. Die Dauermieterin, die Lebenshaltungskosten, die Mühe, sich verstellen und den Schein wahren zu müssen – all das flog aus dem Fenster.

Er nahm meine Hand und ging mit mir über die Abbey Road zu dem Spielzeuggeschäft an der Ecke, bat um einen Karton mit einer Lokomotive und einem runden Schienenstrang wie im Schaufenster, legte, ohne nachzudenken, dreißig Shilling auf den Tresen, ging mit mir hinaus, klemmte sich die Modelleisenbahn unter den Arm, nahm sie einfach mit, spazierte sorglos wieder Mount Pleasant hinauf und an der anderen Seite hinunter, bis er in der Ferne verschwand.

Eine Ansichtskarte mit dem Bild eines Schiffes – es sah genauso aus wie das, das Onkel John Shankley über den Teich steuerte – traf kurz nach seiner Abreise ein. Ich konnte sie nun ganz ohne fremde Hilfe lesen. Mein lieber großer Junge. Dies ist das Schiff. Das mit deinem Daddy nach Afrika fährt. Es ist groß und fährt schnell. Dein dich liebender Daddy. Bitte, gib Mummy einen Kuß.

Für meine Mutter trafen oft lange Briefe ein, in hellblauen Luftpostumschlägen, die man an allen Seiten aufschneiden mußte, um sie zu lesen. Sie enthielten ein paar Worte für Tea und ein paar Worte für mich, die Mutter uns laut vorlas. Tea werde bald in die Große Schule gehen wie ihre Schwester. Mir werde man bald die Polypen und die Mandeln herausnehmen, und wenn ich dabei tapfer und überhaupt gut zu meiner Mutter sei, werde sie mit mir zu ihm nach Afrika reisen. Dann kamen auch ein paar Worte für Emma hinzu, denn sie war für die Schulferien aus Laleham Abbey nach Hause gekommen.

Innerhalb eines Tages war die alte Rangordnung wieder hergestellt. Bossy übernahm die Führung, und wir hatten nichts dagegen einzuwenden. Sie brachte die Dinge in Gang. Das Leben war interessanter, wenn Bossy bei uns war. Wir beide hatten unsere große Schwester vermißt.

Wir drei würden im Haus unserer Großmutter ein Unterhaltungsprogramm veranstalten, das bei Nana auch *Soiree* hieß. Sie probte am Klavier verschiedene Nummern mit uns. Tea und ich sangen Kinderlieder, aber Emma, plötzlich soviel älter als wir, wurde das Pathos zugetraut, das für den Sprechgesang nötig war – eine Darbietung von Nanas altem Lieblingsstück *Ich bin des Gartens müde, sagt die Rose*. Nanas Spezialität, vom Klavierspiel abgesehen, war die Art, *wie* sie spielte, die ich Nanas Klavierrollen nannte.

Sie beugte sich weit über die Tasten und warf sich mit einer Drehung ihrer Hüften zurück, als versuche sie, die Balance an Bord eines Schiffes zu halten, das auf schwerer See schlingerte. Je emotionaler die Musik – und wenn es um Emotionen ging, kam an den Überdruß der Rose im Garten nichts heran –, desto heftiger wurden die Wellen und das Klavierrollen. Sie strauchelte. Das Schiff war in Gefahr, im nächsten Moment unterzugehen.

Manchmal tauchte Bob Sawyer auf, ein Nachbar aus der Straße, um sich von Nana beim Gesang begleiten zu lassen. Bob war auch für die Soiree angekündigt. Er war ein großer Mann mit extrem kurzem, schwarzem Haar, pomadisiert und makellos gescheitelt, und einer Stimme wie ein heulendes Nebelhorn. Wenn die Töne höher wurden, drückte er seine Hand aufs Klavier, als müsse er sich selbst emporheben. Wurden sie noch höher, stellte er sich auf die Zehenspitzen und brüllte. Sein Gesicht wurde hellrot.

Nana schaukelte ungestüm auf ihrem Hocker hin und her. Ich durfte das lustige Schauspiel von Bob Sawyers Gesang beobachten, aber nur, wenn ich still war. Das gelang mir nie. Beim ersten Glucksen wurde ich von meiner Mutter aus dem Zimmer befördert. Meine Mutter sah hilflos zu, während ich mich auf dem Boden im Flur wälzte.

Warum kannst du dich nicht *benehmen*?

Meine Entfernung aus Zimmern wurde in England zu einem festen Ritual: aus Granny Blundens Eßzimmer wegen des Morgengebets, aus dem Musikzimmer bei Nana wegen Bob Sawyers Gesang, aus dem Saal mit den alten Drucken im British Museum wegen meines Hinkens, aus dem Restaurant in der Charlotte Street, weil ich einen Plastikfrosch in die Suppe eines Gastes geschmuggelt hatte.

Damals waren Kunden überall, ob in einem Spielzeuggeschäft oder einem Taxi, als Herrschaften bekannt. Also war auch ich eine Herrschaft. England war voll von Herrschaften. Schilder in ganz London forderten sie auf, den Fußweg nicht von ihrem Hund beschmutzen zu lassen, und ich sagte: Lassen Sie Ihr Kind nicht die Fußwege beschmutzen, und lachte mich kaputt.

Meine Mutter meinte, ich sei ein schwieriges Kind, und das werde sie meinem Vater mitteilen. Aber mein Vater war in Afrika, so daß sie es nicht konnte. Ich bekam mehrere Male mit, wie sie Nana gegenüber das gleiche sagte. Die Wiederholung führte dazu, daß ich ein neues Etikett bekam: *Schwieriges Kind.*

Emma wurde viel besser mit mir fertig, denn sie konnte die Dinge sehen, wie es Erwachsene nicht konnten. Zwar war sie nicht mit mir einer Meinung, daß es besonders lustig sei, sich das Hinterteil von Onkeln und Tanten unter dem Frühstückstisch anzuschauen, während Granny die

Gebete sprach, aber sie begriff, daß das Schauspiel von Bob Sawyers Gesang wirklich sehr komisch war.

Sie wußte, daß ich auf der Soiree eigentlich keine Kinderlieder singen wollte. Deshalb ließ sie sich eine Rolle in der Ballade *Der Straßenräuber* einfallen, die Emma und Tea vortragen wollten. Dadurch würde ich die Möglichkeit erhalten, noch einmal die gestreifte Decke anzulegen und zu dem Besenstielschwert zu greifen, mit dem ich mich in Mrs. Whites Souterrain so blamiert hatte. Ich konnte mich rehabilitieren.

Die alten Schnepfen, wie Nana ihre Freundinnen nannte, flatterten durch den Londoner Nebel für den Abend herbei, eine von ihnen mit einer Lorgnette und einem Glasauge. Gisela, die ungarische Lady, die einst eine Große Schönheit gewesen war – nun aber nicht mehr wegen ihres Tragischen Lebens, wie Mutter sagte –, trat auf in einem langen Rock und einem Seidenschal mit Armbändern, Glasperlen und einem um den Hals geschlungenen fauchenden Fuchs. Sie legte ihn ab, als sie ins Musikzimmer ging, und hängte ihn über das Sofa, wo er der Soiree-Gesellschaft den ganzen Abend lang die Zähne zeigte. Bob erschien, begleitet von seiner Frau Kiki. Außerdem kamen ein alter deutscher Künstler, der unanständige Zeichnungen von Frauen ohne Kleidung anfertigte, und der alte Taxifahrer mit seiner Pfeife, der sich, wie Mutter hinterher sagte, wohl irrtümlich eingestellt hatte. Aber Nana machte viel Aufhebens um ihn und drehte sogar den Gasofen hoch, als er über die Kälte klagte. Da saßen sie nun alle im Musikzimmer meiner Großmutter, trübe Nachfolger der glanzvollen Gäste, die sich einstmals dort versammelt hatten. Der Nebel, den sie mit ins Haus gebracht hatten, stieg sanft aus ihrer Kleidung in die Höhe.

Draußen im Flur stand unsere Schatztruhe, vollgestopft mit eleganten Sachen, die unsere Mutter und ihre Schwester auf den Partys trugen, als das Haus in den zwanziger Jahren seine Blütezeit erlebte. Einige Importartikel aus Singapur waren hinzugekommen: kleine javanische Jacken und Mieder, Sarongs, ein himmelblauer Pyjama, den mir Ahmad vermacht hatte, die alten gestreiften Laken, ein Heiligenschein und ein Paar Engelsflügel aus der Zeit des Weihnachtsspiels in der Tanglin-Garnison.

Für die Regisseurin der Veranstaltung, unsere Schwester Emma, kam es nicht in Frage, daß Tea und ich hineingingen und die ersten Kinderreime darboten, ohne uns zuvor mit geeigneten Kostümen ausgestattet zu haben. Tea trug die Silberfolienflügel über einer bauschigen Seidenhose, die ursprünglich für Zeida geschneidert worden war und nun mit Sicherheitsnadeln festgehalten wurde. Ich trug ein einfaches gestreiftes Laken wie einen Poncho und hatte eine Kerze in der Hand. Im Salon wurden wir begeistert empfangen. Nana spielte zwischen den Gedichten allerlei Tändeleien auf dem Klavier und soufflierte, wenn wir unseren Text vergaßen. Der Beifall war großzügig, alles in allem.

Für meine Rolle in *Der Straßenräuber* brauchte ich nach Emmas Meinung einen Turban und schwarze Zähne, die sie nach Malaienart mit Holzkohle färbte. Für den Vortrag dieser langen Ballade durch meine Schwestern improvisierte Nana zur Begleitung das Trappeln eines Pferdes, während ich in einem alten chinesischen Pyjama, den Peah für mich gemacht hatte, auf meinem Steckenpferd hin und her ritt und mein Besenstielschwert schwenkte.

Ich focht für die Sache des Straßenräubers und nahm Rache für all die Frustrationen, die ich auf englischem

Boden ertragen hatte. Ich mähte Reihen von Brennesseln nieder, die mich heimtückisch gebissen hatten, holte nach einem Goop aus, schlug verstohlen nach dem großen Nikolas, enthauptete die Dauermieterin mit einem schaurigen Schrei und stieß zu guter Letzt auch noch nach Granny Blunden. Mein Auftritt mag ein wenig überreizt gewesen sein. Ich befremdete das Publikum eher, als daß ich es für mich gewann, aber Nana und meine Schwestern retteten gemeinsam die Situation.

Alle im Zimmer verstummten, als Emma hereintrat, um *Ich bin des Gartens müde, sagt die Rose* im Sprechgesang vorzutragen. Nana hatte stundenlang mit ihr geprobt, nicht nur den Rhythmus und die Intonation, sondern auch den Ausdruck, damit sie ihren ganzen Körper einsetzte, um die Rose darzustellen und sogar zu ihr zu *werden*. Nana konnte sich am Klavier nicht zurückhalten und fiel mit zitternder Stimme ein.

Meine Herrin hör' ich komm'n, sagt die Rose …

In diesem Moment stellte sich Emma auf die Zehenspitzen und hob die Arme.

Sie nimmt mich mit in ihr Gemach,
Wo Heckenkirschen mannigfach,
Und ich blüh' den November noch …

Ihre Stimme senkte sich mit ihren Armen wie im Sterben. Die Klavierbegleitung trippelte davon und hinterließ Stille.

Nana schniefte ein wenig. Mr. Wilkes, der Taxifahrer, schneuzte sich zweimal. Das Publikum scharrte mit den

Füßen und brach in Beifall aus, dankbar dafür, ein Geräusch machen zu dürfen.

Kein Auge ist trocken geblieben, sagte Nana hinterher befriedigt. War es nicht *grandios.*

Ich begriff erst, was ich an Tea gehabt hatte, als sie fort war. Sie und ich hatten zusammen gespielt und waren seit meiner Geburt nie getrennt gewesen. Ich hielt es für selbstverständlich, daß sie immer bei mir sein würde. Nun aber hatte sie sich Emma in der Klosterschule angeschlossen, wo sie, wenn sie sich benahmen, eines Tages Nonnen werden konnten. Auch ich wollte Laleham Abbey besuchen, und ich versprach meiner Mutter, daß ich mich benehmen würde. Irgendwo im Hinterkopf hatte ich den noch nicht voll ausgereiften Gedanken, Nonne zu werden.

Meine Mutter brachte mich statt dessen in einen Kindergarten in einem nahe gelegenen Keller. Ich verachtete den Kindergarten. Kleine Jungen mit Krawatten und Mädchen mit gestreiften Schürzen standen wie Heinzelmännchen an Leisten, wo sie jeden Morgen eine Stunde lang übten, Schuhe zu schnüren und wieder aufzuschnüren. Dann sangen wir Lieder und spielten Ringelreihen oder übten das ABC, was ich am leidenschaftlichsten verachtete, denn ich war ein Angeber und hatte mir das Lesen mit ein bißchen Hilfe von Tea schon selbst beigebracht – ganz nebenbei, und das sollte jeder wissen.

Ohne Tea hatte ich niemanden mehr, mit dem ich spielen konnte. Wann immer es regnete, zog ich mich in mein Eck zurück. Ich kroch ins Bett oder in einen Schrank und kuschelte mich ein.

Der Mangel an Kindern setzte sich noch lange in die Nachkriegszeit hinein fort, wenigstens in unserer Gegend. Die meisten Menschen, mit denen ich umging, stammten aus dem neunzehnten Jahrhundert. Einer von ihnen war der Künstler Paul Harmann, dessen Atelier ich häufig zusammen mit meiner Mutter besuchte. Sie billigte seine Arbeit nicht vorbehaltlos. Sein Atelier war voller Skulpturen von Frauen ohne Kleidung. Pauls Spezialität waren Akte. Meine Mutter dachte, er könne sich doch von Zeit zu Zeit an etwas anderem versuchen, aber er war anderer Meinung. Er liebte Akte, und ich begann den Grund zu verstehen. Während meine Mutter von Paul Unterricht im Modellieren erhielt, sollte ich still dabeisitzen und mir ein Buch anschauen, aber bald vergaßen sie meine Anwesenheit, und ich konnte im Atelier herumwandern und mir Pauls Sammlung von Frauen ohne Kleidung ansehen.

Es waren ganz andere Frauen als meine Mutter. Meine Mutter war dünn, und seine Frauen waren alle dick. In Pauls ganzer Sammlung gab es keine einzige dünne Frau ohne Kleidung, was mich darüber nachdenken ließ, ob Frauen ein dickes Aussehen annahmen, sobald sie ihre Kleidung ablegten. Ich hüllte sie in Laken, um herauszufinden, ob sie dann dünner wirkten, aber das taten sie nicht. Es waren Riesenfrauen aus Holz und Stein und Metall. Alle hatten einen großen Hintern, einen großen Bauch und einen sehr großen Busen. Wenn ich auf einen Stuhl kletterte, konnte ich die Hände darauf legen. Die Holzbusen mochte ich am liebsten. Die aus Stein waren kalt, die aus Metall außerdem hohl, und wenn man sie mit dem Fingernagel anschnipste, gaben sie einen hellen Ton von sich.

Vor die Wahl zwischen dem Kindergarten und Pauls Atelier gestellt, entschied ich mich für Paul, und da ich dort so überaus artig war, niemanden störte und nicht das geringste Geräusch machte, durfte ich meine Mutter recht oft begleiten. Mutter sagte, einer der Gründe dafür, daß sie bei Paul Unterricht nehme, sei der, *daß er das bißchen extra gebrauchen* könne. Mir leuchtete nicht ein, wieso Paul mitten unter all den dicken Frauen ein bißchen extra benötigte, aber es war so, wegen seines Tragischen Lebens.

In der Welt meiner Mutter konnte das Leben vieler Menschen – wie ihr eigenes, das meiner Schweser Emma oder meines – mit einer Ungewöhnlichen Geburt anfangen, was noch kein Nachteil zu sein brauchte. Aber wenn sie Pech hatten und kein Privatvermögen besaßen, machten erstaunlich viele Menschen später ein Tragisches Leben durch.

Während es unterschiedliche Gründe für Ungewöhnliche Geburten geben konnte, waren die Tragischen Leben allesamt auf den Krieg zurückzuführen. Der Krieg hatte Paul aus seiner deutschen Heimat vertrieben, genau wie Gisela aus Ungarn. Gisela war einmal sehr reich gewesen, aber dann kam der Krieg, sie verlor ihren Mann und ihr Vermögen und mußte mit nichts als *dem, was sie am Leibe trug*, nach England flüchten. Also hatte sie damals wohl auch den fauchenden Fuchs getragen. Gisela fristete ihre Existenz, indem sie Puppen herstellte. Sie war nun bettelarm, um mit Mutters dramatischen Worten zu sprechen.

Hin und wieder besuchten wir Gisela in ihrem restlos verarmten Leben. Sie wohnte in einem Keller mit einem Foto ihres Mannes auf dem Tisch, auf dem sie Puppen anfertigte. Gisela hatte ein trauriges Gesicht. Ich betrachtete es und versuchte, darin die Zeichen des Tragischen Lebens zu erkennen, die meine Mutter so unfehlbar entdeckte. Außerdem war Gisela sehr dünn. Ich überlegte, ob sie sich neue Kleidung hatte leisten können oder ob sie noch die Sachen trug, die sie am Leibe hatte, als sie Ungarn verließ. Ich versuchte, mir die dicke Frau vorzustellen, in die sie sich verwandeln mochte, wenn sie die Kleidung, die sie am Leibe hatte, auszog, zum Beispiel, wenn sie ein Bad nahm. Paul wäre dazu fähig gewesen. Er hätte die dicke Frau sehen und zeigen können, die aus Giselas Innerem nach außen strebte.

Ich nahm den Krieg neben den Brennesseln und Granny Blunden in die Liste der Dinge auf, die mit meinem Schwert bekämpft werden mußten.

In Victors Garderobe, die meine Mutter als Atelier zu benutzen begann, war ein Buch mit unanständigen Zeichnungen, durch das ich mehr über Frauen ohne Kleidung herausfinden konnte. Nicht alle waren so dick wie die von Paul, aber im Unterschied zu Pauls Frauen hatten sie alle einen dunklen Fleck zwischen den Beinen. Wenn Pauls Frauen ihn nicht hatten, dann mußte es etwas besonders Unanständiges sein, deshalb schaute ich mir das Buch nur an, wenn meine Mutter ihr Nachmittagsschläfchen machte. So fing es mit meinem geheimen Leben an.

Es war mir unheimlich, wie sich die Dinge so verändern konnten, und ich wußte, daß sich alles veränderte, nichts blieb, wie es war.

Frauen veränderten sich, wenn sie ihre Kleidung auszogen. Nana und Victor veränderten sich, als sie allzu schnell aufhörten, junge Dinger zu sein, und aus der Mode kamen. Die grandiosen Tage meiner Großmutter endeten, als sie eine Dauermieterin aufnehmen mußte, um mit ihren Einkünften auszukommen. Unser Zuhause veränderte sich, als wir von dem Hügel in Singapur nach Long Acre in Flint Norton und Mount Pleasant in London zogen. Emma veränderte sich, als Granny Blunden sie PJ nannte. Nana veränderte sich, als mein Vater sie Jimmy nannte. Ich veränderte mich, als ich Ahmads Vogelruf *Dei-wit*, *Dei-*

wit! hörte. Und mein Vater, der Herr des Labyrinths, der Irrgartenbauer am Strand von einst, veränderte sich am meisten. Wenn er seine Sehr Kalte Stimme benutzte, hörte ich den großen Nikolas aus ihm sprechen. Er erschien und gleich löste er sich wieder auf, und ich wußte nie genau, in welcher Gestalt er erscheinen würde. Als er lachend aus dem fliegenden Koffer trat, der in unserem Garten gelandet war, und mit mir zu dem Spielzeuggeschäft an der Ecke der Abbey Road ging, wurde er in meinen wunderbaren Vater verwandelt, einen Prinzen des Lichts, der alles vollbringen konnte.

Victor und Onkel Douglas und der Taxifahrer Mr. Wilkes hatten sich alle verändert, als sie starben. Erst letzte Woche hatte ich erlebt, wie Mr. Wilkes in der Küche eine Tasse Tee mit Nana trank. Dann war er zu einem Wanderurlaub nach Cornwall gefahren und von einer Klippe gestürzt. Ob er wohl seine Pfeife im Mund gehabt hat, als er stürzte? Meine Mutter sagte, es sei tragisch. Meine Großmutter saß in der Küche und weinte. Ich sagte ihr, vielleicht werde er wiederkommen. Mein Vater kehre auch immer zurück. Nein, Liebling, sagte Nana, bei Mr. Wilkes ist es etwas anderes. Er kommt nicht zurück, er ist tot.

Ich stellte mir vor, wie Mr. Wilkes seine Pfeife aus dem Mund nahm und sagte: Ich bin tot, ich bin tot.

Meine Großmutter blieb jedoch jeden Donnerstagabend mit ihm in Verbindung. Sie fahre zu einem Haus in Bloomsbury, sagte Nana, wo man mit toten Menschen sprechen könne. Seit Victors Tod besuche sie es einmal in der Woche. Meine Mutter werde bestimmt nicht damit einverstanden sein, daß sie es mir erzählt habe, meinte Nana, deshalb solle die Sache ein Geheimnis zwischen uns beiden bleiben. Die Schubladen für Dinge aus meinem geheimen Leben füllte sich rasch.

Die Unterhaltungen mit Nana über ihre Gespräche mit toten Menschen spielten sich im Bus zum Roxy Palace in Swiss Cottage ab. An jedem zweiten Samstag hatte meine Mutter nachmittags frei. Dann gingen Nana und ich ins Kino. Nana mochte Musicals am liebsten, aber ihr gefielen auch Zeichentrickfilme und die Marx Brothers, und so etwas sahen wir uns gewöhnlich an. Einmal lachte ich so laut über einen Film der Marx Brothers, daß ich rückwärts von meinem Platz in die Reihe hinter mir purzelte und zum Arzt gebracht werden mußte.

Manchmal vergingen Wochen, ohne daß Mr. Wilkes erschien. Im Leben war er immer sehr pünktlich, sagte Nana, kam immer auf die Minute genau, um mich abzuholen.

Nana sagte, man könne tote Menschen nicht sehen, sondern nur hören. Es sei ein bißchen wie ein Fernmeldegespräch, aber ab und zu klingele das Telefon nicht oder die Verbindung sei schlecht, oder niemand nehme den Hörer ab. Mit Victor war die Verbindung etwas schwach, und Onkel Douglas meldete sich überhaupt nicht. Sie verzog ein wenig den Mund. Wilkes, der ein Vierteljahrhundert lang ihr Taxifahrer gewesen sei, gehörte zu ihren besten Gesprächspartnern, das heißt, sie konnte ihn laut und deutlich hören, aber sogar er meldete sich manchmal wochenlang nicht. Ich überlegte, ob Nana Mr. Wilkes laut und deutlich hörte, weil er alles zweimal sagte.

Ich erkundigte mich bei Nana, ob man den Toten Fragen stellen könne, und sie sagte, o ja, aber ob sie antworten wollten oder nicht, sei eine andere Sache. Ich fragte sie, ob sie meinen Vater an die Leitung nach Afrika holen und herausfinden könne, ob er ein neues Auto gekauft habe. Nana lachte und erwiderte, mein Vater sei noch nicht tot, Gott sei Dank, aber wir könnten jederzeit mit ihm reden, indem wir die Vermittlung um ein Fernmeldegespräch baten. War das wirklich so leicht? Es war so leicht.

Ich fragte meine Mutter, ob wir die Vermittlung um ein Fernmeldegespräch bitten könnten, um mit meinem Vater zu reden. Nur in Notfällen, sagte sie, weil es so teuer ist. Wieviel kostet es? Sechs Pfund pro Minute, sagte meine Mutter. Das war viermal so teuer wie die aufziehbare Eisenbahn und der Schienenring, die mein Vater mir bei dem Blitzbesuch im Spielzeuggeschäft an der Ecke der Abbey Road gekauft hatte.

Was zählt als Notfall, wollte ich wissen. Zum Beispiel, wenn du schwer krank wärest, antwortete meine Mutter, und ich fragte sie, ob das Herausnehmen meiner Polypen und Mandeln als schwere Krankheit zähle. Nur, wenn es Komplikationen gibt, sagte meine Mutter und nun sei es Zeit für mein Bad. Ich versteckte mich unter dem Bett. Was für Komplikationen, fragte ich. Mutter befahl mir, mit der Fragerei aufzuhören und auf der Stelle unter dem Bett hervorzukommen.

Bevor ich in die Privatklinik kam, um mir die Polypen und Mandeln herausnehmen zu lassen, sahen Nana und ich uns im Roxy Palace einen Charlie-Chaplin-Film an. Im Bus fragte ich Nana, ob es ein Notfall wäre, wenn ich sterben würde, während man mir die Polypen und Mandeln herausnahm. Wohl, sagte sie, aber bei einer Polypen- und Mandeloperation sei noch nie jemand gestorben. Ich fragte Nana, ob sie, wenn ich im Sterben läge, ein Fernmeldegespräch von dem Haus in Bloomsbury führen und versuchen werde, mich an die Leitung zu bekommen. Nana versprach es.

Meine Mutter sagte, ich dürfe mir etwas wünschen, bevor ich in die Klinik müsse. Mochte ich lieber mit einem Boot im Regents Park fahren oder mir die Wachablösung im Buckingham Palace anschauen? Ich wollte Paul besuchen.

Paul war verreist, also besuchten wir statt dessen Bob und Kiki Sawyer. In ihrem eigenen Haus, mit seinen Gerüchen und traurigen dunklen Winkeln, schienen Bob und Kiki noch älter zu sein. Beide sahen alt und müde und mürrisch aus. Kiki rauchte Zigaretten mit goldenem Mundstück in einer langen Spitze und hob den Kopf, um den Rauch in die Luft zu blasen. Ihr Gesicht war mit Make-up verkrustet, Rouge auf den Wangen, wo sie versucht hatte, die Risse mit Puder zu überdecken, und mit hellrotem Lippenstift, den sie überall am Rand ihrer Teetasse hinterließ. Bob rauchte ebenfalls und trug sogar einen dunkelroten Smoking, um es richtig zu machen. Verschwitzte Haut wellte sich in seinem Nacken, oder vielleicht war es die Pomade, die aus seinem Haar herunterrann. Er stand auf und fragte mich, ob er ein Lied für mich singen solle, und ich sagte, nein danke. Natürlich würde ich mich sehr darüber freuen, korrigierte mich meine Mutter, wie nett von Bob, es mir es anzubieten. Also stand Kiki auf und spielte eine Art Ta-ramti-damti-damti-ramti-ra-ta-ta-Rhythmus, während Bob mit seinem großen Fuß im Takt auf den Boden pochte, die Hände in die Hüften stützte und meine Mutter und mich anstrahlte.

Und nun ein muntres Liedchen
Für muntre Leute,
Die munter singen
Tralala, tralala, tra-la-la-di

Nach dem Lied gaben sie mir ein Geschenk, weil ich bald fortginge und sie mich vielleicht lange nicht mehr wiedersehen würden. Es war ein dunkelblaues Buch mit Goldbuchstaben auf dem Deckel: *Robinson Crusoe*.

Mutter brachte mich nach dem Lunch in die Klinik und sagte, ich dürfe meinen Pyjama anziehen und mich ins Bett legen, obwohl es noch nicht Schlafenszeit war und auch nicht regnete. Wir schauten uns gemeinsam Bücher an, bis es dunkel wurde. Dann stand meine Mutter auf und sagte, es sei nun Zeit für sie, aufzubrechen. Ich wollte mit ihr gehen, aber meine Mutter sagte, nein, ich müsse bleiben, um mir die Polypen und Mandeln herausnehmen zu lassen, und danach könne ich so viel Eiskrem essen, wie ich wolle. Sie werde mich später abholen, und dann würden wir nach Afrika reisen.

Meine Mutter ging hinaus. Ich schrie und schrie. Eine Krankenschwester kam herein. Sie sagte, ich solle mich wie ein großer Junge benehmen und nicht so ein Theater machen.

Ich träumte von einem weißen Zimmer und dem Geschmack von Metall und etwas Schmerzhaftem in meiner Kehle. Ich wachte auf. Leute standen um mein Bett herum und steckten mir Metalldinge in den Mund. Ich schlief ein. Dann erwachte ich in einem leeren Zimmer. Ich schrie.

Die Krankenschwester trat mit einer Schüssel Marmelade ein. Ich verlangte Eiskrem. Die Schwester sagte, ich müsse zuerst die Marmelade essen, dann sei die Eiskrem an der Reihe, aber sie log, es war nicht einmal Marmelade, sondern ein Medikament, das gräßlich schmeckte.

Meine Mutter kam zu Besuch und ging dann wieder ohne mich fort. Ich schrie. Diesmal ließ sich ein Arzt blicken, ein großer Nikolas in einem weißen Kittel, und sagte, wenn ich nicht zu heulen aufhörte, würde ich keine Eiskrem bekommen. Ich antwortete, ich wolle keine Eiskrem, ich wolle meine Mutter.

Sie erschien am nächsten Morgen in meinem Zimmer und sagte, sie könne mich unter der Bedingung mit nach Hause zu Nana nehmen, daß ich ruhig im Bett liegen und gehorsam sein würde, sonst müsse sie mich in die Klinik zurückbringen und mich wieder hierlassen. Das versetzte mich in Angst und Schrecken. Ich versprach, ganz artig und gehorsam zu sein. Inzwischen schämte ich mich, weil ich ein solches Theater gemacht hatte, und ich befürchtete, deshalb nicht nach Afrika reisen zu dürfen.

An dem Abend, an dem wir heimkehrten, wachte ich im Bett meiner Mutter mit zwei Pfützen aus etwas Klebrigem auf, einer gelben und einer roten. Nana lief in ihrem Morgenrock hin und her und sagte, wenn bloß Mr. Wilkes noch am Leben wäre; er würde kommen und uns helfen. Meine Mutter wurde ziemlich ärgerlich wegen Nana. So hatte ich sie noch nie erlebt. Sie ließ den Arzt kommen, und er bestellte einen Unfallwagen, der meine Mutter und mich zurück in die Klinik brachte.

Diesmal standen zwei Betten in dem Zimmer, und meine Mutter schlief so lange in dem anderen, bis es mir wieder besserging. Ich hatte etwas, das innere Blutung oder Hämorrhagie hieß. Es klang beeindruckend, sogar ein bißchen beängstigend. Ich fragte meine Mutter immer wieder, bis ich das Wort gelernt und mir eingeprägt hatte. Ich war stolz auf meine Hämorrhagie. Sehr wenige kleine Jungen meines Alters hatten eine gehabt.

Damit nicht genug, die Hämorrhagie war ein so großer Notfall gewesen, daß meine Mutter ein Ferngespräch nach Afrika anmeldete und meinem Vater davon berichtete. Das

Gespräch kostete fünfzehn Pfund. Sie vergaß zu fragen, ob er ein neues Auto gekauft habe, aber das verzieh ich ihr. Immerhin fünfzehn Pfund! Meine Hämorrhagie war fünfzehn Pfund wert. Ich war über die Maßen stolz. Als ich mit meiner Mutter einkaufen ging, erzählte ich dem Gemüsehändler in der Abbey Road von meiner Hämorrhagie. Ich erzählte es dem Postboten. Sogar die Dauermieterin im Souterrain bekam davon zu hören.

Mutter holte zwei Koffer aus dem Abstellraum und brachte sie ins Schlafzimmer. Emma und Tea würden nicht mit uns nach Afrika kommen – oder noch nicht –, weil sie in England in die Schule gingen. Vielleicht in den Weihnachtsferien. Wir müssen abwarten, sagte meine Mutter.

Sie trug die Koffer nach draußen, wir verabschiedeten uns von Nana, nahmen ein Taxi zum Flughafen, stiegen in die Maschine und flogen nach Afrika – so einfach war das.

3

EIN SPIEL, DAS MEIN Vater früher mit seinem älteren Bruder spielte, bestand darin, die Welt untereinander aufzuteilen und nach Gutdünken ihre Besitzungen zu beherrschen, Territorien auszutauschen, Handel zu treiben und Kriege zu führen. Sein Bruder erhielt die Vereinigten Staaten und fast ganz Südamerika. Mein Vater bekam neben den britischen Kolonien auch Argentinien und Ungarn, weil sie im Schulatlas zufällig genauso rötlichbraun eingefärbt waren. Außerdem erhielt er Afrika.

In seiner Schulzeit in den zwanziger Jahren fielen die britischen Kolonien auf der Weltkarte noch sehr stark ins

Auge. Am nationalen Gedenktag wurde Kiplings Gedicht *Recessional* in den Privatschulen noch als inoffizielle Hymne gesungen, eine Erinnerung an die britischen Kolonialpflichten und ein Appell an die Herzen jener Jungen, die geeignet sein könnten, solche Pflichten zu erfüllen.

Die Erziehung an einer Privatschule viktorianischer Prägung – im Verein mit einer asketischen Radfahrerjugend in einem Pfarrhaus im ländlichen Somerset und dessen Mission der moralischen Rechtschaffenheit sowie mit dem, was Cecil Rhodes Philanthropie plus fünf Prozent nannte – machte meinen Vater zu einem natürlichen Kandidaten, das Banner der überseeischen Pflichten Großbritanniens zu tragen.

Das imperiale Vermächtnis wurde durch persönliche Eigenschaften wie Hartnäckigkeit, Zähigkeit, Gerechtigkeitssinn, Autorität, Loyalität und Unbestechlichkeit untermauert. Mein Vater verfügte über all diese Eigenschaften. Außerdem war er ein romantischer, doch verantwortungsbewußter Abenteurer, dem es Spaß machte, Befehle zu erteilen. Seine Überzeugung, daß er das Recht habe, Befehle zu erteilen, ließ sich nicht von Arroganz unterscheiden. Er war nicht nur der natürliche Kandidat, er war der Vollblutkandidat. Mehr als hundert Jahre waren in seine Erschaffung eingegangen.

Seine Einführung in den Kolonialdienst fand auf einem Lehrgang in Cambridge statt. Er hatte dort bereits einen Universitätsabschluß in Altphilologie abgelegt. In einer anderen Institution wurde er mit den Grundlagen der Tropenhygiene und der Landvermessung bekannt gemacht. Im Sumpfgebiet von Cambridgeshire lernte er zumindest theoretisch, Brunnen in der Wüste zu bohren. Für alle Fälle brachte man ihm auch bei, einen Henkersknoten zu knüpfen. Ich konnte nicht herausfinden, ob er sich je veranlaßt gesehen hatte, davon Gebrauch zu machen.

Nach ein paar Ausbildungswochen erklärte man ihn tauglich für den Kolonialdienst und schickte ihn in den Norden Nigerias. Siebenhundert Meilen landeinwärts erreichte er eine Ansammlung von Hütten, den Regierungssitz der Provinz Sokoto. Es war ein Territorium von der Größe Englands mit zwei Millionen Einwohnern, für deren Wohlergehen er sich nun die Verantwortung mit ein paar Dutzend Kolonialbeamten teilte. In der größten und imposantesten Hütte, der Dienststelle des Residenten, schwor er Georg V. feierlich Untertanentreue und Gehorsam. Trinksprüche wurden auf die Gesundheit des Königs, des Residenten und seines neuen Kollegen, meines Vaters, ausgebracht.

Nun konnte er sich an die Arbeit machen. Was war seine Aufgabe? Die Lage von zwei Millionen Afrikanern zu verbessern.

Er fing damit an, daß er von Häftlingen am Marktplatz öffentliche Bedürfnisanstalten bauen ließ. Dann wurde er angewiesen, den Steuereinzug in den Randgebieten der Provinz zu überwachen – eine Aufgabe, die wohl auch deshalb sehr energisch in Angriff genommen wurde, um die Lage der überstrapazierten britischen Verwaltung genauso zu verbessern wie die der unterernährten Afrikaner.

In seinen frühen Tagen als Bezirksbeamter legte Vater, begleitet von einer Gruppe Träger, zu Fuß Hunderte von Meilen durch den Busch zurück. Üblicherweise marschierten die Träger morgens voran, da mein Vater unterwegs durch alle möglichen Angelegenheiten aufgehalten wurde, und schlugen das Lager auf, damit es für seine Ankunft am Abend bereit war.

Vor Sonnenaufgang brachen die ersten mit Lebensmitteln, einem Zelt, Bettzeug und einer Blechbadewanne auf. Der Stuhl, auf dem er saß, die Tasse, aus der er trank, das Buch, das er las, und die Pfeife, die er rauchte, wurden ganz zum Schluß gepackt, wenn die letzten Träger abmarschierten. Abends am Ziel, fand er dann alles – Stuhl, Tasse, Buch, Pfeife, neue Kleidung und ein kaltes Bad – irgendwo im Busch vor.

Auf dem Weg dorthin saß er Gerichtsverhandlungen unter einem Baum als Richter vor, machte Vorschläge für die Abwasserbeseitigung, zog Steuern ein, überwachte die Anpflanzung neuer Feldfrüchte oder den Bau eines Gefängnisses, trat als Vermittler bei lokalen Streitigkeiten auf und inspizierte Armeerekruten auf ihre Tauglichkeit hin. Wenn sie nie von einer Palme gestürzt waren und die Himmelsrichtungen benennen konnten, was in der Haussasprache bedeutete, daß der Kandidat gefragt wurde, wo die Sonne auf- und unterging – eine so dumme Frage, daß sie nur von einem weißen Mann gestellt werden konnte –, dann bestanden die Rekruten die Prüfung. Später würde Vater sie für einen modernen Krieg ausbilden müssen, angefangen damit, welcher Stiefel an welchen Fuß gehörte, wobei die Worte links und rechts vermieden werden mußten, die in manchen afrikanischen Sprachen eine andere, bisweilen gegenteilige Bedeutung hatten. Diese Übungen dürften Vaters Sinn für Absurditäten sehr zugesagt haben. Im übrigen muß er sich wie Gott vorgekommen sein.

Manchmal standen Dolmetscher zur Verfügung, manchmal nicht. Er mußte rasch Haussa lernen. Überraschenderweise gab es keine Berichte über das Leben eines Bezirksbeamten; seine Vorgänger in Sokoto hatten keinerlei Unterlagen über ihre Erfahrungen hinterlassen, die ihm vielleicht nützlich gewesen wären. Neuankömmlinge mußten immer wieder bei Null anfangen. In seine Hütte zurückgekehrt, las er anthropologische Studien über Zauberei und Aberglauben, Handbücher über Maurerei und Tropenmedizin, den Koran und Haussalehrbücher, um die Kolonialdienstprüfungen der Stufe eins und zwei zu bestehen. Im Busch lernte er von den Afrikanern.

Hin und wieder führte ihn sein Weg durch Enklaven, in denen andere Sprachen gesprochen wurden. Er lernte ein wenig Arabisch und genug Fulani, um ein lokales Sprichwort, *hankuri maganin duniya*, in die Worte des Winchester-College-Mottos zu übersetzen: Manieren machen den Mann.

Die Afrikaner nannten ihn Mai-farin-kai, »Den mit dem blonden Haar«, aber er wurde immer kahler, und bald war er Der ohne jedes Haar.

Zwei Dutzend Bezirksbeamte hatten die Aufgabe, die Illusion einer ungeheuren, allmächtigen und allwissenden Kolonialverwaltung zu schaffen. Das war nur möglich, wenn derselbe Mann sehr häufig am selben Ort auftauchte. Es spielte keine Rolle, ob die Afrikaner ihn erkannten oder nicht. Wichtig war, daß sie oft genug einen weißen Mann sahen, um die Maßnahmen ernst zu nehmen, die drohten, wenn sie ihre Steuern nicht bezahlten.

Die Kolonialmacht, wie sie von meinem Vater und seinen Kollegen in fernen Winkeln wie der Provinz Sokoto verkörpert wurde, war der Inbegriff des britischen Amateurgeistes, eine Bauernfängerei von genialen Ausmaßen. Das Empire stellte kaum mehr dar als ein Reisekarussell, auf dem eine lächerlich kleine Schar von Männern immer wieder im Kreis fuhr, um in möglichst kurzer Zeit möglichst vielen Orten die Ehre zu geben.

Wenn es notwendig schien, schneller zu reisen, wurden sie mit Fahrrädern ausgerüstet – ein Verkehrsmittel, das mein Vater nach Jahren der Übung daheim in den Mendip Hills auch auf dem rauhesten Terrain beherrschte. Sie reisten mit leichtem Gepäck, diese Vorläufer der Vietcong, Kolonialpolizisten auf der Streife durch den Busch. Auf Badewannen, Stühle und Reisebüchereien mußte nun verzichtet werden. Statt dessen teilte man ihm einen Fahrradboy zu. Der Boy schob das Fahrrad meines Vaters steile Hügel hoch und trug es – dazu mutmaßlich auch sein eigenes – über Flüsse hinweg.

Vater mochte Afrika. Er hatte Spaß am Abenteuer.

Er mochte die Afrikaner. Im Innern meines Vaters verbarg sich ein ausgelassener Mann mit einem Hang zur Albernheit (der daheim in Long Acre fest im Zaum gehalten wurde, auch wir Kinder erlebten ihn selten), und gegenüber Afrikanern konnte er ausgelassen und jungenhaft sein, sich über ihre Einfachheit freuen, über sie, doch auch mit ihnen lachen und ihnen Streiche spielen. Unter der Tarnung seines Amtes konnte er ihren Aberglauben teilen, das, was seine Mutter heidnisch genannt hätte, den atavistischen Glauben Afrikas, die Fetische und Feste zu Ehren der Vorfahren, die rituelle Schlachtung von Tieren, die Anbetung von Göttern, die in Steinen und Bäumen wohnten. Er trug ihre Talismane und trank ihre Zaubermittel. Im Grab des Weißen Mannes wurde er nie krank. Er hätte es mit den zähesten viktorianischen Forschern aufnehmen können, aber mit seiner humanitären Gesinnung – seiner eigenen und der seines Zeitalters – war er ihnen unermeßlich fern.

Auf verstohlene Art fand er Gefallen an afrikanischen Frauen. In seinen Briefen nach Hause schrieb er über ihr

Auftreten und ihre Haltung, äußerte sich bewundernd über ihren Gang, ihre Anmut, ihr Benehmen – nur nicht über ihre Körper, die in vielen Fällen nackt waren. Oft richtete er die Augen nicht auf die Straße, sondern auf die Frauen. Deshalb stürzte er immer wieder von seinem Fahrrad, was in den Mendip Hills nie vorgekommen war.

Um ein wahrer Afrikamann zu werden, mußte man eine afrikanische Taufe hinter sich bringen, einen jener erleuchtenden Momente, eine mystische Erfahrung.

Mein Vater hatte sie eines Abends in seiner Hütte im Hauptquartier der Provinz Sokoto. Es war eine windstille Nacht. Kein Flackern der Petroleumlampe, unter der er stand, als er zusammen mit einem altgedienten Beamten, der zwanzig Jahre im Busch hinter sich hatte, die Landkarten auf dem Tisch musterte. Draußen schien sich etwas zu rühren, und er trat hinaus auf die Veranda, angelockt von einem mächtigen, durchdringenden, ihm völlig neuen Duft, der die Nacht auf rätselhafte Weise durchtränkte.

Dieser Duft, fragte er, was ist das da draußen? Das, erwiderte der Veteran aus dem Zimmer hinter ihm, ist das nasse Afrika. Die lange Dürre war umgeschlagen, und viele hundert Meilen entfernt fiel der erste Regen.

Wenn sich die Abenddämmerung über die stillen, baumlosen Ebenen von Nordnigeria senkte, verspürte er manchmal die gleiche Erhebung des Geistes, das gleiche Gefühl der Verbundenheit mit etwas Unermeßlichem, wie er es auf seiner ersten Reise nach Norden erlebt hatte, nachdem der Zug aus der endlosen Einfriedung der Küstenwälder hervorgekommen war. Er ließ dem Aberglauben die Zügel schießen. Auf dem Markt in Kano kaufte er sich einen Talisman, um sicherzustellen, daß man ihn nie nach Süden versetzen würde. Und er wurde nicht versetzt.

In Afrika konnte er ein Leben führen, das ihm in England nie möglich gewesen wäre, konnte ein Mann sein, der er in der Heimat nie gewesen war. Afrika ließ ihn mit Grundinstinken vertraut werden, die in England stramm unterdrückt wurden. Das gleiche dürfte für viele andere Kolonialbeamte gelten. Vielleicht gehörte es zu den am besten gehüteten Geheimnissen des Britischen Empire.

In seinem ersten Heimaturlaub nach drei Jahren wählte er die längste aller möglichen Routen, zog durch den Busch, paddelte flußabwärts in einem Kanu den Niger hinunter, durchquerte die Sahara mit einem Bus und das Mittelmeer in einem kleinen Frachtschiff, bis er England erreichte. Wahrscheinlich hatte er Zeit für ein paar Tennisspiele in Flint Norton, ein paar Partys in London und Cambridge, ein paar Abschiedsbesuche, dann ging es zurück.

Ich kann mir vorstellen, daß mein Vater mit schuldbewußter Erleichterung, einer Art Heimweh, für die es keinen Namen gab, in den Zug nach Liverpool stieg und nach Afrika zurückkehrte. Zusammen mit Gouverneuren, Bischöfen und Konzerndirektoren, die soviel Macht wie Regierungen hatten und östlich von Suez ein Begriff waren – Routiniers, die sich, schon bevor das Schiff ablegte, vor ihren Gins und Bitterlemons in den Rauchsalonsesseln niedergelassen hatten und diese für den Rest der Reise nicht mehr freigaben –, ging er an Bord eines Postschiffes der Elder Dempster Line, welche die Route nach Westafrika befuhr.

Meine Mutter war ebenfalls an Bord. Wie ich in späteren Jahren in meiner Familie munkeln hörte, aus Liebeskummer. Sie sollte zur Ablenkung ihren Patenonkel, den Direktor der Ashanti-Goldminen, für ein oder zwei Monate besuchen. Da saß sie also an Deck und strickte. Der Liebeskummer hinderte ihr Wollknäuel nicht daran, meinem Vater direkt vor die Füße zu rollen (hier hätte Granny Blunden nicht zu Unrecht gesagt, die Enkelin des Pastetenhändlers habe ihren Sohn umgarnt). Er ließ sich nicht zweimal bitten, bückte sich und gab es der jungen Dame zurück. Als sie an der Goldküste an Land ging – ausstieg, wie mein Vater es salopp ausdrückte, der an Bord blieb und weiter nach Nigeria fuhr –, tauschten die beiden ihre Adressen aus. Jahrelang wurden Briefe zwischen Mount Pleasant in St. John's Wood und den verschiedenen Außenposten des Empire gewechselt, die so winzig waren, daß meine Mutter sie nicht auf der Karte finden konnte.

Der Krieg brach aus. Die Kolonialbeamten, die von militärischen Dingen nicht mehr verstanden als andere Zivilisten, frischten ihren Waffendrill auf, wurden mit dem Maschinengewehr bekannt gemacht, lernten ein paar grundlegende Taktiken und bereiteten Verteidigungsstellungen vor.

Dies erforderte körperliche Arbeit – etwas, womit kein weißer Mann in Afrika jemals etwas zu tun gehabt hatte. Mein Vater und seine Beamtenkollegen wurden angewiesen, mit Picke und Schaufel Schützengräben auszuheben. Ihre Diener warteten besorgt im Hintergrund. Sie hielten Sonnenschirme hoch, wenn es ihrer Einschätzung nach in der Sonne zu heiß für den weißen Mann war. Sie brachten ihm kühle Getränke und stellten ein Grammophon auf, um Musik zu spielen und seine Mühen zu lindern.

Mein Vater unterbrach den Krieg, um heimzukehren und in St. John's Wood zu heiraten. Das ging schneller, als erst nach Flint Norton zu reisen, aber hat Granny Blunden es ihm je verziehen? Dann verschwand er für drei Jahre im

Hochland von Eritrea. Ihm ging es gut im Krieg, wahrscheinlich viel besser als seiner Frau bei ihrer Schwiegermutter in Long Acre.

Es lag am Ausgang des Krieges, daß mein Vater nach Asien umgelenkt wurde. Fast zehn Jahre verstrichen, bis er nach Afrika zurückkehrte – ein gewaltiges Loch in dem sich rasch verkürzenden Leben eines Afrikamannes. Als er das erste Mal angereist war, lebte das Empire noch, und das Kolonialamt glaubte weiterhin, es baue Afrika auf. Doch als er nun an der Goldküste eintraf und sein erstes Gespräch mit dem amtierenden Generalgouverneur führte, wurde ihm mitgeteilt, es sei seine Aufgabe, die Dinge abzuwickeln. In vier Jahren würden sich die Briten zurückziehen. Der weiße Mann war dabei, Westafrika für immer zu verlassen.

Mein Vater holte uns am Flugplatz mit dem neuen Auto ab, einem schwarzen Wagen mit offener Ladefläche. Das neue Auto und der neue Eigentümer strahlten im frühen Morgenlicht.

Mir gefiel der Pritschenwagen besser als ein Rolls-Royce. Mutter aber nicht. Sie haßte ihn auf den ersten Blick. Was ist das für ein *Fahrzeug*, fragte sie und beäugte den Wagen. Mein Guter, was hast du bloß *gekauft*? Mein Vater antwortete, er habe ein Allzweckfahrzeug gekauft, das für die hiesigen rauhen Straßenverhältnisse geeignet sei, aber ich wußte, daß er ein Abenteuerspielzeug gekauft hatte. Es war für mich und ihn gedacht, nicht für meine Mutter. Hier in Afrika galten andere Regeln. Willkommen im Abenteuerland. Join the club. Spring hinten auf, sagte er.

Ich will nicht, daß das Kind hinten sitzt, sagte meine Mutter, er könnte runterfallen. Gehirnerschütterung, dachte ich, haarfeiner Riß an der Schädeldecke. Nein, widersprach mein Vater mit einer Lässigkeit, die mich erstaunte. Er ist jetzt ein großer Junge. Meine Mutter senkte den Blick und stieg vorn ein. Ich kletterte auf die Ladefläche. Es war der erste Streit, den meine Eltern je in meinem Beisein gehabt hatten.

Auf der Fahrt zu unserem Haus hielten wir im Zentrum von Accra an, damit meine Mutter ein paar Sommersachen kaufen konnte. Es war eine Kolonialhauptstadt alten Stils, in der Syrer und Inder ihre Läden stets geöffnet hielten, sogar Sonntag morgens. Das ließ sich nicht mit England vergleichen, wo sonntags alles geschlossen war und wir in Long Acre nicht einmal Karten spielen durften. Mädchen in Sarongs bedienten in den Läden, wo meine Mutter Stoffballen suchte, aus denen sie Kleider anfertigen lassen wollte. Lange Holztresen führten hinaus auf Bürgersteige mit tiefen Abflußrinnen – ähnlich dem Graben, in den ich mit meinem Dreirad gefallen war – zu beiden Seiten. Die Rinnen und der warme Fäulnisgeruch, der aus ihnen hervordrang, erinnerten mich an Singapur, die indischen Ladenmädchen an Zeida und Supina. Sofort fühlte ich mich wie zu Hause.

Weiße Männer in weißen Anzügen oder Khakishorts gingen auf dem Bürgersteig entlang, weiße Frauen in leichten Sommerkleidern, Araber mit weißem Burnus, Inder mit Turbanen, schwarze Frauen, gehüllt in leuchtendbunte Stoffe, schwarze Männer ohne Hemd, Bettler und verkrüppelte Kinder, streunende Hunde, Ziegen und Hühner. Ich spazierte zwischen meinen Eltern durch die erstaunlichen Gerüche, die uns auf der Straße auflauerten, und konnte nicht glauben, daß ich dort war.

Wir fuhren zum Government House hinauf, an dem der

Union Jack wehte. Mein Vater hielt den Wagen an. Wir schlenderten zu einer Stelle, von der der Ozean und die donnernde Brandung zu sehen waren. Vater gab uns eine Geschichtsstunde. Government House habe früher Christianborg Castle geheißen. Es sei eine von Sklavenhändlern benutzte Burg gewesen, das heißt eine *Zitadelle* des Sklavenhandels.

Er zeigte auf die tieferen Gewässer weit draußen, wo ein großes Schiff vor Anker lag. Dort hätten die Sklavenschiffe früher gewartet, jenseits der Brandung, und die Ladungen afrikanischer Sklaven seien mit Barkassen hinausbefördert worden, genau wie man Frachten heute noch durch die Brandung zu den Handelsschiffen bringe. Afrikanische Männer, Frauen und Kinder, nicht älter als ich, seien hier jahrhundertelang gekauft und verkauft und als Sklaven überallhin in die Welt geschickt worden.

Stell dir vor, du wärst ein afrikanischer Junge, sagte mein Vater und packte mich unerwartet an den Schultern, und von Fremden *einfach mitgenommen,* von deiner Familie getrennt worden. Das jagte mir einen gehörigen Schrecken ein. Ich konnte es mir gut vorstellen und griff nach der Hand meiner Mutter. Ich wollte nicht von meiner Mutter und meinem Vater getrennt und weggebracht werden. Sklaverei sei ein böse Sache, sagte mein Vater, aber sie sei beseitigt worden und werde nie mehr wiederkehren.

Ich überlegte, was der große Nikolas mit den Sklavenhändlern gemacht hätte. Er hatte die Jungen – eins, zwei, drei – in das Tintenfaß getaucht, nur weil sie über den kohlpechrabenschwarzen Mohren gelacht hatten. Ich fragte meinen Vater, ob es der große Nikolas gewesen sei, der den Sklavenhandel beseitigt habe. Jemand wie er, sagte mein Vater.

Wir stiegen wieder ins Auto und fuhren heim auf einer staubigen Straße mit vielen Schlaglöchern, durch die ich hinten auf der Ladefläche ordentlich durchgeschüttelt wurde. Ich war stolz darauf, daß ich nun groß genug war, Mitglied im Abenteurerclub meines Vaters zu sein. Mutter schaute dauernd durch die kleine Fensterscheibe, um sich zu vergewissern, daß ich nicht hinuntergefallen war.

Unser Zuhause war ein geräumiges weißes Haus, das wie in Singapur in einiger Entfernung von der Straße stand. Echte Orangenbäume wuchsen an der Auffahrt. Ich konnte die Früchte selbst pflücken und Saft trinken, sooft ich wollte. Granny Blunden hatte eine Orangenpresse von Flint Norton zur Goldküste geschickt. Das Haus stand mitten in einem großen Garten mit Bäumen, auf die ich klettern konnte, und hohem Gras am hinteren Ende, wohin ich nicht gehen durfte, wegen der Schlangen. Unter den Bäumen stand ein Schuppen, kein Geräteschuppen wie bei Nana, sondern eine Toilette, die gebaut worden war, bevor man ein Wasserklosett im Haus installiert hatte. Dorthin durfte ich auch nicht. Die Jungen benutzen sie, sagte mein Vater, und manchmal auch die Schlangen. Er selbst habe dort eine zusammengerollte Python gesehen.

Das war das erste Mal, daß ich von anderen Jungen hörte. Was für Jungen, fragte ich. Die afrikanischen Boys, antwortete er, die im Haus helfen. Er sagte, ich solle die Sonne meiden, bis wir einen Tropenhelm für mich besorgt hätten. Ich konnte es kaum abwarten, den Tropenhelm zu kaufen und herauszufinden, was das eigentlich war. Und ich konnte es nicht abwarten, die afrikanischen Jungen kennenzulernen. Am liebsten hätte ich sofort mit ihnen gespielt, aber ich konnte meine Mutter im Hintergrund hören. Komm schon, sagte mein Vater, deine Mutter ruft. Widerwillig ging ich ins Haus.

Im Haus begegnete ich einem alten Freund. PWD aus Singapur. Sämtliche Möbel trugen den Stempel des allgegenwärtigen Public Works Department. Entweder gingen dem PWD die Möbel aus, weil das Empire zu Ende ging, oder die Familien in seinem Dienst erhielten immer die gleiche Zuteilung, egal wie groß das Haus war. In den riesigen, hohlen Zimmern mit den hohen Decken wirkten die paar Möbelstücke verloren.

Das blieb mein Eindruck von allen Häusern in Afrika, die ich besuchte, auch von öffentlichen Gebäuden und Geschäften: ihre Leere. Fußböden und Wände waren kahl. Die leeren Zimmer schienen darauf zu warten, mit Hitze gefüllt zu werden. Auf dem Höhepunkt der Hitze um die Mittagszeit, als sich die Luft zusehends verdichtete, zogen sich die Zimmer gleichsam zusammen. Teppiche, Kissen und Vorhänge, die in der Kühle des frühen Morgens vielleicht wünschenswert gewesen wären, um den hohlen Zimmern die Wärme und Geborgenheit zu verleihen, die meine Mutter zuerst vermißte, wurden in der Hitze des Tages unvorstellbar. Zwischen Morgendämmerung und Sonnenuntergang sehnten sich die Weißen nach einer absoluten Leere der Zimmer, in denen sie, während sich der Tag aufheizte, zunehmend von einem unsichtbaren, sich immer mehr ausbreitenden Eindringling bedrängt wurden: der Hitze. Tagsüber gab es vor der Hitze kein Entkommen.

Unten im Eßzimmer standen nur ein Tisch und ein paar Stühle. Clubsessel und Beistelltische bildeten das einzige Mobiliar im Wohnzimmer nebenan, das in eine Terrasse mit in den Garten führenden Stufen überging. Oben, im

Schlafzimmer meiner Eltern und in meinem eigenen, die durch eine fast immer geöffnete Tür getrennt waren, sahen die Betten mit den Moskitonetzsegeln, die sich unter dem Luftwirbel des Deckenventilators regten, auf den nackten Zementfußböden so einsam aus wie Schiffe auf hoher See. Am Abend trat ich eine Reise an, sprach meine Gebete und ging an Bord. Manchmal fürchtete ich, daß ich morgens vergessen würde, meine Hausschuhe auszuschütteln, bevor ich sie anzog, falls sich darin ein Skorpion verbarg.

Vielleicht kam mir das Haus, das wir unser Heim nannten, wegen der Kahlheit seiner Räume wie alle Häuser in Afrika unvollendet, behelfsmäßig vor, eher wie ein Warteraum als ein Wohnraum. Es gibt keinen Schmuck, klagte meine Mutter, nichts, was nicht absolut notwendig ist. Und dies wiederum hatte vielleicht mit der Tatsache zu tun, daß im Gegensatz zu Malaya, wo das Hauspersonal überwiegend aus Frauen bestand, in Afrika alle Angestellten Männer waren.

Es enttäuschte mich festzustellen, daß in Afrika Jungen nicht Jungen wie ich waren, sondern ausgewachsene Männer. Isokia, der Houseboy, war sogar größer als mein Vater. Er ist ein Hirte aus der südlichen Sahara, sagte mein Vater, weshalb er auf einem Bein stehen kann, wenn nötig stundenlang. Stammesangehörige aus Isokias Gegend hatten die Angewohnheit, einen großen Teil des Tages hindurch auf einem Bein zu stehen. Vielleicht, weil es sie langweilte, ihre Herden zu beobachten, und weil sie eine gewisse Ablenkung brauchten, hielten sie Wettbewerbe ab, um herauszufinden, wie lange sie auf einem Bein stehen konnten. Ich war bald davon überzeugt, daß Isokia unter den auf einem Bein Stehenden nicht seinesgleichen hatte.

Isokias Tätigkeit als Houseboy teilte sich in kurze Zeiträume zweibeiniger Arbeit und lange einbeinige Ruhepausen. Dann schaute er, den rechten Fuß an den linken Schenkel oder das linke Knie geklebt, in die Ferne und schien noch immer seine Herden in der Heimat zu beobachten, wobei er jeden, der zufällig in der Nähe war, nötigenfalls auch sich selbst, in ein Gespräch verwickelte.

Meine Mutter hatte nie jemanden gehabt, der für sie Modell saß beziehungsweise stand und so lange eine anstrengende Pose beibehalten konnte. Sie hatte nichts dagegen, daß ihr Houseboy beim Fegen oder Putzen stehenblieb und wortreich auf sie einredete, während sie ihn skizzierte. Ach wirklich, murmelte sie von Zeit zu Zeit, ohne ein Wort Isokias zu verstehen. Am liebsten sprach er über das nahe gelegene Lastwagendepot, den Depotchef, die Beschaffenheit der einzelnen Lastwagen und der einzelnen »Mammy-Lastwagen«-Fahrer, die seine Freunde waren, und über die Beschaffenheit der Fracht, die sie zur Arbeit in die Umgebung hinausfuhren, nämlich die *Mammies*, wie diese Wanderarbeiterinnen genannt wurden.

Die Mammy-Lastwagen boten einen verblüffenden Anblick. Jeden Morgen rollten sie auf der Straße am Ende unserer Auffahrt entlang, und es gehörte zu Isokias morgendlicher Routine, einbeinigen Wachdienst zu leisten und sie zu grüßen. In den ersten ein oder zwei Monaten, bis die Schule begann, schloß ich mich ihm beim Wachdienst an.

Da ist Jim, sagte Isokia zum Beispiel, oder: Große Ladung für Mr. Muffin' heute. Isokia sprach seltsamerweise kein Malaiisch und Englisch nur in Form von Geistesblitzen. Er hatte eine Sprache, die weitgehend seine eigene Schöpfung war, und ich brauchte eine Weile, um aus ihr schlau zu werden. Ich erfuhr, daß Mr. Muffin' ein Lastwagen und Jim der Fahrer war. Jeder Fahrer fuhr stets denselben Lastwagen, und alle Wagen hatten Namen und Persönlichkeiten, die Isokia beschrieb, als wären sie nicht weniger menschlich als die Fahrer.

Mr. Muffin' hatte rote und weiße Streifen an der Kühlerhaube, und er neigte sich schwer zum Straßenrand hin – die Folge, sagte Isokia, eines Unfalls, den er in seiner Lastwagenjugend erlitten hatte. Aus diesem Grund drängten sich Mr. Muffin's Mammies meistens auf einer Seite des Wagens zusammen, um das Gleichgewicht wiederherzustellen und ihn auf mehr oder weniger geradem Kurs zu halten, während er die Straße entlangschwankte.

Die Mammies, die auf der überfüllten Ladefläche der Lastwagen standen, waren gewaltige Frauen. Alle waren in Stoffstreifen von leuchtender Farbe gehüllt. Sie trugen eine Art Turban in denselben Farben, der oben abgeflacht war. Darauf beförderten sie ihre Lasten, wenn sie zur Arbeit in den Gemüsefeldern außerhalb Accras eintrafen. Der Wagenkonvoi, der jeden Morgen an unserer Auffahrt vorbeikam, erinnerte mich an eine Regatta von Schiffen mit voller Takelung. Die in Stoff gehüllten Mammies winkten, sangen, schwankten, und ihre losen Turbanschwänze flatterten im Wind, während die Lastwagen die Straße entlangfegten.

Ich hatte sie alle schon ohne Kleidung gesehen, die gigantischen Holz- und Steinfiguren mit großem Busen, die Pauls Atelier bevölkerten, und nun wußte ich, daß Paul auch hier gewesen sein und sie gesehen haben mußte.

Jeden Samstag abend, wenn Isokia seinen Lohn eingesackt und seinen freien Tag vor sich hatte, verwandelte er sich in einen Dämon. Ich sah ihn nie, wenn er zurückkehrte, denn ich lag schon im Bett, aber manchmal wurde ich durch den Krawall hinter dem Haus geweckt; Gesang, Schreie, ein Geräusch, das so klang, als versuche ein schweres Möbelstück ins Haus zu schleichen. Mit Hilfe der einzelnen Worte, die ich am nächsten Tag aus dem Gespräch zwischen meinen Eltern aufschnappte – *betrunken* und *Glücksspiel*, ab und zu ein von meiner Mutter gezischtes *Eingeborenenfrauen* –, legte ich mir schließlich meine eigene Interpretation dieser Ereignisse zurecht.

Anscheinend besaß Isokia – oder war von ihm besessen – den absoluten Dämonenweltmeister, eine Verbindung aus dem *hantu*, der Ahmad niedergerungen hatte, und dem *hantu* in Supinas Schwindelkopf. Auf mysteriöse Weise war er aus Singapur nach Afrika befördert und auf die Schultern einer von Mr. Muffin's Mammies verpflanzt worden, Busen beigefügt.

Wenigstens einmal im Monat ging mein Vater am Sonntag hinter das Haus, um Isokia eine Standpauke zu halten. Meine Mutter wollte, daß dieser trinkende, dem Glücksspiel ergebene, den Frauen nachstellende Houseboy gefeuert wurde. Wenn mein Vater aus der Haustür trat, war das, glaube ich, seine feste Absicht, aber er tat es nie. Zum zweitenmal erlebte ich, daß meine Mutter sich nicht durchsetzen konnte. Das wäre in Asien nicht passiert. Aber in Afrika hatte Vater Heimvorteil.

Ich begann mir die Frage zu stellen: Wie hatten Afrika und Asien jemals geheiratet?

Im Rückblick war, wie ich vermute, einer der Gründe dafür, daß mein Vater sich nicht von unserem Houseboy trennen wollte, seine überraschende Vorliebe für eine bestimmte Art von Schlawinern. Er bezeichnete Isokia oft als *Schlawiner,* aber nie mit der Kalten Stimme, die Ärger bedeutete. In Vaters Sicht der Menschen gab es Schurken und Schurken, einige böse, andere bloß schurkenhaft, und Isokia gehörte in die letztere Kategorie.

Isokia gehörte auch in die Kategorie der Menschen, die mein Vater als *Prachtexemplare* beschrieb. Nicht einmal zerrissene Shorts, ein schmuddeliges Hemd oder ein zerbeulter Hut, der in ein zunehmend zerbeultes Gesicht hinuntergezogen war, konnten diese Pracht verschleiern. Sieh dir doch nur seinen Körperbau an, sagte er hin und wieder mit einem entschuldigendem Unterton zu meiner Mutter. Was für eine Haltung! Was für ein *Auftreten*! So ein Modell findest du nie wieder. Dieses taktische Argument traf die Schwachstelle im Widerstand meiner Mutter, und am Ende trug es stets den Sieg davon.

Aber was meinen Vater mit stählernen Ketten an Isokia band, war dessen großartige Leistung: Als junger Mann hatte er Nordafrika, die Sahara eingeschlossen, mehrere Male zu Fuß durchquert. Das war eine Wanderung von zweieinhalbtausend Meilen, wenn man eine Luftlinie von der Goldküste zum Mittelmeer zog, und einiges mehr an einer der alten Karawanenstraßen entlang, die Isokia und seine Gefährten eingeschlagen hatten. Zwanzig Jahre zuvor hatte mein Vater einen Großteil derselben Reise mit dem Bus zurückgelegt.

Nichts machte ihm mehr Spaß, als mit Isokia in der Haussasprache zu fachsimpeln. Die Namen von Orten und Stämmen, die Aufregungen und Beschwerlichkeiten seiner Reise heraufzubeschwören, die sich, verglichen mit den von Isokia erlittenen Entbehrungen, recht bescheiden ausnahmen. Sein Houseboy hatte einen menschenfressenden Löwen mit Felsbrocken fortgejagt, war selbst von menschenfressenden Banditen gejagt worden, hatte wochenlang von Ameisen und Heuschrecken gelebt und versehentlich einen bösen Dschinn aus einer Flasche gelassen, wonach dieser einen Sandsturm aufpeitschte, in dem sich Isokia verirrte. Bei zahlreichen Gelegenheiten war er fast verdurstet. Ein Mann, den mein Vater als Symbol des alten Afrika betrachtete, das bald untergehen würde, trug die Speisen in seinem Haus auf und fegte die Fußböden. Es kam nicht in Frage, ihn hinauszuwerfen. Das wäre ein Verrat an Afrika gewesen.

Die letzte Verteidigungslinie, hinter der Isokia vor der Gefahr der Entlassung Zuflucht suchen konnte, war Awuni, der Koch. Sie wohnten zusammen hinter der Küche in der sogenannten zweiten Spülküche. Man hätte sich kaum zwei unterschiedlichere Männer vorstellen können, die so lange und auf so beschränktem Raum – dazu recht einträchtig, wie es schien – Seite an Seite zusammenlebten.

Awuni war ein kleiner, geradezu kümmerlicher Mann von extremer Frömmigkeit, der stets dasselbe lange weiße Gewand trug. Kurz vor dem Waschtag am Ende des Monats verriet das Gewand seinen Eifer als Moslem durch den gräulichen Fleck an seinen Knien und seine Blutrünstigkeit als Koch durch die viel dunkleren Spritzer, mit denen das Gewand von der Mitte bis zum Hals reichlich gesprenkelt war. Unser Koch hatte einen tiefverwurzelten Abscheu vor Gemüse, und nichts, was meine Mutter sagte, konnte etwas daran ändern. Die einzige Ausnahme, die Awuni zuließ, waren Kartoffeln, und er servierte sie widerwillig mit verächtlicher Miene. Schlachtvieh, zumeist Hammel, war sein Stammgericht, Geflügel und zuweilen ein Stück schwitzendes Kalbfleisch sorgten für ein wenig Abwechslung. Um Fisch mußte meine Mutter einen zwölf Monate dauernden Kampf führen, bevor Awuni nachgab. Wir aßen tonnenweise Kuskus, Reis nur auf unsere Bitten hin. Das Brot, das meine Mutter kaufte, lehnte er ab. Brot war unsere eigene Sache und mußte heimlich zum Frühstück gegessen werden – eine Mahlzeit, der Awuni nie geklärte Feindschaft entgegenbrachte und mit der er nicht das geringste zu tun haben wollte.

Seine Küche war nicht in erster Linie ein Ort zur Zubereitung von Mahlzeiten, sondern zum Beten. Wenn man dort eintrat, fand man Awuni wahrscheinlich dabei vor, wie er mit gymnastischem Geschick auf dem Fußboden seine Gebete verrichtete, sein Gesicht dem Gasherd der Everbright Company im Osten zugewandt. Der Lunch geriet in Konflikt mit den dringenderen Mittagsgebeten unseres Kochs und erschien erst um Viertel vor zwei auf dem Tisch. Da mein Vater gewöhnlich zum Lunch nach Hause kam, mußte er seinen Arbeitstag Awunis Gebeten anpassen und fuhr eine Stunde später ins Büro, als ihm lieb gewesen wäre.

Neben der Pflege seiner Religion und der Schlachtung von Tieren schien es Awunis Hauptinteresse im Leben zu sein, Isokia für die Sache des Propheten zu gewinnen. Er lehrte ihn lesen oder versuchte es zumindest mit allen Mitteln. Abend für Abend saß er neben Isokia unter der Lampe vor der Tür der zweiten Spülküche, hielt ihm eine Moralpredigt wegen seiner schändlichen Trinkgewohnheiten und nüchterte ihn für den Empfang des wahren Glaubens aus, indem er ihm die nie enden wollende Geschichte über das Leben des Propheten erzählte.

Awuni konnte besser Geschichten erzählen als kochen, und Isokia verstand sich viel besser darauf, Awunis Gleichnissen zuzuhören, als ihrem Beispiel zu folgen. Aber mein Vater begab sich manchmal, wie schon früher in

Malaya, hinter das Haus, um ebenfalls zuzuhören, und er kehrte von diesen Zusammenkünften stets mit der Überzeugung zurück, daß sein Koch der einzige sei, der mit seinem Houseboy umgehen und ihn auf den richtigen Weg bringen könne.

Der dritte Angehörige des Hauspersonals, der Gärtner, wohnte nicht bei uns, wofür meine Mutter zutiefst dankbar war. Er hieß Saidu Dur und war so verdorrt, wie sein Name anklingen ließ. Sein Gesicht wies ganz seltsame tiefe Furchen auf, als wäre er mal von einem Panzer überfahren worden. Seine Miene gehörte zu den schwärzesten – und bestimmt den grimmigsten – südlich der Sahara.

Meine Mutter hatte ziemliche Angst vor Saidu Dur und ich auch. Wenn es sich nicht vermeiden ließ, mit ihrem Gärtner über seine Arbeit zu sprechen, ging meine Mutter nie näher als zwanzig Meter an ihn heran. Sie schickte ihm ein Flaggensignal wie ein Schiff dem anderen, möglichst von der Erhöhung der Terrasse aus, und bedeutete ihm mimisch, wenn die Sprache nicht ausreichte, ihre Absichten zu übermitteln, daß die Rasen gemäht oder die Blumenbete gejätet werden mußten. Saidu Dur stand dann schweigend im Garten und betrachtete sie; *finster*, dachte meine Mutter und flüchtete zurück ins Haus.

Wie anders Singapur gewesen war! Jene leise sprechenden Malaien mit ihren geschmeidigen Bewegungen, ihrer schmuckvollen Kleidung, ihrer Sanftheit und ihrem kindlichen Gemüt! Wie anders war es gewesen, von Frauen umgeben zu sein!

Und wofür hatte sie das alles eingetauscht? Für einen Hirten, der auf einem Bein stand, wenn er nicht betrunken herumlag, für einen Gemüse hassenden, blutgetränkten, unablässig betenden Moslem, für den grimmigen Gärtner Saidu Dur. Sämtlich Männer!

Sogar das Auto war gegen sie.

Bevor meine Mutter die Gemüsefelder entdeckte, war sie in Afrika nicht glücklich. Mißtrauisch und mit einer Spur von Groll, was sie sich selbst nie eingestanden hätte, mußte sie nun zusehen, wie mein Vater an ihrer Stelle aufblühte.

In der Kinderabteilung des Kolonialmodegeschäfts in der Claydon Street wurde mein Kopf für einen Tropenhelm vermessen. Mit spitz zulaufenden, nach unten weisenden Enden erinnerte der Tropenhelm ein wenig an einen Admiralshelm zu Nelsons Zeit. Er wurde aus irgendwelchen Pflanzenfasern, vielleicht von Palmen, hergestellt, was den Helm höchst professionell wirken ließ. Als ich ihn aufsetzte, war ich überzeugt, genauso auszusehen, wie meine großen Vorgänger ausgesehen hätten, wenn sie mit fünf Jahren nach Afrika gekommen wären.

Vorläufig beschränkte sich das zu erforschende Gebiet auf den Garten, die Auffahrt und ungefähr fünfzig Meter Straße in beide Richtungen. Mahnungen, den Helm draußen in der Sonne immer auf dem Kopf zu behalten, waren ganz überflüssig. Ich trug ihn im Haus, beim Frühstück und beim Abendbrot und sogar, wenn meine Mutter zu müde war, sich mit mir zu streiten, in der Badewanne. Und ich trug ihn im Bett. Nie zuvor hatte ich etwas besessen, auf das ich so stolz war.

Im großen und ganzen waren die Ergebnisse meiner ersten Forschungen unbefriedigend. Ich lungerte herum. Längst hatte ich mich an Orangen satt gegessen. Der Garten Afrikas war langweilig, nicht viel besser als der Nanas, und er litt unter dem gleichen Kindermangel. Es dauerte nicht lange, bis ich mich in den verbotenen Schuppen vorwagte, aber die Python war nicht daheim, und ich hatte es nur mit einem übelriechenden alten Klosett zu tun. Ich wagte mich sogar in das hohe Gras vor, wobei ich mich mit einem Stock bewaffnete, um die Mambas fortzuscheuchen, die laut Saidu Dur dort lebten. Mein einziger Versuch, auf einen Baum zu klettern, hatte in einer Katastrophe geendet. Der Baum war von stechenden roten Ameisen bedeckt und ich sehr bald auch. Ich lief heulend ins Haus, wo meine Mutter mich nach Nikolas-Art packte und mich – mit Hose, Hemd, Tropenhelm und allem – in ein kaltes Bad steckte. Vater brachte ein Stück Strand auf dem Pritschenwagen mit und baute mir eine Sandkiste zum Spielen, aber die roten Ameisen erschienen bald darauf auch in der Kiste. Die Massenvernichtung von Ameisen mit Feuer oder kochendem Wasser wurde zu meinem Hauptzeitvertreib.

Ich hätte lange genug herumgelungert, meinten meine Eltern. Es sei Zeit, meine Vormittage in der von Mrs. Backhouse geleiteten Schule zu verbringen.

Ungefähr einen Monat lang begleitete mich meine Mutter jeden Morgen zur Schule. Aber dann entdeckte sie die Gemüsefelder, die Lastwagen-Mammies in ihren bunten Stoffbahnen, stolze Ijaw und dahinschreitende Busanga, die zu Fuß aus dem fernen Obervolta gekommen waren, Buschmänner von unverfälschter Wildheit aus den Nördlichen Territorien, sagte mein Vater, Fanti oder Ashanti – eine wahre Fundgrube afrikanischer Modelle, die sich gern von meiner Mutter zeichnen ließen, für den Preis von etwas Gemüse, das sie an Awuni vorbei ins Haus schmuggelte.

Mein Vater setzte sie auf der Fahrt ins Büro ab und nahm sie wieder mit, wenn er zum Lunch heimkehrte. Sich selbst in der Wildnis überlassen – Wildnis jedenfalls für eine Frau aus St. John's Wood –, nur geschützt durch ihre Stifte und jene Furchtlosigkeit, die den Sanftmütigen eigen ist, stellte Mutter ihren zusammenklappbaren Zeichentisch und ihren Hocker im Schatten ihres blaßblauen Sonnenschirms auf und wartete auf ihren ersten Kunden.

Ich war zufrieden mit dieser Entwicklung, denn sie bedeutete, daß mich nun Kwame, ein Verwandter der Sekretärin meines Vaters, zur Schule brachte. Zum erstenmal begegnete ich einem afrikanischen Jungen, der dem Sinn des Wortes, wie ich ihn verstand, nahekam: siebzehn oder achtzehn Jahre alt, recht groß, zugegeben, aber seiner Einstellung nach eher ein Junge als ein Mann, und noch dazu ein sehr lustiger Junge. Er wurde nur deshalb auf die Lohnliste gesetzt, damit er mich zur Schule brachte und wieder abholte, aber da es in Afrika keinen Posten ohne Titel gab, erhielt Kwame die Bezeichnung Assistant Boy. Er war nicht weniger stolz auf diesen Titel als ich auf meinen Tropenhelm.

Mit Kwame war der Schulweg viel interessanter als in Begleitung meiner Mutter. Zur Ausübung seiner Pflicht als Assistant Boy erschien Kwame mit dem Buschmesser – eine imposante Waffe –, das einer Machete ähnelte. Die Klinge war lang und wohltuend schwer. Kwame hatte überhaupt nichts dagegen, daß ich mit dem Messer hantierte und unterwegs hin und wieder auf etwas einhackte. Ich war ziemlich sicher, daß meine Mutter das nicht erlaubt hätte. Wahrscheinlich wäre sie gar nicht erst auf den Gedanken gekommen, sich mit einem Buschmesser zu bewaffnen.

Auf dem Schulweg beschäftigten wir uns hauptsächlich damit, am Straßenrand sechs Fuß tiefe Abflußrinnen zu inspizieren, deren Inhalt für Kwame genauso faszinierend war wie für mich.

Regen schien in Afrika weniger häufig zu fallen als in Asien, aber dafür mit mehr Gewalt. Im Haus flog meine Mutter förmlich von Zimmer zu Zimmer, um sämtliche Fensterläden zu schließen, sobald sie die ersten Tropfen hörte. Wenn sie zu langsam in die Gänge kam, ergoß sich bald ein eindrucksvoller Wasserstrom durch die Fenster. Pfützen, die so tief waren, daß man darauf Papierschiffe hätte fahren lassen können, bildeten sich rasch auf dem Fußboden.

Der Regen wurde oft von Windstößen begleitet, die Bäume ausrissen, gelegentlich von ein oder zwei Erschütterungen. Dann rief meine Mutter: Erdbeben!, und rannte mit mir zur Tür. Die Sicherheitsmaßnahmen für Erdbeben sahen vor, daß man sich in den Rahmen der nächsten Tür stellte, bis die Erschütterungen vorbei waren, denn Türrahmen galten als die am wenigsten gefährdeten Stellen des Hauses. Danach schritt Isokia mit Eimern und Mops zur Tat, und ich eilte nach oben ins Bett, wo ich mir bis zum Ende des Sturmes vorstellte, in meinem Boot auf See zu sein.

Noch Tage nach einem Sturm waren die Abflußrinnen auf meinem Schulweg reißende Ströme. Kartons und leere Dosen, Äste und zertrümmerte Möbel, ertrunkene Katzen, Ratten und vor allem Schlangen wirbelten am Straßenrand entlang. Manchmal waren die Schlangen noch am Leben. Kwame stieß sie mit einem Stock an, fischte sie heraus und schnitt sie mit seinem langen Messer in der Mitte durch. Wenn sie zweifelsfrei tot waren, stach ich ebenfalls zu. Einmal war eine Python so dick wie ein Baum.

Das waren Entdeckungen und aufregende Taten, die einem wirklichen Forscher Ehre gemacht hätten. Der Schulweg mit Kwame interessierte mich bald mehr als alles, was mich beim Betreten des Klassenzimmer erwarten mochte. Dort setzte ich auf Geheiß von Mrs. Backhouse widerwillig meinen Tropenhelm ab und gab meine Rolle als Afrikamann auf.

Durchs Fenster konnte ich sehen, wie Kwame etwas aus der Tasche seiner Shorts zog und sich hinsetzte, um im Schatten eines Baumes auf mich zu warten. Ich beneidete den Assistant Boy um seine Freiheit, denn ich wäre viel lieber mit ihm draußen gewesen. Ich kam nie auf die Idee – und ich hätte es ohnehin nicht verstanden –, daß Kwame viel lieber mit mir drinnen gewesen wäre.

Mrs. Backhouse' Schule war ein weißgetünchtes Zimmer im Erdgeschoß ihres Hauses. Von Mr. Backhouse hörten wir nie ein Wort. Später erzählte mir meine Mutter, daß Mrs. Backhouse ihren Mann verloren habe, aber sie sagte nicht, wo. Die Lehrerin war eine dünne, hektische, von der Hitze ausgetrocknete Engländerin mit einem ledernen Gesicht, wie ich es in den Tropen häufig vorfand. Sechs oder sieben Kinder reichten völlig aus, sie zu beschäftigen. Sie unterrichtete Lesen, Schreiben und Rechnen, aber ihre Leidenschaft, ihre Mission im Leben, war die Geschichte des Britischen Empire.

Ich betrachtete Mrs. Backhouse mit den Augen meiner Mutter und versuchte, Zeichen eines Tragischen Lebens auszumachen. Vielleicht spiegelten die Katastrophenbilder, die überall an die Zimmerwände geheftet waren, ihre eigene unglückliche Empire-Vergangenheit wider. Die

Bilderserie, die sie zur Ausschmückung ihres Klassenzimmers gewählt hatte, begann mit der Vertreibung Adams und Evas aus dem Paradies und endete mit dem Untergang der Titanic. In den erheblichen Zwischenräumen drängten sich viele der blutrünstigeren Szenen aus der englischen Geschichte. Einige der Themen kamen mir vertraut vor: Guy Fawkes und die Pulververschwörung, der Tod Nelsons, die Belagerung von Delhi und die Dudelsackklänge von Lucknow, Gordon in Khartum. Vielleicht hatte Mrs. Backhouse ihren Mann an einem dieser Orte verloren.

Als sie ein sehr großes Buch hervorholte, dessen Deckel durch die vielen, im Laufe der Jahre aufgetragenen Schichten von Anti-Ameisenlack glänzten, erkannte ich den Namen dieses alten Familiengefährten sofort, ohne einen Blick auf den Titel werfen zu müssen. Es war das Buch, das meine Eltern gekauft hatten, um Emma am Strand von Mersing zu unterrichten: *Unsere Inselgeschichte: Eine Historie Englands für Jungen und Mädchen von H. E. Marshall.*

Es gab nur ein einziges Exemplar des Buches, so daß jedes Kind, wenn es zum Lesen aufgefordert wurde, ans Lehrerpult treten mußte. Mrs. Backhouse musterte uns voller Vorfreude mit einem funkelnden Auge.

Also, wer möchte den Ball ins Rollen bringen?

Sie sprach immer in solchen Rätseln, in ihrer eigenen geheimnisvollen Sprache, welche die meisten der ziemlich schwerfälligen Kolonialkinder nicht verstehen konnten. Einfältig schauten sie durchs Klassenzimmer, um herauszufinden, von welchem Ball die übergeschnappte alte Frau redete. Aber ich hatte mich mit zwei Großmüttern herumgeplagt und wußte einiges darüber, wie sich alte Frauen ausdrückten. Ohne Zögern hob ich die Hand, ging zum Schreibtisch und las die Einführung zu H.E. Marshalls *Historie Englands* laut vor. Ich kannte sie so gut wie auswendig. Es genügte völlig, daß ich einen Blick auf dieses oder jenes Wort warf, um auf dem richtigen Kurs zu bleiben.

»Was für ein lustiger Brief, Daddy, sagte Spen, während er den schmalen Briefumschlag betrachtete, der gerade eingetroffen war, und dem Knistern des dünnen Papiers lauschte. Findest du, fragte Daddy, er ist von zu Hause. Von zu Hause, sagte Spen lachend, aber Daddy, dies hier ist doch unser Zuhause. Ich meine, aus der alten Heimat, Spen ...«

Ich las weiter und weiter, mit müheloser Geläufigkeit.

Mrs. Backhouse' Kopf schoß ein paar Zoll auf seinem mageren Hals hoch, als hätte sie einen elektrischen Schlag bekommen.

Wie alt bist du, Kind, fragte sie.

Fünfeinhalb, sagte ich.

Na, dir steht noch in dieser Sekunde das Leseabzeichen für die Woche zu. Das ist die beste Leseleistung, die ich je von einem Fünfjährigen gehört habe. Ich persönlich werde dich *auszeichnen.*

Damit griff Mrs. Backhouse in ihr Pult, holte ein rotes Blechabzeichen hervor und heftete es mir an die Brust.

Als ich hinaus ins Sonnenlicht trat und nicht nur den Tropenhelm, sondern auch das Abzeichen trug, war ich so sehr von Stolz erfüllt, daß ich nicht wußte, wie mir geschah. Kwame betastete das Abzeichen und fragte mich, ob er es auf dem Rückweg nach Hause tragen dürfe. Ich war einverstanden, wenn er mir dafür sein Messer überließ. Kwame hatte kein Hemd an, deshalb heftete er sich das Abzeichen an die Shorts. Sobald wir in Sichtweite des

Hauses waren, ließ ich es mir von Kwame zurückgeben, und er nahm sein Messer wieder an sich.

Der gemeinsame Schulweg verlief immer nach diesem Muster. Woche für Woche mußte ich das Leseabzeichen gegen Sechs- und sogar Siebenjährige verteidigen, wenn ich das Privileg, es zu tragen, behalten wollte. Woche für Woche gelang es mir relativ leicht, indem ich mich auf das verließ, was ich mir von H. E. Marshalls Geschichte eingeprägt hatte.

Auf dem Rückweg von der Schule faßte ich den Unterricht des jeweiligen Vormittags für Kwame zusammen.

Rasch schritten wir durch die Geschichte von Albion und Brutus und Neptun, der Albions Vater war. Albion verwandelte sich in Britannien. Kwame spitzte die Ohren, um all diese Neuigkeiten aufzunehmen. Ich gab ihm einen kurzweiligen Überblick über die Ankunft der Römer, während er eine Kokosnuß aufspaltete und wir sie am Straßenrand verzehrten. Die Unterschrift unter der Illustration zu Boadicea, umringt von Männern, die aussahen, als wären sie in die Tigerfellvorleger gewickelt, die Onkel Douglas in Nanas Haus hinterlassen hatte, wurde für eine Woche zu meinem Schlachtruf an Kwame, wenn ich auf dem Heimweg von der Schule sein Buschmesser durch die Luft schwenkte: *Werdet ihr mir folgen, Männer?*

Mit der Ankunft von Hengist, Horsa und Vortigern schlug das Unheil zu. Entweder hatte ich dieses Kapitel der englischen Geschichte vergessen, oder mein Vater hatte es ausgelassen. Die Namen waren äußerst schwierig. Niemand, den ich kannte, hatte einen solchen Namen. Vortigern setzte sich aus neun Buchstaben zusammen. Ich versuchte es mit anderen, vertrauteren Kombinationen. Vauxhall irgendwas. Irgendwas Tiger. Ich spielte auf Zeit, räusperte mich, während ich die langen Namen las, hatte Hustenanfälle.

Mrs. Backhouse betrachtete mich mit gequälter Miene, in der Überraschung mit Ernüchterung wetteiferte.

Wohin hast du bloß deine Leseaugen verlegt, Kind?

Mir war klar, daß ich sie schwer enttäuscht haben mußte, wenn sie so sprach. Ich sagte, ich hätte eine Fliege oder so etwas im Auge, in beiden Augen, schon die ganze Woche. Deshalb könne ich nicht richtig sehen.

Das Leseabzeichen wurde mir abgenommen.

Kwame war genauso entsetzt wie ich. Ohne mein Abzeichen an seinen Shorts und sein Messer in meiner Hand hatte die englische Geschichte für uns beide einen weit geringeren Reiz. Ich machte einen Versuch, Kwame von Vortigern zu erzählen, aber ich konnte ihn nicht leiden. Meine Erzählung verlor den Funken und Kwame das Interesse.

Vom Regen kamen wir in die Traufe, denn hageldicht folgten nun Kapitel über Ethelred den Unberatenen, Eduard den Bekenner, Plantagenet und Bolingbroke – ein Ende der Elfbuchstabennamen war nicht abzusehen, nicht für die nächsten hundert Jahre.

Kwame versuchte statt dessen, mir von der Schule zu erzählen, in die er selbst ging. Er lernte etwas, das Fernkurs hieß. Dazu gehörten sehr schwierige Dinge wie Handel, Buchhaltung, Export und Import. Er zeigte sie mir in dem Heft, das er immer in seine Gesäßtasche gestopft hatte, aber ich konnte sie nicht verstehen. Dies war das Heft, das Kwame las, während er unter dem Baum vor meiner Schule auf mich wartete.

Ich erzählte Kwame von dem lachenden Spen.

Spen begann sein lachendes Leben als Gestalt in der Einführung zu H. E. Marshalls Buch, aber sehr bald verwandelte er sich in meinen älteren Bruder, der in die Große Schule Laleham Abbey in der alten Heimat ging. Spen lachte über alles, denn er war – ich liebte dieses Wort – *unerschrocken* und fürchtete nichts. Kwame wollte alles über Spens Taten in der alten Heimat hören, und ich lieferte ihm ein Kapitel pro Tag. Spen, der in Flint Norton seinen Firlefanz mit Granny Blunden, Mrs. Shankley und Taylor machte. Spen, der Tennis spielte, auf dem Berg, der Mendip hieß, Rad fuhr und Höhlen erforschte. Spen, der mit Mr. Wilkes einen Spaziergang an einer Klippe entlang machte und ihn zweimal rettete, denn Mr. Wilkes tat alles zweimal, den Sturz von Klippen eingeschlossen.

Kwame wollte unbedingt etwas über London wissen. Aus irgendeinem Grund besonders über Kingston-on-Thames, aber da ich nie von Kingston-on-Thames gehört hatte, mußte er sich begnügen mit dem London, das ich kannte. Es gab Kapitel über Spen, der seinen Verfolgern von der Großen Schule entkam, indem er mit einem gewaltigen Satz vom Mount Pleasant hinuntersprang; der als Busschaffner auf der Linie 59a nach Regents Park arbeitete und sich kaputtlachte, als er zum Tee mit der Königin im Buckingham Palace fuhr.

Während der Mittagsnachrichten erzählte ich meinem Vater auch von Kwame. Zu dieser Zeit nahm mein Vater immer ein kaltes Bad, wenn es sehr heiß war und der Lunch auf sich warten ließ, weil Awuni noch betete. Ich ging ins Badezimmer und nahm neben ihm Platz. Zuerst beschäftigten wir uns mit dem Einmaleins und dann mit dem, was mein Vater die Mittagsnachrichten nannte.

Seit unserem Aufenthalt bei Granny Blunden hatte ich gelernt, daß man genau aufpassen mußte, wie man etwas erzählte. Da Erwachsene so unberechenbar waren, mußten gewisse Ereignisse – zum Beispiel solche, die mit dem Schrank, wo die Erdbeerkonfitüre aus reinen Früchten und der Schokoladenkuchen verwahrt wurden, mit dem Keller, dem Dachgeschoß, der Gartenmauer, Busen, *bearak* und anderen Dingen zu tun hatten, für die ich ein heimliches Interesse hegte – manchmal anders erzählt werden, als sie sich tatsächlich zugetragen hatten.

Mein Vater mußte Stück um Stück an meine Schulgänge mit Kwame herangeführt werden. Ich erzählte ihm von Kwames Federmesser. Wir hätten einen Mann gesehen, der eine Schlange verfolgte, aber sie selbst hätten wir nicht zu Gesicht bekommen. Wahrscheinlich sei sie ohnehin tot gewesen. Danach schritt ich allmählich zu halbtoten Schlangen, etwas größeren Messern, Schlangen, die eindeutig am Leben waren, und der Notwendigkeit fort, sich mit einer Waffe vor ihnen zu schützen. Nun waren Kwame und ich keine Zuschauer mehr, sondern wir zeigten ein aktives Interesse an allem, was in den Abwasserrinnen auftauchte.

Der lachende Spen mußte zu meinem Bedauern ganz aus den Mittagsnachrichten gestrichen werden.

Der Verlust des Leseabzeichens konnte jedoch in den Mittagsnachrichten nicht verschwiegen werden. Mein Vater sah ja, daß ich es nicht am Hemd hatte. Er war genauso stolz darauf gewesen wie ich selbst, aber ich konnte ihm nicht erzählen, wie ich es verloren hatte, denn dann würde ich ihm auch mitteilen müssen, wie es zuerst in meinen Besitz gelangt war.

Mein Vater rührte das Wasser in der Wanne mit einer Hand um, wie er es häufig tat, wenn er nachdachte, und fragte mich, wie ich das Leseabzeichen verloren hätte.

Mir war äußerst unbehaglich zumute. Ich sagte, ich weiß es nicht. Er musterte mich mit jenen blauen Blunden-

Augen, die keines seiner Kinder hatte, und fragte mich, ob das die Wahrheit sei.

Ja, sagte ich.

Nun begriff ich, weshalb Granny Blunden mir mit Mißbilligung begegnete und mir immer das Gefühl gab, etwas Böses getan zu haben. Ich *hatte* etwas Böses getan. Ich hatte meinen Vater belogen.

Während mein Vater in der Wanne lag und das Wasser nachdenklich mit der Hand umrührte, erkannte ich in einem Augenblick, den ich nie ungeschehen machen konnte, den Unterschied von Gut und Böse.

Etwas änderte sich in Afrika, und aus irgendeinem Grund hatte es mit dem Lesen zu tun.

Mein Vater erzählte mir nichts von der Wahl, die bald abgehalten werden sollte, um den Präsidenten zu bestimmen, der das Land nach dem Rückzug der Briten regieren würde, denn das hätte ich ohnehin nicht verstanden. Statt dessen zeigte er mir als Leseübung die rosa Flugblätter, welche die Regierung während der Wahlkampagne an die Bevölkerung verteilen ließ.

Auf den Flugblättern waren Bilder, Elefanten, Löwen, Palmen und so weiter mit darunter gedruckten Worten. Ich konnte die Worte lesen, wußte aber nicht, was sie bedeuteten. Es waren die Namen der politischen Parteien, die zur Wahl antraten. Die Bilder über den Namen waren für Leute, die nicht lesen konnten, damit sie wußten, für wen sie stimmten, wenn sie ihren Daumenabdruck neben ihre bevorzugte Partei setzten.

Afrika lernte lesen oder machte Fernkurse als Ersatz für die höhere Schulbildung, die all seine Assistant Boys nie gehabt hatten. Kwame schickte einen Gutschein an eine

Adresse in Kingston-on-Thames und erhielt Broschüren, die ihn einen Shilling Sixpence im Monat kosteten.

Mein Vater fuhr eines Abends mit mir von seinem Büro durch Accra und zeigte mir Kwames Schule. Es war die eine Seite einer Straßenlaterne. Junge Männer in Kwames Alter lehnten sich mit dem Rücken an jeden Laternenpfahl der Straße und studierten die Broschüren, die ihnen aus Orten wie Kingston-on-Thames geschickt wurden. Ich fragte meinen Vater, warum sie sich nicht zu Hause in ihr Wohnzimmer setzten und dort lasen, und er antwortete, sie hätten kein Wohnzimmer und keine Beleuchtung, bisweilen nicht einmal ein Zuhause.

Accra war voll von Obdachlosen, Nomaden aus der Südsahara wie unser Houseboy Isokia, Moshi und Fulani, die als Wächter beschäftigt wurden, Ijaw vom Nigerdelta, Busu aus Gao jenseits der Nigerschleife, die als Tagelöhner in den Gemüsefeldern arbeiteten, nackte Afrikaner aus den Nördlichen Territorien, reine Buschmänner, sagte mein Vater, die Hunderte von Meilen zurückgelegt hätten, um sich von den Müllhalden der Stadt zu ernähren. In Afrika verbrachten die Menschen ihre Zeit damit, herumzuziehen. Viele von ihnen schienen nichts zu tun zu haben.

Manchmal mußte ich im Büro meines Vaters warten, bis er seine Arbeit beendet hatte. Dann stellte er mich auf den Flur, damit ich meine Lesefertigkeiten verbesserte, indem ich das Schild an seiner Bürotür entzifferte. Ich mußte mir eine Silbe nach der anderen vornehmen und konnte nie alles in einem Atemzug aussprechen, aber nach einiger Übung kam ich der Sache ziemlich nahe. Ich hatte nicht die geringste Ahnung, was es bedeutete: Sonderbevollmächtigter beim Unternehmensentwicklungs- und Vertriebsvorstand. Wenn ich auf dem Korridor das Türschild betrachtete und es zu entziffern versuchte, konnte ich mir vorstellen, wie es wäre, ein afrikanischer Junge zu sein – unfähig, zu lesen wie ein Erwachsener, unfähig, die Bedeutung von Wörtern zu verstehen. Viele Jungen konnten nicht einmal Englisch sprechen.

Das Büro sei in einem provisorischen Gebäude, sagte mein Vater, was hieß, daß die Briten es nur gebaut hatten, damit die Afrikaner es abreißen konnten, sobald die Briten verschwunden waren. Bei starkem Wind klapperte das Dach. Der Fußboden knarrte, wenn man hin und her ging. Die Sekretärin meines Vaters, Kwames Cousine, erwartete ein Baby, deshalb hatte sie einen sehr dicken, runden Bauch, obwohl sie sonst überhaupt nicht dick war. Sie verwahrte Kekse in ihrer Schreibtischschublade, die sie zwischendurch rasch öffnete und schloß, um an einem Keks zu knabbern. Wenn ihre Hand in die Schublade hinein- und wieder herausglitt, wurde ich an die Maus erinnert, die im Rad meiner Rattankinderkarre in Malaya gewohnt hatte.

Dürre Hühner trippelten durch das Büro und hielten um den Schreibtisch der Sekretärin herum eifrig Ausschau nach Kekskrümeln. Die Hühner wurden von dem Mann versorgt, der auch das Büro versorgte, einem Haussa aus dem Norden. Er züchtete ein paar Manioksträucher, so daß es ihm irgendwie gelang, *seine Existenz zu fristen*, wie mein Vater sagte. Das waren genau die gleichen Worte, mit denen meine Mutter Giselas Tragisches Leben in London beschrieben hatte. Ich überlegte, ob auch der Haussa ein Tragisches Leben hinter sich hatte. Aber was verband die beiden, den Haussa und die Ungarin?

Ich saß am Schreibtisch meines Vaters in dem provisorischen Gebäude, dessen Dach klapperte und dessen Fußboden knarrte, und schaute hinaus auf ein Niemandsland aus Gestrüpp und Sand, wo man die neuen Gebäude errichten würde, wenn das Büro meines Vaters abgerissen war. Was würde er dann tun? Würde mein Vater ein Tragisches Leben führen? Würde er seine Existenz fristen müssen?

Einmal sah ich den Vorstand auf dem Korridor. Den Vorstand bildeten sehr wichtige Leute, die Chefs meines Vaters. Einer von ihnen war weiß, die übrigen schwarz, aber nicht wie Awuni oder Isokia. Sie trugen Anzüge und Brillen wie weiße Männer. Der Vorstand dies und der Vorstand jenes – Vater sprach mit meiner Mutter kaum von etwas anderem.

Vater sagte, es sei seine Aufgabe, eine Beschäftigung für Leute zu finden. Er nahm mich mit an Orte weit außerhalb Accras, wo Männer mit Hacken auf den Feldern arbeiteten. Und andere Männer hoben Gräben aus und verlegten Rohre, für etwas, das *Bewässerung* hieß, sagte mein Vater. Dann könnten sie Ananas und Kokosnüsse züchten, die der Vorstand verkaufen werde.

Die Afrikaner an dem Strand, an den wir oft zum Schwimmen fuhren, hatten nichts zu tun. Ich fragte mich, warum sie nicht auch schwammen, wo sie doch nichts zu tun hatten. Aber sie standen bloß herum und sahen uns von einer Anhöhe aus zu, wo wir das Auto parkten. Meiner Mutter war es unangenehm, in ihren Badeanzug zu schlüpfen, wenn Afrikaner zuschauten, nicht einmal unter ihrem Bademantel, deshalb zog sie ihn gewöhnlich an, bevor wir das Haus verließen.

An Wochenenden gab es eine Menge weißer Leute am Strand. Mein Vater kaufte mir ein Surfbrett, und mein Freund George Dixon aus Mrs. Backhouse' Schule brachte mir das Surfen bei. George hatte sein ganzes Leben an der Goldküste verbracht und konnte viel besser surfen als mein Vater. Auch Georges Vater arbeitete für den Vorstand. Er hatte keine Mutter. Mrs. Dixon war von einem Haifisch gefressen worden.

Da Georges Mutter von einem Haifisch gefressen worden war, hatte man einen Teil des Meeres mit einem Netz abgetrennt, um eine sichere Badezone zu schaffen. Wir durften sie auf keinen Fall verlassen. Meine Mutter setzte sich hin und achtete darauf, daß wir es nicht taten. George sei zu klein gewesen, um sich daran zu erinnern, wie seine Mutter von einem Hai gefressen wurde, sagte meine Mutter, aber sein Vater habe es miterlebt. Es sei eine schreckliche Tragödie. Ich solle sie George gegenüber nie erwähnen.

Es gab viele Fragen, die ich George gern gestellt hätte. Vermißte er seine Mutter? Wo war sie seiner Meinung nach? Wußte er, daß ein Haifisch sie gefressen hatte? Hatte es Überreste gegeben? Da ich das Thema George gegenüber nicht erwähnen durfte und George auch nicht darauf zu sprechen kam, sollte ich es nie herausfinden.

Auch über andere Dinge hätte ich gern mit George gesprochen. Meine Schwestern Emma und Tea wurden zu Weihnachten erwartet, aber George hatte keine Schwestern, denn er war ein Einzelkind. Deshalb hielt meine Mutter es für besser, das nicht zu erwähnen, falls es George unglücklich machte.

Beides waren schreckliche Tragödien, aber ich wußte, daß ich, wenn ich die Wahl hätte, lieber von einer Klippe stürzen würde wie Mr. Wilkes, als von einem Haifisch gefressen zu werden wie Georges Mutter.

Meistens waren die einzigen Afrikaner, die ich unten am Strand sah, die Männer, die mit Booten durch die Brandung zu den dahinter wartenden Schiffen paddelten. Ihre

Boote glichen langen Kanus und gingen an den Enden in einem Bogen nach oben, damit sie leichter durch die Brandung gleiten konnten. Zwei oder drei Afrikaner paddelten in der Mitte, je zwei oder drei weitere an beiden Enden. Die Boote waren mit Säcken voll Kakao beladen, der zu Schokolade verarbeitet wurde. Kakao wuchs auf Bäumen in Hülsen. Mein Vater hatte mit mir eine Kakaoplantage besichtigt. Es sei ein *Haupthandelsartikel*, denn er gebe mehr Afrikanern etwas zu tun als jede andere Ware an der Goldküste.

Die Afrikaner, die den Kakao durch die Brandung zu den wartenden Schiffen brachten, waren das, was mein Vater Prachtexemplare nannte. Sie strotzten vor Muskeln, und er schaute ihnen genauso gern zu wie ich. Die schweren Boote zu Wasser zu lassen erforderte eine vereinte Anstrengung, weshalb sie einen Singsang anstimmten, erst einer, dann zwei, dann alle gemeinsam, wenn sie durchs Wasser patschend losstürmten. Der Singsang hob das Boot und schleuderte es ins Meer, die Männer sprangen hinein und paddelten wild durch die Brandung. Die Wellen warfen das Boot hoch und schwappten darüber hinweg, und es stieg immer höher, als klettere es über eine Wasserwand. Wenn die Männer das Boot durch die Brandung gebracht hatten, änderte sich ihr Singsang. Einem langgezogenem Ruf folgte ein Chor heller Stimmen, und der Rhythmus des Paddelns änderte sich mit dem Singsang, wurde gemächlicher, denn das Boot hob und senkte sich nun sanfter, während sie durch die Dünung steuerten.

Ich hatte nicht den Eindruck, daß sich der Singsang dieser Afrikaner *traurig* anhörte, aber genau das sagte mein Vater zu meiner Mutter. Das ist irgendwie ein *trauriges* Lied, sagte er. Wir alle lauschten.

Der Versuch, die Trauer in dem Lied zu hören, die mein Vater vernahm, war wie der Versuch, durch die Augen meiner Mutter zu blicken, um das Tragische Leben in der Miene eines Menschen zu erkennen. Ich fragte ihn, was in dem Lied erzählt werde, doch er wußte es nicht. Aber in den alten Tagen des Sklavenhandels hätten sie vielleicht geahnt, daß sie nie zurückkommen würden, wenn sie die Brandungslinie durchbrachen und zum Christianborg Castle hinaufschauten. Vielleicht war die Trauer damals in das Lied eingegangen und hatte nie mehr herausgefunden.

Ich fragte meinen Vater, ob er dachte, man habe Sklaven genau wie heute die Kakaosäcke in die Kanus geladen, und er meinte, mehr oder weniger. Es war nicht schwer, sich das vorzustellen. Und es fiel mir genauso leicht, mir vorzustellen, wie Georges Mutter von einem Haifisch gefressen wurde. Ich konnte die Augen schließen und mir mühelos ausmalen, wie man nicht Säcke, sondern Sklaven durch die Brandung fuhr. Inzwischen war Kakao der Haupthandelsartikel, aber früher waren es Sklaven gewesen. Auch Gold dürfte ein Haupthandelsartikel gewesen sein. Laut Mrs. Backhouse rührte der Name Goldküste vom Gold her.

Warum wurde sie nicht Kakaoküste genannt?

Mein Vater sagte, es dauere lange, bis sich gewisse Dinge änderten.

In Afrika schien er mir ein anderer Vater zu sein, aber ich wußte nicht genau, wieso. Vielleicht war mein Vater derselbe und ich war anders, denn ich wurde mit jedem Tag größer und erwachsener, sagte er. Aber an manchen Tagen wußte ich nicht, was ich war, und dann fragte mein Vater: Willst du immer ein *dommer* Junge bleiben oder endlich erwachsen werden?

Er sagte nicht *dumm* wie andere Leute, sondern *domm*.

So sprachen die Blundens von Flint Norton das Wort aus. Es bedeutete, daß man wirklich sehr dumm war.

Meine Schwester Emma war nun beinahe erwachsen. Als sie zu Weihnachten in Accra eintraf, war sie fast zwölf Jahre alt. Sie kam ins Haus, sagte: Herrje, ist das heiß, zog ihr Unterhemd aus und setzte sich in ihrem Schlüpfer hin. Mutter meinte, sie solle ihr Unterhemd *nicht vor anderen Leuten* im Wohnzimmer ausziehen, sondern nach oben gehen und es dort tun.

Als wir am Tisch saßen und Isokia mit dem Mittagessen hereinkam, ließ sich mein Vater über sein Lieblingsthema – die richtige Körperhaltung – aus. Man brauchte sich nur auf einen Stuhl zu setzen, und schon fing mein Vater von Haltung an. Wir alle sollten gerade am Tisch sitzen und uns vorstellen, uns sei ein Feuerhaken, ein *Ladestock*, zwischen die Schulterblätter gerammt worden, denn so zu sitzen sei gut für unseren Rücken und noch besser für unsere Haltung. Ladys hätten die Knie beim Sitzen zusammenzudrücken.

Das war eine Ergänzung zu den verschiedenen Haltungsregeln. Darauf war ich früher noch nicht gestoßen, nicht einmal im Goop Book, und ich fragte, warum ich nicht mit zusammengedrückten Knien dasitzen müsse. Weil du keine Lady bist, sagte Mutter. Ich fragte sie, warum Ladys es tun müßten. Weil es eine *Vorschrift* ist, sagte Mutter, es ist eine dieser *Vorschriften*, Ladys sitzen eben so. Vater befahl mir, keine Fragen mehr zu stellen und zu essen.

Eine der Regeln besagte, daß man nicht mit Leuten sprechen durfte, wenn man selbst oder sie auf der Toilette saßen. Es hatte keinen Zweck, nach dem Grund zu fragen. Jetzt nicht, sagte meine Mutter durch die geschlossene Tür, ich bin auf dem Klo. Vielleicht wegen des starken Geruchs von *bearak* überall in den Tropen fehlten gewöhnlich ein paar Zoll oben und unten an der Tür, damit sich der Geruch ein wenig verziehen konnte und nicht den ganzen Tag in der Toilette eingesperrt war. Selbst wenn jemand auf dem Klo nicht redete, wußte man, wo er war, da man seine Füße sehen konnte.

Nachdem Emma zum Weihnachtsfest eingetroffen war, hätten wir uns wieder wie eine Familie fühlen können, aber leider fehlte Tea. Sie war an Grippe erkrankt und hatte bei Verwandten in England bleiben müssen. Wir fuhren zum Postamt in Accra, und mein Vater bestellte beim Telefonisten ein Fernmeldegespräch nach England. Wir konnten den Telefonisten sehen, der hinter Gittern saß, als wäre er in einem Käfig, und das Fernmeldegespräch bewachte. Er hob den Hörer und meldete das Gespräch an. Dann legte er den Hörer auf die Gabel und sagte, wir müßten zwanzig Minuten warten.

Während wir warteten, bahnte sich das Fernmeldegespräch mit Lichtgeschwindigkeit seinen Weg, sagte mein Vater, ein Kabel entlang, das auf dem Meeresboden von der Goldküste ganz bis nach England führte, und er nannte einige der Orte, zum Beispiel den Felsen von Gibraltar, an denen das Fernmeldegespräch unterwegs vorbeikommen würde. Als es schließlich eintraf, reichte uns der Mann im Käfig den Hörer durch die Gitter, und wir alle wünschten Tea nacheinander frohe Weihnachten. Sie lag in England im Haus ihrer Tante im Bett. Teas Stimme war winzig, ich konnte sie kaum verstehen. Aber es kostete sechs Pfund, obwohl wir Tea kaum hören konnten. Ich überlegte, ob die Leute so klangen, wenn sie im Haus in Bloomsbury mit Nana sprachen.

Emma bekam eine Brownie-Kamera zu Weihnachten. Wir machten die ganzen Ferien hindurch Bilder von Afrika.

Sie fotografierte Isokia, der auf einem Bein vor dem Haus stand, Awuni, der auf dem Küchenfußboden betete, und Saidu Dur, der im Garten finster vor sich hinstarrte. Emma hatte Angst vor Saidu Dur. Sie sagte, sie fühle sich irgendwie komisch, wenn er sie anschaue.

Sie machte ein Bild von mir, wie ich mit meinem Tropenhelm zur Schule ging, aber da die Schule über Weihnachten geschlossen war, mußten wir so tun, als wäre ich dorthin unterwegs. Kwame war nicht auf dem Foto, sein Messer auch nicht. Deshalb bat ich Emma, so zu tun, als wären sie da.

Außerdem fotografierte sie die Füße meiner Mutter unter der Toilettentür, aber davon erzählten wir ihr nichts.

Die meisten Ferientage verbrachten wir am Strand. Da es Weihnachten war, hatten die Afrikaner wahrscheinlich auch Ferien, und viele von ihnen standen dauernd auf der Anhöhe, wo wir das Auto parkten. Sie lungerten einfach nur herum und blickten zum Strand hinab. Bevor wir schwimmen gingen, nahm meine Mutter Emma zu Hause mit nach oben, um ihr den Badeanzug anzuziehen. Es war ein grüner Badeanzug aus Wolle, ein *abgelegtes Stück*, sagte meine Mutter, das von Granny Blunden stammte. Vielleicht hatte eine der Tanten ihn damals in den zwanziger Jahren getragen. Emma klagte, daß er jucke. Wenn er naß wurde, juckte er noch mehr, und sie hätte ihn am liebsten ausgezogen, aber Mutter sagte, sie müsse warten, bis sie wieder im Haus sei. Kratz dich nicht, mahnte Mutter, vielleicht beobachtet dich jemand.

Vater machte ein Foto von Emma, die mit geradem Rücken in ihrem Badeanzug dastand. Sie hatte die richtige

Haltung, kratzte sich nicht, ihre Arme lagen an den Seiten, und ihre Knie waren zusammengedrückt.

Emma fotografierte den Ozean. Nichts als Wasser. Als Vater ihr sagte, es sei das Labidia-Meer, das zum Atlantischen Ozean gehöre, machte sie noch mehr Aufnahmen. Später klebte sie all diese identischen Wasserbilder in ihr Fotoalbum und schrieb Labidia-Meer, Atlantischer Ozean, darunter.

Sie vertraute mir an, Vater habe ihr gesagt, daß Mädchen von elf oder zwölf Jahren in Afrika heiraten könnten. Deshalb warnten Vater und Mutter sie immer, die Knie zusammenzudrücken, um sicherzugehen, daß niemand auftauchte, der sie vielleicht wegschnappen und heiraten würde.

Was hatten zusammengedrückte Knie mit Heiraten zu tun? Es klang ein bißchen wie eine der Geschichten aus dem *Struwwelpeter.* Ich fragte Emma, ob der Mann mit der Blumentopfkappe in dem Hotel in Kairo sie habe heiraten wollen, und sie meinte, vielleicht, aber sie sei sich nicht sicher. Ich hätte gern gewußt, ob es eine Art des Heiratens in der Kirche mit Glocken und Brautjungfern gab und eine andere, von der wir nichts gehört hatten. Auch dessen war Emma sich nicht sicher.

Mutter war es lieber, wenn wir im Teshie Pool badeten. Er lag etwas weiter unten am Strand, direkt neben den Felsen, und bei hoher Brandung schwappte manchmal Wasser ins Becken. Im Teshie Pool gab Vater mir Schwimmunterricht. Mit einem Bein auf dem Boden hüpfte ich im Becken herum und tat so, als könne ich schwimmen. Sehr gut, sagte er. Mir war bei der Schwimmlüge nicht so unbehaglich zumute wie bei der Leselüge, denn ich hatte meinem Vater nicht *gesagt*, daß ich schwimmen könne. Es sah nur so aus.

Wie konnte es eine Lüge sein, wenn man gar nichts gesagt hatte?

Emma machte Bilder von mir, wie ich so tat, als könne ich schwimmen, und wie ich neben dem Pool lag und so tat, als wäre ich eingeschlafen. Meine Mutter streckte sich gern am Teshi Pool aus, um sonnenzubaden. Manchmal schlief sie sogar ein. Sie tat nicht nur so, denn wir hörten sie schnarchen. Am Pool fühlte sie sich sicherer, weil er von einer Mauer umgeben war und die Afrikaner ihn nur freitags benutzen durften. Oft standen einige Afrikaner auf den Felsen, aber sie fischten in der Brandung und schauten deshalb nicht zu uns hin.

Warum durften die Afrikaner den Pool nur freitags besuchen?

Solange ich meinem Vater keine Fragen stellte, die er für *domm* hielt, gab er sich immer Mühe, mit einer Erklärung aufzuwarten. Da er alles wußte, gelang es ihm auch immer.

Vater sagte, es sei eine Vorschrift, aber dabei klang er selbst nicht sehr überzeugt. Ich begriff, daß es eine recht *domme* Frage sein konnte, die ihn ärgern würde, und daß ich ein gewisses Risiko einging, aber ich wollte trotzdem wissen, *warum* es eine Vorschrift sei.

Zum erstenmal hatte ich meinem Vater eine Frage gestellt, deren Beantwortung ihm schwerfiel. Ich solle mir jemanden wie Saidu Dur vorstellen, der wahrscheinlich nie im Leben ein richtiges Bad genommen habe. Aber es sei nicht unbedingt die Schuld eines Menschen, wenn er nicht wie wir ein Badezimmer habe. In den alten Tagen, als er durch den Busch reiste, hätten seine afrikanischen Boys eine Wanne für *ihn* getragen. Wir seien *privilegiert*, wie mein Vater uns immer wieder einschärfte.

Es war ein Privileg, sauber, gut genährt zu sein und eine

Schulausbildung zu haben. Für die meisten Afrikaner galt weder das eine noch das andere. Wenn sie zusammen mit uns im Teshi Pool badeten, könnten sie allen möglichen Schmutz mitbringen, der uns vielleicht krank machte. Es war also eine Frage der Hygiene. Am Wochenende, wenn das Wasser im Pool gewechselt wurde, durften die Afrikaner ihn auch benutzen, denn dann spiele es keine Rolle. Das schmutzige Wasser floß ab, das Becken wurde gereinigt und frisches Wasser eingelassen.

Mein Vater klang irgendwie gereizt, als er mir diese Erklärung gab, vielleicht weil es ihm nicht gefiel, sie geben zu müssen, aber ich merkte, daß er nicht meinetwegen gereizt war. Ich spürte, daß sich etwas hinter den Worten verbarg, das nicht mit ihrer Aussage übereinstimmte. Es war so ähnlich wie das Gefühl, das ich hatte, wenn meine Eltern darüber redeten, daß Emma die Knie zusammendrücken müsse, oder wenn ich so tat, als könne ich schwimmen, obwohl ich einen Fuß auf dem Boden hatte.

Ich kam auf einen neuen und recht beängstigenden Gedanken: Taten meine Eltern auch so als ob? Logen sie?

Als wir vom Pool zu der Anhöhe zurückkehrten, stellten wir fest, daß jemand in das Auto eingebrochen hatte. Mein Vater sagte, das Schloß sei aufgehebelt worden. Eine Menge Afrikaner stand dort wie gewöhnlich herum, und es hätte jeder von ihnen gewesen sein können, sagte er mit seiner Kalten Stimme. Nur mit Mühe hielt er sich davor zurück, sie alle auf der Stelle zu verhören.

Mein Vater war nicht bloß wütend, sondern auch schockiert. Ich wußte nicht, ob er schockiert war, weil ein Afrikaner gewagt hatte, in sein Auto einzubrechen, oder weil er nichts dagegen unternehmen konnte – kein Schnellgerichtsverfahren, das er sofort hätte abhalten können wie in den alten Tagen, als die Briten noch Dinge in Afrika aufbauten und sie nicht abwickelten wie jetzt. Das aufgebrochene Schloß beunruhigte meine Mutter. Sie sagte, sie könne sich in ihrem eigenen Haus nicht mehr sicher fühlen.

Mutter war erleichtert, als die Ferien endeten und Emma zu der Klosterschule in England zurückkehrte, wo sie sicher war. Ich bin froh, daß meine Töchter nicht hier draußen sind, sagte sie zu meinem Vater, und begann von der Rückkehr nach Hause zu reden.

Kwame und ich nahmen auf dem Weg zu Mrs. Backhouse' Schule wieder unsere Inspektion der Abflußrinnen auf, aber es war nicht mehr ganz so wie früher. Kwame konnte mit all den anderen ungewaschenen Afrikanern nur freitags zum Teshi Pool gehen, wenn man das Wasser herausließ und das Becken säuberte, damit wir nicht krank wurden. In den Weihnachtsferien hatte ich etwas Neues gelernt, das sich nun zwischen uns schob.

Kwame war schwarz, und ich war weiß.

Je genauer ich die Afrikaner betrachtete, desto klarer wurde mir, wie sehr sich einer vom anderen unterschied. Nicht, daß ich sie absichtlich beobachtet hätte, aber meine Mutter tat es Stunde um Stunde, und ich schaute mir die Schwarzweißzeichnungen an, die sie von ihnen anfertigte.

Meines Wissens hatte sie in Singapur nie Angst vor den Menschen gehabt, die uns umgaben: den Malaien, Javanern, Indern und Chinesen. Aber sie hatte Angst vor den Afrikanern. Nicht nur deshalb, weil sie so viel größer und dunkler waren, manchmal sogar finster in ihrer Schwärze wie unser Gärtner Saidu Dur. Sie seien soviel *körperbetonter*, sagte meine Mutter, männlicher in jeder Hinsicht; ihr

Körper, ihr Schweiß, ihr Geruch, die Art, wie sie gingen, redeten, sangen und ihre schweren Boote in die Brandung schleuderten.

Aber wenn meine Mutter sich hinsetzte, um Afrikaner zu zeichnen, schien sie ihre Furcht vor ihnen zu verlieren. Durch das Zeichnen konnte sie offenbar das unterdrücken, was ihr an den Afrikanern Angst einjagte. Sie wurden in den Bannkreis gezogen, in dessen Zentrum meine Mutter unter einem blauen Sonnenschirm mit ihrem zusammenklappbarem Zeichentisch, Radiergummi und Stiften, ihrem Skizzenbuch auf dem Schoß und mit einer entschlossenen Miene saß. Vielleicht staunten sie einfach nur über den Anblick dieser seltsamen kleinen, weißen Frau und ihrer Apparaturen. Aber mir kam es so vor, als würden sie von meiner Mutter verzaubert.

Bei dem Versuch, etwas zu finden, das die Afrikaner tun könnten, bereiste mein Vater die gesamte Goldküste. Manchmal begleitete meine Mutter ihn auf diesen Reisen, und da sie mich nicht allein zu Hause lassen wollte, fuhr ich mit. Das waren glückliche Tage für mich, die Erfüllung der Träume des jungen Forschers. Ich saß hinten auf dem Pritschenwagen und hielt mich mit aller Kraft fest, während der Wagen Flüsse durchquerte und über Staubpfade rumpelte, die irgendwo im Busch endeten. Wir konnten in einer kleinen Gemeinde oder bei ein paar Hütten oder nur an einem leeren Platz eintreffen, der Stätte für den Brunnen, die Plantage oder die Fabrik, die der Vorstand plante, damit die Menschen etwas zu tun hatten. Während mein Vater die Eingeborenen verwaltete, zeichnete meine Mutter sie, und ich unternahm meine erste Erkundung eines Terrains, das vor mir vielleicht kein weißer Junge betreten hatte.

Vaters Blunden-Herkunft – seine Erziehung im Pfarrhaus Flint Norton, das unter der Familiengeschichte ächzte, unter all den Schränken, die mit Unterlagen von Blunden-Vorfahren und Briefen von lebenden Verwandten aus den Britischen Kolonien der ganzen Welt vollgestopft waren – könnte ihn bewogen haben, die Gegenwart immer an den Maßstäben der Vergangenheit zu messen. Vielleicht lag es auch daran, daß ein Afrikaner den anderen bei der Begrüßung unweigerlich fragte, woher er stamme. Genau das tat auch mein Vater. Das erste, was er von einem Afrikaner immer wissen wollte, war dessen Herkunft. Er sagte, kaum ein Afrikaner stamme von dort, wo er zur Zeit der Begegnung mit meinem Vater gewohnt habe.

In einem Dorf in der Zentralprovinz, weitab von den Hauptrouten, kamen die drei oder vier Leute, die mein Vater als mögliche Modelle für die Zeichnungen meiner Mutter ansprach, sämtlich aus Orten in Französisch-Togo, Hunderte von Meilen entfernt. Wie waren sie dorthin gelangt? Zu Fuß. In einem Dorf an einem See in Ashanti, angeblich dem Geburtsort der Ashanti-Nation, waren alle Leute, mit denen er redete, Fanti. Auch sie waren zu Fuß dorthin gezogen. Alle Ashanti-Modelle, die meine Mutter zeichnete, traf sie in anderen Teilen des Landes. Die Ijaw, Busanga, Busu und all die anderen Nationen, die mein Vater kannte, waren kaum jemals in ihren Heimatgebieten zu finden.

Mein Vater sagte, nachdem die Afrikaner sich einmal in Bewegung gesetzt hätten, seien sie nie mehr zur Ruhe gekommen, sondern immer weiter gewandert. All die Stämme seien durchgeschüttelt worden, hierhin und dorthin gezogen, und keiner sei noch in seiner Heimat. Alle

Bewohner des Landes hatten sich aufgemacht. Es war ein Land von Heimatlosen.

Was hatte die Afrikaner in Bewegung gesetzt, sie durchgeschüttelt und hierhin und dorthin gezogen? Etwa ein Erdbeben?

Meine Mutter sagte, alle sähen unterschiedlich aus. Manche hatten so dunkle Gesichter, daß man hätte glauben können, sie wären aus dem Schlamm ausgegraben worden. Es gab hellhäutige Afrikaner, die fast wie Europäer aussahen. Einige Afrikaner hatten platte Nasen und andere Kolben, die aus dem Gesicht herausragten. Manche hatten krauses und andere glattes Haar.

Mein Vater sagte manchmal Dinge, die ich nicht verstehen und die er nicht erklären konnte. Einmal hörte ich, wie er meiner Mutter mitteilte, er könne nicht sagen, wo Afrika sei. Als er all die Zeichnungen durchsah, die meine Mutter von Afrikanern gemacht hatte, meinte er, er wisse nicht, wer die Afrikaner seien.

An der Grenze zu Französisch-Togo traf er Vorkehrungen, damit Mutter einen *pankesihene* oder Ortshäuptling zeichnen konnte. Der Häuptling freute sich darüber, daß sein Bild von dieser kleinen weißen Frau auf Papier wiedergegeben werden sollte, aber seine Ältesten waren anderer Meinung. Da mein Vater ihre Sprache nicht kannte, mußte er einen Dolmetscher mitbringen. Sie erklärten ihm, es sei das erste Mal, daß ein *pankesihene* gebeten worden sei, für sein Porträt zu sitzen, und es gebe keine Präzedenzfälle, nach denen sie sich richten könnten.

Die Ältesten überlegten den ganzen Morgen hindurch. Wir warteten. Dann aßen wir Mittag. Der Dolmetscher teilte meinem Vater mit, die Ältesten glaubten nicht, daß ein weißer Mann zu ihnen käme, nur um ein Bild von einem Häuptling zu machen. Er müsse irgendwelche Hintergedanken haben. Vielleicht wolle er eine Holzkonzession oder Land. Sie überlegten den ganzen Nachmittag hindurch und konnten noch immer keine Entscheidung fällen.

Bei Einbruch der Dunkelheit kamen sie aus ihrer Ratsversammlung heraus und sagten meinem Vater, sie würden dem *pankesihene* nur erlauben, sein Bild auf Papier bannen zu lassen, wenn meine Mutter die Ältesten ebenfalls zeichnete. Aber sie würden für die Bilder der weißen Frau keine Holzkonzession erteilen und kein Land verkaufen. Mein Vater sagte, es sei unmöglich, Porträts von allen Ältesten zu machen. Das werde, da es mindestens fünfzehn waren, Wochen dauern.

Seine Worte lösten einen Tumult aus, der zu weiteren Überlegungen führte. Der Dolmetscher zog sich zu einer langen Beratung mit den Ältesten zurück und tauchte schließlich mit einer Entschuldigung wieder auf. Bei seiner Übersetzung hatte er recht frei formuliert und wohl den Eindruck erweckt, meine Mutter wolle ein *Foto* des Häuptlings machen. Sobald die Ältesten begriffen hatten, daß meine Mutter mindestens einen halben Tag brauchen würde, um das Bild des Häuptlings zu Papier zu bringen, hatten sie die Forderung nach eigenen Porträts zurückgezogen und der weißen Frau gestattet, ihr Bild des *pankesihene* am nächsten Morgen bei Sonnenaufgang zu machen.

Als wir unser Rasthaus erreichten, war es für mich höchste Zeit, ins Bett zu gehen. Ich war schon eingeschlafen, mein Vater trug mich aus dem Auto ins Zimmer und zog mich aus. Ich erwachte am nächsten Morgen in einem fremden Bett.

Da mein Vater und der Dolmetscher den ganzen Tag am nahe gelegenen Bauplatz zu tun hatten, setzte er meine Mutter und mich am frühen Morgen in dem Dorf ab und sagte mir, ich solle mich in seiner Abwesenheit um sie kümmern.

Alle Dorfbewohner erschienen, um zuzusehen, wie die weiße Frau das Bild ihres Häuptlings zu Papier brachte. Ein mit einem Löwenfell überzogener Thron wurde auf das Gelände getragen, und der Häuptling nahm Platz. Er wurde von einer Gruppe mit Speeren bewaffneter Ältester flankiert, die auch auf dem Bild sein wollten. Meine Mutter stellte den Männern gegenüber ihren Hocker auf, und ich setzte mich zu ihren Füßen mit einem Buch hin, das sie mitgebracht hatte, damit ich mich nicht langweilte. Mir war überhaupt nicht langweilig, sondern ich fürchtete mich. Aber ich hatte meinem Vater versprochen, mich um meine Mutter zu kümmern, und ich blieb so ruhig sitzen wie noch nie und hoffte, daß sie den Häuptling verzaubern konnte.

Sobald meine Mutter mit dem Zeichnen angefangen hatte, vergaß sie, wo sie war, vergaß die Zeit, die mit ihren Speeren hinter dem Häuptling stehenden Männer, die sich in einem Kreis um uns drängenden Dorfbewohner, die Gerüche, die Schweine, die Hunde – sie vergaß sogar mich. Mir wurde klar, daß sie mehr Mut hatte als ich. Dadurch fühlte ich mich sicherer und war sehr stolz auf sie. Trotzdem war ich erleichtert, als mein Vater zurückkehrte, erleichtert und stolz, denn er war stolz auf mich, weil ich mich in seiner Abwesenheit um Mutter gekümmert hatte.

All die heimatlosen Afrikaner, die meine Mutter zeichnete, wurden in einem Portefeuille zusammengefaßt. Vater sagte, die Sammlung sei *einzigartig* und der Vorstand solle eine Ausstellung – die Gesichter Afrikas – veranstalten.

Mutter breitete die Gesichter Afrikas überall auf dem Wohnzimmerfußboden aus, ging mit Vater hin und her und betrachtete sie, um zu entscheiden, welche in der Ausstellung gezeigt werden sollten. Isokia war eines der Gesichter oder, besser gesagt, der Beine Afrikas, ebenso wie Saidu Dur, obwohl er meiner Mutter nie Modell gesessen hatte. Sie sagte, sie habe ihn *aus dem Gedächtnis* gezeichnet. Kwame hatte ihr auch nicht gesessen, deshalb fragte ich, ob sie ihn ebenfalls aus dem Gedächtnis zeichnen könne, möglichst mit seinem Buschmesser und einer Schlange, aber aus irgendeinem Grund kam sie nie dazu. Deshalb war Kwame nicht in der Ausstellung zu sehen. Mutter wählte eine Mammy, die einen Korb mit Melonen auf dem Kopf trug, Frauen mit Turbanen aus den Gemüsefeldern, Straßenreiniger, Lastwagenfahrer, den Nachtwächter der Universität, die Sekretärin meines Vater, den *pankesihene* und den Vorstandsvorsitzenden. Vielleicht hätten nicht alle einen Namen, sagte mein Vater, aber alle hätten eine Geschichte.

Nkrumah, der neue Präsident des Landes, eröffnete die Ausstellung. Sie fand in einem der Bürogebäude statt, die man abreißen werde, wie der Vorstand sagte, wenn die Briten verschwunden seien. Nkrumah kaufte das Gesicht des *pankesihene* für fünf Pfund. Der Vorstandsvorsitzende kaufte sein eigenes Porträt. Mutter verdiente fünfunddreißig Pfund.

Die unverkauften Gesichter Afrikas kamen zu den anderen in ihrem Portefeuille, und Mutter nahm die Bilder mit, als sie in die alte Heimat zurückkehrte.

Meine Eltern gaben fünf Shilling für eine Schachtel Feuerwerkskörper aus, denn die Dixons hatten uns zu einer Abschiedsparty eingeladen. Wenn ich daran dachte, was man alles für fünf Shilling kaufen konnte, schien es mir eine gewaltige Summe zu sein. Die Feuerwerkskörper stammten aus der Gemischtwarenhandlung in der Nähe des Mammy-Lastwagendepots. In der Gemischtwarenhandlung konnte man Dinge wie Cornflakes, Erdnüsse, Bindfaden, Sardinen, Bier, Kakao, Drachen, Milchpulver und Feuerwerkskörper kaufen.

An allen Wänden des riesigen Raumes waren Regale angebracht. Vielleicht hatte er einmal zu dem Lastwagendepot nebenan gehört. Es war ein kühler, stiller Raum mit einem Betonfußboden, und er erinnerte mich ein wenig an eine Kirche. Ein einzelnes Gestell stand in der Mitte, und die Gänge zu beiden Seiten waren so breit wie Tennisplätze. Dinge in Dosen oder Flaschen waren auf den Wandregalen untergebracht. Was nicht in einer Dose oder Flasche geliefert wurde, befand sich auf dem Gestell in der Mitte. Zwischen den Waren hatte man viel Platz gelassen, um sie auszubreiten und die Regale voll wirken zu lassen, aber statt dessen verloren sich die Sachen im Raum. Manchmal spürte ich in dem Geschäft die gleiche Leere um mich herum wie draußen in Afrika. Die Häuser schienen in der Landschaft genauso verloren zu sein wie die Sachen in der Gemischtwarenhandlung, und sie sahen nicht so aus wie Orte, die ihren Bewohnern Schutz bieten konnten, sondern so, als brauchten sie selbst Schutz. Das Gefühl hatte ich bei unserem eigenen Haus nicht, denn es war von einem Garten umfriedet und stand an einer belebten Straße mit anderen Häusern in der Nähe. Aber ich hatte das Gefühl bei dem Haus, in dem die Dixons wohnten.

Sandy Dixon und sein Sohn George wohnten am Ende eines Pfades in einem einstöckigen Bungalow auf einem Hügel mit Blick auf den Ozean. Auf der einen Seite das Meer, auf der anderen der Busch. Vielleicht stand der Bungalow deshalb auf Stelzen: damit er größer aussah und seine Feinde abschreckte.

Meine Mutter dachte, es sei kein Haus, in dem ein Einzelkind heranwachsen sollte. Aber auch für seinen Vater sei es nicht sehr geeignet, da der Blick nach unten auf den Ozean ihn an den Haifisch erinnern mußte, der seine Frau gefressen hatte.

Außerdem dachte sie, wie schön es wäre, wenn Mr. Dixon sich Mrs. Backhouse *angeln* könnte, weil sie ihren Mann (niemand wußte, wo) und er seine Frau (jeder wußte, wo) verloren hatte. Alle anderen Kolonialehefrauen dachten ebenfalls, es wäre schön, wenn er sie angeln könnte, deshalb wurden sie immer gemeinsam zu Partys eingeladen. Als die Frauen Mrs. Backhouse auf der Abschiedsparty der Dixons sahen, hofften sie, wie meine Mutter bemerkte, auf die Glückliche Nachricht, daß Sandy, George und Mrs. Backhouse gemeinsam Abschied nehmen würden.

Die anderen Kolonialfrauen brachten ihre Kinder mit, von denen die meisten Mrs. Backhouse' Schüler waren. Vor Anbruch der Dunkelheit war es eine Kinderparty, aber ich wünschte mir, daß sie rasch vorüberging, denn erst wenn es dunkel war, durften wir die Feuerwerkskörper anzünden.

Mr. Dixon und Mrs. Backhouse teilten uns in Mannschaften ein, die im Busch zu Wettkämpfen gegeneinander antraten. Wir rannten um die Wette und machten Weitsprung, spielten Schlagball und Kick the Can, während den Erwachsenen auf der Veranda, von wo aus sie uns zusehen konnten, Getränke serviert wurden. Die einzigen Afrikaner auf der Party waren zwei Boys in weißen Jacken; sie trugen die Getränke auf der Veranda auf. Als wir unsere Spiele im Busch beendet hatten, servierten sie auch uns Getränke.

Dann bekam jeder von uns eine Angelrute, und wir wurden aufgefordert, am Rand der Veranda zu angeln, um zu sehen, was für Fische sich dort unten am Hügel fangen ließen. Bald holte das erste Kind eine glänzende Schachtel ein, die an den Haken am Ende seiner Schnur gebunden war. Danach ein anderes Kind und dann ich. In der Schachtel war ein Shell-Lastwagen. In meiner Aufregung vergaß ich die Feuerwerkskörper. Ich ließ den Lastwagen bei meiner Mutter und rannte durch den Bungalow und um das Haus herum zu der Seite dem Hügel gegenüber, wo die Kinder noch immer nach Geschenken angelten.

Unter dem Haus auf Stelzen standen Mr. Dixon und Mrs. Backhouse und knüpften Schachteln an die Haken der Angelschnüre. Mr. Dixon lächelte und legte einen Finger an die Lippen. Er weihte mich in das Geheimnis ein. Nur ich wußte Bescheid. Ich ging nach oben und sagte meiner Mutter, daß Mr. Dixon sich Mrs. Backhouse geangelt habe.

Alle Abschiedspartys waren etwas Besonderes, weshalb die Kinder länger aufbleiben durften. Am Ende des Abends, nach dem Feuerwerk, kam die Glückliche Nachricht. Zur Freude aller Kolonialfrauen würden Mr. Dixon, sein Sohn George und meine Lehrerin Mrs. Backhouse bald aus Afrika abreisen, um sich gemeinsam in England niederzulassen. Einige der Frauen waren so glücklich, daß sie weinten.

Im Anschluß an die Nachricht stimmte Mrs. Backhouse den Gesang von God save the Queen an, alle drei Strophen, die wir in der Schule hatten auswendig lernen müssen. Sogar die afrikanischen Boys in ihren weißen Jacken fielen mit kräftigen Stimmen ein, aber sie sangen King statt Queen, weil sie nicht wußten, daß der König gestorben war. Als die Nationalhymne endete, zündete Mr. Dixon eine letzte Rakete an, die er für diesen Anlaß aufbewahrt hatte. Alle Gäste klatschten, während kleine bunte Sternschnuppen den Himmel erhellten und über dem Meer niedergingen.

Ich kannte die goldene Kolonialregel, weshalb ich glaubte, noch Zeit zu haben. Seit hundert Jahren besagte die goldene Regel, daß Kinder, die über sieben Jahre alt waren, nicht in den Tropen bleiben sollten. Ich war sechs dreiviertel Jahre alt. Damit hatte ich noch drei Monate. Aber da Mr. Dixon sich Mrs. Backhouse geangelt hatte, wurde ihre Schule geschlossen, als sie Afrika verließ, und ich *saß nun zwischen den Stühlen*, wie meine Mutter sagte.

Man redete davon, mich nach England in die Schule zu schicken. Aber es wurde nicht offen ausgesprochen, sondern es lag in der Luft. Nachklänge davon verharrten in den Zimmern, in die ich hineinrannte, oder schienen nebenan aus dem Zimmer meiner Eltern zu dringen, wenn ich unter meinem Moskitonetz lag. Ich wußte, ich mußte wissen, daß dies mein Schicksal sein würde. Schließlich hatte ich erlebt, wie es meinen Schwestern ergangen war. Ich hatte es immer gewußt, seit dem Tag meiner Geburt und seit mein Vater mich in seiner alten Schule angemeldet hatte, aber ich wies es von mir, ich wollte es nicht glauben. Noch hatte ich drei Monate Aufschub. Alles mögliche konnte in drei Monaten passieren.

Auf dem Weg nach oben mit dem Kessel, den ich meiner Mutter manchmal für den morgendlichen Tee brachte, stolperte ich und goß mir kochendes Wasser über die Beine.

Meine Eltern rasten mit mir zum Krankenhaus in Accra. Blasen von Ballongröße bildeten sich an meinen Schenkeln. Meine Mutter besuchte mich im Krankenhaus und weinte. *Ich werde mir nie verzeihen*, sagte sie. Meine Beine sahen gräßlich aus. Ich hoffte auf eine Gnadenfrist. Aber bald schwollen die Blasen ab. Der Arzt sagte, ich könne wieder nach Hause. Meine Mutter verzieh sich.

An einem sehr heißen Tag lag ich mit meinen noch immer bandagierten Beinen unter dem Eßzimmertisch und schlief ein. Als ich erwachte, konnte ich meine Eltern im Wohnzimmer nebenan sprechen hören. Durch die Beine des Stuhles, hinter dem ich lag, konnte ich sie sprechen sehen. Es war, als könne ich sogar ihre Worte erkennen. Mein Schicksal hatte nun eine Adresse und ein Datum, in die Luft gedruckte Worte, wo sie seit langem unsichtbar gehangen hatten. Im Herbst würde ich mit der Schule in Slocum House, Bexhill-on-Sea, Sussex, England, beginnen.

Wann war der Herbst? In Afrika gab es keinen Herbst.

Ich versteckte mich im Haus und schaute in das gleißende Licht. Draußen war etwas Feindseliges zu spüren. Der wütenden Sonne folgte ein wütender Regen und weckte kräftige Düfte, die vom Garten aufstiegen – ein Wohlgeruch von Grün, den ich fast mit Händen greifen konnte, und darunter ein Fäulnisgestank aus den Abflüssen, der Gestank des verwesenden Afrika, und es schien, als hätte Afrika sich gegen mich gewandt.

Ich fühlte mich verraten.

Warum hatte ich nie mit afrikanischen Jungen spielen dürfen?

Warum hatte sich keiner der Jungen in unserem eigenen Haus je an unseren Tisch gesetzt, um mit uns zu essen?

Warum wurden keine afrikanischen Jungen zu den Abschiedspartys eingeladen?

Warum gab es keine afrikanischen Jungen in dem Club, den wir sonntags aufsuchten, um Gentlemen's Relish Sandwiches zu essen und Ingwerbier zu trinken? Mein Vater sagte, der Britische Club sei *Nur für Mitglieder*, und Afrikaner seien keine Briten – deshalb.

Eine hohe Akazie stand vor dem Club. Als wir das letztemal dorthin gingen, half mein Vater mir auf den unteren Ast, so daß ich auf den Baum klettern konnte, und meine Mutter protestierte nicht, obwohl sie es mir zuvor immer verboten hatte. Ich kletterte höher und höher. Aufgepaßt, sagte Mutter.

Ich kletterte bis zum Wipfel des Baumes, setzte mich in eine Astgabel und schaute hinunter. Dies war die Wahl, die ich getroffen hatte. Ich wollte nicht von einem Haifisch gefressen werden, sondern lieber zu Tode stürzen wie Mr. Wilkes, und dann würde meine Mutter es sich nie verzeihen können. Komm jetzt runter, sagte sie. Ich überlegte, ob ich gehorchen sollte. Von der Spitze des Baumes aus sahen meine Eltern klein aus. Sie schienen schon weit entfernt zu sein. Auch der Britische Club wirkte klein, ein kleines Gebäude, umgeben von der endlosen Weite Afrikas. Ich fühlte mich einsam dort oben und kletterte wieder hinunter.

Bis zum Herbst waren es nur noch ein paar Wochen.

Ich hatte keine Lust mehr, aus dem Haus zu gehen, und setzte meinen Tropenhelm nicht mehr auf. Mein Ehrgeiz, Forscher zu werden, war verschwunden. Kein Forscher wurde zur Schule in die Heimat geschickt. Ich war entehrt.

Nun lungerte ich zu Hause herum und fiel allen lästig. Ich hatte Tobsuchtsanfälle, wenn es Zeit war zu essen, mein Bad zu nehmen oder mich ins Bett zu legen. Ich ging meinen Eltern auf die Nerven, flehte sie an und machte schriftliche Eingaben, indem ich überall im Haus Zettel hinterließ: Will nicht nach Slocum House.

Das Kind ist em-üh-de-eh, sagte meine Mutter zu meinem Vater, während sie mir zuredete, nach oben zu gehen. Ich rief: Ich *bin* nicht müde, und sie mahnte meinen Vater: Jetzt bist du an der Reihe, und Vater versprach, er werde heraufkommen, sobald ich im Bett sei und mir eine Geschichte aus *Um das Weihnachtsscheit* vorlesen.

Er hatte das Buch von daheim in Flint Norton mitgebracht. Es war mein Tröster. Obwohl er mir die Geschichten viele Male vorgelesen hatte, liebte ich sie alle und konnte sie nicht oft genug hören.

Das Buch enthielt die Geschichte des Lehrlings, dessen Meister der Teufel war. Er ritt auf dem Pferd des Teufels mit dem Zweig und dem Wasserkrug davon, die er hinter sich warf, als ihm die Männer des Teufels dicht auf den Fersen waren, und der Zweig verwandelte sich in einen Wald, in dem sich die Hälfte der Männer des Teufels verirrte, und der Krug in einen See, in dem die andere Hälfte ertrank. Da war auch die Geschichte über den Mann, der mit seiner Frau tauschen und den Haushalt führen wollte, alles falsch anstellte und zu guter Letzt durch den Schornstein in den Brei auf dem Herd stürzte, oder die Geschichte über die Ziegenböcke und die Trolle unter der Brücke, über Per und die Hasen des Königs, über den Gierigen Jungen und über den Mann, der seinen kostbarsten Besitz verloren hatte und, um ihn wiederzufinden, den Rest seines Lebens nach einem Ort suchte, der irgendwo östlich der Sonne und westlich des Mondes liegen sollte.

Mein Vater sagte, es werde nicht für lange Zeit sein. Er sei dabei, seine Angelegenheiten in Afrika abzuwickeln. In einem Jahr oder höchstens zwei werde er nach England zurückkehren. Er werde ein Haus kaufen, und dann würden wir eine Familie mit einem Zuhause wie alle anderen sein.

Koffer tauchten im Schlafzimmer auf, nur für mich und meine Mutter, die mich zur Schule nach England bringen würde. Der alte Metallschrankkoffer, an den ich mich aus Singapur erinnerte und an dessen Seite immer noch Oberstlt. J.A.E. Blunden gemalt war, blieb im Dachgeschoß. Vater nannte ihn seinen alten Reisehund, der an seiner Seite bleiben werde, solange er in Afrika sei. Kann ich nicht dein Reisehund sein, fragte ich, und Vater tätschelte mir den Kopf. Laß uns schwimmen gehen, sagte er, ich zeige dir einen herrlichen Strand, an dem wir noch nie gewesen sind.

Wir fuhren ungefähr eine Stunde an der Küste entlang und bogen dann auf einen Weg ab, der zu einem Palmenhain unten am Meer führte. Der Sand war so weiß, wie ich ihn noch nie gesehen hatte. Der Boden unter den Palmen war übersät von Kokosnüssen und verkohlten Ästen, mit denen jemand ein Feuer gemacht hatte. Dort stand eine Hütte mit einer zerbrochenen Tür, und ein Eisenbahngleis endete an der Baumgruppe und einer Art Bahnsteig. Aber der Strand hatte sich vorgeschoben und den Bahnsteig mit Sand bedeckt – zurückgewonnen, sagte mein Vater.

Wir verbrachten den ganzen Tag am Strand, nur wir drei. Niemand sonst kam. Mutter hatte ein Picknick vorbereitet und servierte es auf einem Handtuch im Schatten des Haines.

Nach dem Lunch suchten mein Vater und ich am Strand unter einigen Felsen nach Krabben. Wir fanden jede Menge und nahmen sie in einem Eimer mit, um sie meiner Mutter zu zeigen. Während wir am Strand entlangspazierten, hielt mein Vater den Eimer mit der einen und mich mit der anderen Hand fest.

Also, sagte er mit der Energischen Vaterstimme, die er einsetzte, um wichtige Dinge auszudrücken, ich möchte, daß du ein tapferer Junge bist. Ich möchte, daß du versuchst, nicht zu weinen, denn sonst regt sich deine Mutter auf. Er erinnerte mich daran, wie tapfer ich gewesen sei, als er mich allein mit ihr in dem Dorf gelassen hatte, wo sie den *pankesihene* zeichnete. Es werde ein bißchen ähnlich sein, wenn ich mich plötzlich allein in der Schule wiederfände. Aber...

Mein Vater blieb stehen und lächelte. Ich schaute zu ihm auf und überlegte, was er sagen würde. Mein Herz schlug schneller. Er habe eine Überraschung für mich, sagte Vater. George Dixon werde dieselbe Schule besuchen. Und an den Wochenenden würde ich zu meiner Schwester Emma fahren können, die Laleham Abbey verlassen habe und nun in eine Schule ganz in der Nähe gehe.

Ich glaubte nicht, daß Slocum House im entferntesten so sein würde wie das Dorf, in dem meine Mutter den *pankesihene* gezeichnet hatte. Der *pankesihene* würde nicht dort sein und Mutter auch nicht. Die Überraschung war nicht der geringste Trost für mich. Ich hatte etwas viel Besseres erwartet, vielleicht einen Sinneswandel in letzter Minute. Mir war egal, daß George Dixon dieselbe Schule besuchte. Mir war sogar egal, daß Emma in eine Schule ganz in der Nähe ging. Ich war zutiefst enttäuscht.

Ich entzog ihm meine Hand und rannte zum Meer hinunter. Mein Vater sollte meiner Mutter die Krabben ohne mich zeigen. Das letzte Bad, rief er hinter mir her, wir brechen bald auf.

Mutter packte die Picknicksachen zusammen. Die Strahlen der untergehenden Sonne brachen durch den Palmenhain.

Wir gingen das Gleis zu der Stelle hinauf, wo der Eisenbahnwaggon stand. Mein Vater fragte, ob wir beide ihn anschieben könnten. Er lehnte sich hinten gegen den Waggon, und ich drückte gegen die Puffer. Der Waggon knarrte. Langsam geriet er in Bewegung, rollte mit einem Ächzen ein paar Meter das Gleis hinunter und kam zum Stehen.

Mein Vater schaute hinunter auf das überwucherte Gleis an dem Bahnsteig, der vom Sand verschüttet wurde, drehte sich um, um die Hütte mit der zerbrochenen Tür und den Palmenhain, über dem die Sonne unterging, zu betrachten, und sagte, mehr zu sich selbst als zu mir oder meiner Mutter: Schade, daß es nicht geklappt hat.

Erst jetzt begriff ich, daß Vater versucht hatte, hier etwas in Gang zu bringen, und damit gescheitert war. Wir stiegen ins Auto und fuhren nach Hause. Als wir dort ankamen, war es schon dunkel.

4

ES GAB ZWEI GRUPPEN von Mitternachtskindern, und sie mußten in der Nacht aneinander vorbeigegangen sein. Die eine Gruppe, die Eingeborenenkinder, kam aus dem Dunkel und ging ins Licht. Die andere Gruppe, die Kolonialkinder, kam aus dem Licht und verschwand im Dunkeln.

Suppiah, Ahmad, Sitiawa, Isokia und Kwame sahen uns in den britischen Kolonien ein sorgenfreies Leben führen. Später wünschte ich mir manchmal, sie hätten auch sehen können, was wir für ein Leben in der alten Heimat führten, wo ich mit sechs Jahren nach Slocum House in die Schule geschickt wurde.

Da er nichts Besseres zu tun hatte, kehrte manch ein Soldat oder Kolonialbeamter, nachdem er in der ersten Hälfte seines Lebens durch die Welt gestreift war, während der zweiten Hälfte heim in den frühen Ruhestand und versuchte sich am Lehrerhandwerk, um seine kümmerliche Pension aufzubessern oder überhaupt irgend etwas zu tun zu haben. Als sich das Empire seinem Ende näherte, gab es eine stetig anwachsende Zahl von militärisch gesonnenen Männern, die auf einen stetig abnehmenden Nachschub an ehemaligen Empire-Kindern warteten, Kinder, die an den Absender zurückgeschickt worden waren. Sie bedurften anscheinend in sehr jungem Alter ihrer Obhut, ihres militärischen Geistes oder wessen auch immer – jedenfalls waren sie zu jung, um von dem, was man eine gewöhnliche Schule hätte nennen können, aufgenommen zu werden.

Folglich brauchte man außergewöhnliche Schulen. Für seine einzigartige Kolonialkundschaft hatte England eine Auswahl an Hochsicherheitstrakten, sogenannten Vor-Vorschulen, zu bieten.

Die Hauptbedingung für die Betreiber solcher Schulen war eine isolierte Lage auf dem Lande, die absolute Geheimhaltung garantierte, oder andernfalls ein großes Privatgelände am Stadtrand, möglichst von einer hohen Mauer umgeben, damit niemand sehen konnte, was sich dahinter abspielte.

Slocum House war eine dieser Schulen. Gilbert & Sullivan, die Operettenkönige der Viktorianischen Ära, hätten es sich an einem ihrer melancholischeren Tage als Beispiel dafür ausdenken können, wie die Strafe dem Verbrechen angemessen werden müsse. England war voll von großen, einst luxuriösen Häusern, die mit den Einnahmen aus den Kolonien gebaut worden waren, als das Empire blühte, und die sich schwer unterhalten ließen, als das Empire bankrott ging.

Was sollte man mit diesen alten Häusern anfangen? Natürlich wurden sie zu Schulen gemacht.

Was hätte angemessener sein können, als Generationen von Kindern – die Enkel, Urenkel und am Ende die Ururenkel des Britischen Empire, Zehntausende von ihnen – zu bestrafen, indem man sie so früh wie möglich von ihren Familien trennte und sie in Häusern, gebaut mit dem Geld, das die Briten dem Empire mit redlichen und unredlichen Mitteln abgepreßt hatten, all der Bösartigkeit des Internatslebens auslieferte, die sich militärisch gesonnene Männer einfallen lassen konnten?

Alle Eltern, die es sich leisten konnten, hielten es so. Sie schickten ihre Kinder von zu Hause fort und überließen sie Privatschulen. Meine Eltern wollten nur mein Bestes und erreichten damit das Schlimmste, bescherten mir jenes Tragische Leben, vor dem mich meine Mutter doch immer bewahren wollte. Sollte ich ihr deshalb Vorwürfe machen?

Als Antwort auf eine erste Anfrage meiner Mutter habe Mr. Slocum persönlich einen ganz bezaubernden Brief geschrieben, sagte sie, voller Informationen über seine Familie und seine Schule, Slocum House.

Slocum House brachte, wie es in dem Brief hieß, seit drei Generationen Jungen und Mädchen auf den richtigen Weg. Mr. Slocums Großvater hatte die Schule kurz nach dem Ersten Weltkrieg gegründet, seine Mutter hatte sie während des Zweiten Weltkriegs übernommen und war noch heute aktiv am Schulbetrieb beteiligt. Er selbst und seine Schwester Peggy (eine ehemalige englische Hockeynationalspielerin) gehörten zum Lehrpersonal und würden kompetent unterstützt von ihrer Cousine Gracie (einer ehemaligen Wimbledon-Tennisspielerin). Es war ein herrliches, weiträumiges altes Haus mit eigenem Grundstück und zu Fuß nur zehn Minuten vom Meer entfernt. Die Schule verfügte über eine eigene Badehütte am Strand.

Mutter scheint die Tatsache nie verwunden zu haben, daß ihr Großvater Schweinefleischpasteten herstellte und daß ihre Schwiegereltern sie als Gewerbe abtaten. Ihr gefiel die Vorstellung, daß Generationen von Slocums Kinder aufnahmen, die ihr Leben in dem herrlichen, weiträumigen alten Slocum House teilten. Es klingt entzückend, sagte sie zu meinem Vater, ich glaube, die Slocums stammen aus besten Kreisen, aber mein Vater scherte sich einen Teufel um die besten Kreise. Die Blundens brauchten sich vor niemandem zu verstecken. Also beantwortete meine Mutter den Brief. Slocum House klingt genau richtig, schrieb sie Mr. Slocum, eine Schule als Familienbetrieb. Es wird so sein, als kämst du in eine neue Familie, sagte sie zu mir.

Ich fragte, wozu ich eine neue Familie benötigte, wenn ich schon eine hätte, und Mutter brach in Tränen aus.

Ich entdeckte, daß ich die Macht hatte, Fragen zu stellen, die meine Mutter zum Weinen bringen konnten, und je näher der Tag unserer Abreise kam, desto häufiger stellte ich solche Fragen, um sie dafür zu bestrafen, daß sie mich von zu Hause fortschickte.

Zwei Dinge beschleunigten unsere Rückkehr nach England. Nana hatte einen Herzinfarkt gehabt und war im Krankenhaus. Und die Liste der für meine Schulausbildung unentbehrlichen Gegenstände, die Slocum House uns geschickt hatte, war so lang, daß meine Mutter Wochen benötigen würde, um all die Sachen zu besorgen.

Da Nana im Krankenhaus lag, war das Haus in Mount

Pleasant ganz leer. Es kam mir traurig vor. Auf dem Tisch neben Nanas Lieblingssessel lagen Drahtstücke und kleine, bunt bestickte Stoffetzen – um künstliche Blumen zu basteln, sagte Mutter. Damit war Nana beschäftigt, als sie den Herzinfarkt hatte. Die Arme, sagte Mutter, es hat zwei Tage gedauert, bis sie gefunden wurde.

Um Schuhe und Schulkleidung zu kaufen, gingen wir zu Daniel Neal's. Sechs Paar Schuhe wurden für meine ersten Schritte in Slocum House benötigt. Im Untergeschoß des Ladens stand eine Maschine, in die man die Füße stecken konnte, um sie dann durch ein Guckloch zu betrachten, durch das Leder hindurch, als hätte man keine Schuhe und Socken an. Die Maschine machte die Füße grün. Man konnte mit den Zehen wackeln und es in Farbe beobachten. Der Verkäufer sagte, wenn sie die Kappe berührten, sei eine Nummer größer erforderlich.

Lassen Sie immer reichlich Platz für die Zehen, Madam, riet der Daniel-Neal-Verkäufer meiner Mutter. Der junge Gentleman wird ja bestimmt noch ein bißchen wachsen.

Mutter teilte ihm mit, ich hätte *einen sehr hohen Spann*. Dann wollen wir einmal sehen, sagte der Verkäufer, maß meinen Fuß und musterte das Band erstaunt. Ich kam mir wichtig vor. Wegen meines hohen Spanns brauchten wir den ganzen Morgen, um sechs Paar Schuhe zu finden. Schuhe, die um meinen hohen Spann paßten, ließen nicht genug Platz für die Zehen. Schuhe, die reichlich Platz für meine Zehen ließen, paßten nicht um den hohen Spann. Der Verkäufer kniete zwischen wachsenden Stapeln Schuhkartons, zog mir ein Paar Schuhe aus und ein anderes an. Die Reden über meinen hohen Spann nahmen kein Ende. Ich erzählte dem Verkäufer, daß ich auch eine Hämorrhagie und Malaria gehabt hätte und daß ich mit sechs Stichen am Kopf genäht werden mußte, nachdem ich mit meinem Dreirad in einen Abflußgraben gefahren war.

Im Obergeschoß von Daniel Neal's gab es eine Abteilung für Schuluniformen, in der wir uns den ganzen Nachmittag lang aufhielten.

Alles gab es gleich sechsfach. Sechs Garnituren warme Wollunterwäsche, sechs Paar graue Flanellshorts und -hosen, Hemden ebenso, ein Dutzend Paar Socken, zwei graue Pullover, ein graues Jackett, ein Wintermantel, Fußballshorts und Trikots. Ich konnte nicht glauben, daß all diese seltsamen Kleidungsstücke für mich waren. Sie gefielen mir nicht, ich wollte sie nicht tragen und überhaupt nichts mit ihnen zu tun haben. Schon die Idee, eine Uniform anzuziehen, war mir verhaßt.

Der Mann im Obergeschoß hatte ein Buch mit einem Verzeichnis der Mützen, Abzeichen und Krawatten von mehr als zweihundert Schulen. Er blätterte das Buch durch und fuhr mit seinem Bleistift am Seitenrand hinunter. Was für eine Menge Schulen, sagte meine Mutter – unschlüssig, ob sie die richtige gewählt hatte –, ich hatte keine Ahnung, das es so viele gibt.

Wir sind *der* Schulausstatter, Madam, versicherte der Daniel-Neal-Verkäufer.

Sie wirkte erleichtert, als er den Namen Slocum House in der Liste fand. Kleidungsstücke mit Schulabzeichen oder eigenen Mustern mußten gesondert bestellt werden. Slocum House hatte sogar einen eigenen Gürtel mit einem S für Slocum als Schnalle. Das Schulabzeichen mußte ans Jackett genäht werden. Das könne zwei oder drei Wochen dauern, sagte der Verkäufer. Man habe bei Daniel Neal's immer alle Hände voll zu tun, wenn das Schuljahr begann.

Mit der Einkaufsliste in der Hand stürzte sich Mutter

in das Gewühl in der Oxford Street, um Toilettenartikel zu suchen.

Da stand das Wort – in großen Buchstaben über dem Laden an der Ecke der Bond Street, so daß jeder es sehen konnte. Granny Blunden hätte das nicht gebilligt. Es war fast ein unanständiges Wort. Ich überlegte, was *bearak* mit meiner Schuluniform zu tun hatte. Aber dann kauften wir nur sechs Waschlappen, sechs Handtücher, Zahnbürsten und Zahnpasta, ein Seifenetui und eine Haarbürste mit einem Kamm, der in einen Schlitz in der Bürste geschoben werden konnte.

Danach gingen wir zu Selfridge's, um meinen Schrankkoffer zu kaufen. Schließlich fuhren wir nach Hause und tranken Tee. Mutter war fix und fertig.

Zu Hause gab es noch sehr viel mehr zu tun. Sie mußte mein Namensetikett an jedes einzelne Stück nähen, das wir gekauft hatten, sogar an die Waschlappen.

Die Sohlen meiner Schuhe mußten mit Nägeln in Form einer 61 – der Schulnummer, die ich in Slocum House erhalten hatte – gekennzeichnet werden. Mutter versuchte, es selbst zu machen, und setzte sich mit einem Hammer und Täcks an den Küchentisch, aber es fiel ihr schwer, die richtige Form der 6 hinzubekommen. Sie schlug sich auf den Daumen. Einige der Täcks bohrten sich durch die Sohle und ragten an der Innenseite hervor. Mutter weinte. Alles muß *ich* machen, sagte sie.

Sie steckte die Schuhe in einen Beutel und brachte sie zu Mr. Tutley, einem alten Schuster an der Abbey Road, den sie seit ihrer Kindheit kannte. Ich mußte sie überallhin begleiten, weil sie mich nicht allein im Haus lassen wollte. In drei Tagen können Sie sie abholen, Schätzchen, sagte der Schuster.

Drei Tage später kehrten wir zurück. Mutter nahm die Schuhe entgegen und musterte sie. Das ist die falsche Nummer, Mr. Tutley, sagte sie, den Tränen nahe. Sehen Sie, das ist eine 19. Der Schuster drehte die Schuhe um, und die Nummer war 61. Hängt davon ab, wie man's sieht, sagte Mr. Tutley. Nun weinen Sie nicht, liebes Kind, alles kommt in Ordnung.

Zu Hause stellte meine Mutter die sechs Paar Schuhe auf den Küchentisch und betrachtete die Sohlen mal von der einen, dann von der anderen Seite. War es eine 19 oder eine 61? Es beunruhigte sie. Es war ihr erster Gedanke am Morgen und ihr letzter am Abend.

Mutter steckte die Schuhe wieder in einen Beutel und wir gingen erneut zum Schuster.

Mr. Tutley, sagte sie, ich möchte, daß Sie einen Punkt hinter die 1 setzen, damit klar ist, daß es eine 61 und keine 19 ist. Würden Sie das bitte machen? Mr. Tutley sagte, er werde es auf der Stelle tun. Er hämmerte zwölf Punkte in die Sohlen. Das wär's, Schätzchen, zwölf auf einen Streich.

Wir fuhren mit einem Taxi nach Hause.

Ich hoffe, du weißt zu schätzen, was wir für dich tun, sagte meine Mutter. All diese Mühe und all diese Unkosten. Ich weiß nicht, wie dein Vater die Rechnungen bezahlen soll. Ich antwortete, dabei könne ich helfen. Es mache mir nichts aus, *nicht* nach Slocum House in die Schule zu gehen. Zu diesem Opfer sei ich gern bereit, dann brauchten wir keine Rechnungen zu bezahlen.

Mutter meinte, ich sei undankbar. Ich sagte, Mutter sei grausam. Wir weinten und umarmten einander. Dann tranken wir Tee.

Der Koffer war gepackt und adressiert. Eine Woche im

voraus kam ein Mann mit einem Lieferwagen, um sie abzuholen. Mir sank der Mut, als ich zusah, wie der Koffer verschwand.

In Selfridge's, wo wir den Koffer gekauft hatten, bezahlte ich zwei Shilling Sixpence für eine Glasgiraffe, die ich Nana im Krankenhaus schenken wollte. Mutter brachte ihr Obst und Blumen mit. Sie schlief, als wir eintrafen, deshalb mußten wir uns hinsetzen und warten. An der einen Seite war eine alte Dame mit Schläuchen in der Nase und an der anderen eine dicke Frau, die mit bandagierten Beinen am Bettrand saß. Vielleicht hatte sie sich genau wie ich einen Kessel mit kochendem Wasser darübergegossen. Nana schlief und schlief, und ich dachte, ob sie vielleicht *im Schlaf dahinschied* wie Grandpa Blunden. Ich wurde unruhig, und Mutter sagte, wir sollten die Glasgiraffe, das Obst und die Blumen einfach auf dem Tisch neben ihrem Bett zurücklassen, damit Nana sie vorfand, wenn sie aufwachte.

Mutter weinte während der Busfahrt nach Hause, obwohl ich nichts gesagt hatte, was sie zum Weinen hätte bringen können.

Am Morgen kam sie mit meiner Uniform ins Zimmer und sagte, ich solle sie anziehen. Heute fährst du zur Schule, mit dem Vier-Uhr-Zug von Victoria. Mutter ging gerne auf Nummer Sicher, wenn sie einen Zug erwischen mußte. Sie wollte eine Stunde vor Abfahrt am Bahnhof sein, vielleicht nach einem kleinen Mittagessen irgendwo in der Nähe, deshalb sollten wir das Haus um Punkt eins verlassen.

Ich tat, was sie sagte. Mir war inzwischen alles egal. Ich hatte aufgegeben, den Ast im Baumwipfel losgelassen und stürzte stürzte stürzte wie Mr. Wilkes.

Ich bin tot, ich bin tot.

Wir waren nicht die einzigen, die sich um drei Uhr auf dem Bahnsteig einfanden. Es war ein nebliger Londoner Nachmittag im Oktober, und die Dunkelheit brach schon herein. Eine ziemlich große Schar von Jungen und Mädchen, die alle die Slocum-House-Uniform mit dem grün und gelb gestreiften Schlips trugen, hatte sich versammelt. Drei Waggons waren für die Schule reserviert. Ich hielt mich am Mantel meiner Mutter fest und hielt, voller Mißtrauen, Abstand. Eine Frau ging herum und stellte sich den Eltern vor: eine Lehrerin von der Schule, eine langbeinige, wiehernde Frau mit einem Pferdegesicht. Bald trabte sie auch auf uns zu.

Hallo-o, wie schön, Sie kennenzulernen, ich bin Gracie Fields von Slocum House, und Sie sind ...?

Meine Mutter nannte ihren Namen und versuchte, auch mich vorzustellen, aber ich verschwand hinter ihrem Mantel.

Er ist ein bißchen schüchtern, sagte meine Mutter.

Das sind sie am Anfang wohl *alle*, sagte Gracie Fields, bis sie sich eingelebt haben.

Und die beiden plauderten munter über dies und jenes, als hätten sie einander ihr ganzes Leben lang gekannt. Ich hielt mich abseits. Verbrüderung mit dem Feind. In meinen Augen hatte meine Mutter sich des Hochverrats schuldig gemacht, und darauf stand die Todesstrafe.

Was für ein kleines Dummchen, sagte sie, nicht mit der netten Gracie Fields sprechen zu wollen. Möchtest du nicht mit den anderen Jungen und Mädchen reden?

Nein.

Meine Mutter beugte sich zu mir.

Der Zug fährt in ein paar Minuten ab. Ich gehe jetzt,

Liebling. Ich werde Nana im Krankenhaus von dir grüßen und dir jede Woche schreiben, und bald sind wieder Ferien, wirklich, du wirst überrascht sein, wie schnell die Zeit vergeht. Nicht mehr lange, und Daddy kommt aus Afrika zurück, und dann werden wir hier für immer unser eigenes Zuhause haben, das verspreche ich. Du weißt, wie sehr ich dich liebe. Nun laß dich umarmen und sei artig und steig in den Zug.

In dem Moment hörte ich auf zu wachsen. Und ich wuchs in den folgenden beiden Jahren nicht mehr, bis meine Mutter ihr Versprechen erfüllt hatte.

Ich saß im Zug und holte ein blaues Buch, auf dem in Goldbuchstaben der Titel *Robinson Crusoe* stand, aus meinem Ranzen. Ich hatte es bei Nana wiedergefunden. Es war ein Geschenk von Bob und Kiki Sawyer gewesen, aber damals hatte ich es noch nicht lesen können. Nun war die Zeit gekommen, auf Crusoes Insel zu ziehen. Ich öffnete die erste Seite, als sich der Zug ruckend in Bewegung setzte, aber bald wurde ich durch die Stimmen abgelenkt, die ich unter dem Rattern der Räder hören konnte.

Der-Regen-fängt-an,
Der-Zug-fährt-weg,
Du-Dei-wit-Boy-du-Dei-wit-Boy
Hinein-in-dein-Eck-hinein-in-dein-Eck
Auf-zur-Schule-auf-zur-Schule
Frösche-Schnecken-und-Hundeschwänze
Frösche-Schnecken-und-Hundeschwänze
Hundeschwänze
Sei-artig-oder-du-kommst-nie-wieder
Sei-artig-oder-du-kommst-nie-wieder
Slocum-House-Slocum-House

Nie-wieder-heim-nie wieder-heim
Östlich-der-Sonne-und-westlich-des-Mondes
Östlich-der-Sonne-und-westlich-des-Mondes
Dei-wit-Dei-wit-Dei-wit
Dei-wit-Dei-wit
Dei-wit

Mr. Slocum war Anfang Dreißig, ein stattlicher junger Mann und doch bereits ein alter Soldat, ein Kriegsveteran mit einem Holzbein. Er stand unter dem Vordach von Slocum House und beobachtete uns, wie wir eintrafen. Der Daumen der einen Hand war in seine Westentasche gehakt, die andere Hand hielt eine Zigarette.

Seine Cousine Gracie führte uns in ein großes Zimmer, zählte uns und verglich unsere Namen mit denen auf einer Liste. Vier von uns wurden aufgefordert zu warten, während die übrigen mit Gracie zum Abendbrot gehen sollten. Mr. Slocum erschien, gleich nachdem sie das Zimmer verlassen hatten, im leeren Türrahmen. Er marschierte durch die Tür und rückte mit einem Knarren und einem dumpfen Schlag – das Holzbein hob sich und sauste nieder – ins Zimmer vor.

Na, wer von euch vier Jungen ist Benn?

Der dunkelhäutige, mausartige Junge neben mir hob den Arm.

Gut. In alphabetischer Reihenfolge, sagte Mr. Slocum. Blunden? Die Brüder Mullen, Christophorus und Patrick? Zwillinge, eh? Hier werden wir euch Mullen C. und Mullen P. nennen. Ist das klar? Also, ich bin ein fairer Mann. Bei mir wißt ihr immer genau, woran ihr seid. In diesem Jahr seid ihr hier die Neuen. Ihr werdet bestimmt Heimweh haben. Darüber kommt ihr schon hinweg. Wenn ihr euch benehmt und gehorcht, werden wir in Slocum House prächtig miteinander auskommen. Wenn nicht, kriegt ihr was ab, was euch nicht gefallen wird. Ist das klar? Los jetzt, zum Abendbrot mit den anderen. Geradeaus und dann die Stufen runter. Auf geht's.

Wir vier bahnten uns einen Weg durch eine Reihe kalter, dunkler Zimmer in Richtung des Lärms, den wir irgendwo am Ende hörten. Eine Treppe führte hinunter in einen Speisesaal, wo die anderen Kinder beim Abendbrot saßen. Gracie begleitete uns zu einem Tisch, und wir nahmen vor Brot und Marmite und einem Glas Milch Platz. Beeilt euch, sagte Gracie. Die Hausmutter wartet darauf, oben im Schlafsaal bei euch Maß zu nehmen.

Nur Benn aß etwas. Ich trank meine Milch. Die Mullen-Zwillinge aßen und tranken überhaupt nichts.

Gracie läutete einen Gong und sagte: Für das, was wir empfangen haben, mache der Herr uns wahrhaft dankbar. Ich fragte mich, ob der Herr die Mullen-Zwillinge wahrhaft dankbar machen würde, obwohl sie gar nichts empfangen hatten. Alle Kinder sagten amen und rannten die Treppe hinauf. Wir folgten ihnen zurück durch die dunklen Zimmer und über mehrere Stufen zu einem langen Treppenabsatz, der den Schlafsaal der Mädchen von dem der Jungen trennte.

Es gab zwei, den vorderen Schlafsaal für Jungen im zweiten Jahr und den hinteren Schlafsaal, wo wir mit sechs anderen Neuankömmlingen untergebracht waren. Eine massige, rotgesichtige Frau in einer kurzärmeligen weißen Bluse und einer seltsamen Flügelhaube, die aussah, als werde sie gleich von ihrem Kopf abheben, stand, die Arme in die Seite gestemmt, in der Tür zwischen den beiden

Schlafsälen und beobachtete den Ansturm der Kinder um sich herum.

Während wir uns bis auf die Unterhosen auszogen, ging die Hausmutter an den Waschbecken im hinteren Teil des Schlafsaals entlang und goß aus einem Krug Wasser in sie hinein. Sie befahl uns, unsere Kleidung zusammenzufalten und auf den Stuhl am Fußende des Bettes zu legen. Sobald wir damit fertig waren, wollte sie uns wiegen und messen. Sie hielt eine Stange mit einer Querlatte hoch, unter die wir uns stellen mußten. Dann las sie Fuß und Zoll an einer Skala an der Stange ab und trug die Zahlen in ein Buch ein. Kirby war der größte Junge im hinteren Schlafsaal und Benn der kleinste. Ich war der zweitkleinste, einen Viertelzoll größer als Benn.

Nachdem wir gewogen und gemessen worden waren, sagte die Hausmutter, wir sollten uns an den Becken waschen, erst das Gesicht, dann Hände und Füße und besonders gründlich zwischen den Zehen. Wir stellten uns in einer Reihe auf und hielten ihr die Füße zur Inspektion hin. Dann putzten wir uns die Zähne, zogen unseren Pyjama an, knieten uns an die Seite des Bettes und sagten unsere Gebete. Nachdem die Hausmutter die Lichter ausgemacht hatte, durfte niemand mehr reden oder aufstehen. Sie wünschte uns eine gute Nacht und schloß die Tür hinter sich.

In den ersten paar Nächten lagen alle im Bett und weinten sich in den Schlaf. Im hinteren Schlafsaal erhoben sich kleine Hügel von schluchzenden, heimwehkranken Kindern in mehreren Bettreihen, wie auf einem Friedhof von Kindern, die ihren eigenen Tod beweinten.

Sogar Kirby schniefte in dem Bett an der Tür, und er war fast acht Jahre alt und schon ein Jahr in Slocum House.

Die Mullen-Zwillinge, besonders Mullen C., weinten am heftigsten, obwohl sie einander hatten. Mullen C. heulte sich jede Nacht lautstark in den Schlaf, bis Kirby ihm befahl, mit dem Plärren aufzuhören, und Mullen P. zu seinem Bruder ins Bett kriechen mußte, um ihn zu trösten. Ich und Benn im Eckbett neben mir weinten unter den Decken, weil es so kalt war, weshalb uns wahrscheinlich niemand hörte. In den ersten Wochen, bevor ich mich mehr oder weniger an die Kälte gewöhnt hatte, vergrub ich mich am Fuß meines Bettes und tauchte erst am folgenden Morgen wieder auf.

Obwohl mein Heimweh nicht nachließ, hörte ich auf zu weinen, denn ich gewöhnte mich an das Heimweh wie an die Kälte, und es ließ die gleiche Taubheit zurück – nicht Schmerz, sondern etwas, das man als Schmerz empfinden würde, wenn man zu lange darüber nachdachte.

Als wir aufhörten, nach dem Löschen der Lichter zu weinen, begannen wir, miteinander zu schwatzen und Spiele zu spielen, bei denen wir Gegenstände von Bett zu Bett warfen, um dann aufzustehen und die Geschosse einzusammeln, wenn sie ihr Ziel nicht erreicht hatten. Kirby erzählte Gespenstergeschichten und zeigte uns, wie man Fusselkugeln herstellt, indem man die Wolle oben von der Decke abrupft und sie zusammendrückt. Wir bliesen die Fusselkugeln um die Wette durch den Schlafsaal, um zu sehen, wie lange wir sie in der Luft halten konnten. Dafür mußten wir das Bett verlassen.

Ich hörte nicht einmal, wie Mr. Slocum die Tür öffnete, sondern merkte erst, daß er im Schlafsaal war, als er das Licht anknipste und mich fragte, was ich neben meinem Bett zu suchen hätte.

Nichts, sagte ich, denn ich ahnte, daß es gegen die

Slocum-House-Regeln verstieß, Fusselkugeln aus Schuldecken zu machen. Wir sehen uns bei der Morgenparade, sagte Mr. Slocum und befahl mir, mich wieder ins Bett zu legen. Er machte schwungvoll kehrt und schloß die Tür. Ich konnte hören, wie er durch den vorderen Schlafsaal stampfte.

Wie war es möglich, daß ich das Knarren und Stampfen von Mr. Slocum auf seinem Weg *herein* nicht gehört hatte?

Warum war ich der einzige, der nicht im Bett war, als er eintrat? Warum *ich*?

Warum hatte Kirby mich nicht gewarnt?

Jetzt bist du dran, sagte Kirby, als es zu spät war. Aus seiner Stimme sprach hämische Freude. Ich vergrub mich am Fuß meines Bettes, um vor dem Schreckgespenst von Mr. Slocum zu fliehen, aber es folgte mir in den Schlaf.

Der alte Soldat nahm jeden Morgen die Parade ab, wenn wir auf dem Weg zum Frühstück im Gänsemarsch durch die Bibliothek gingen. Er saß an einem Tisch am Fenster, aß seinen Porridge, trank seinen Tee und beobachtete uns über seine Brillengläser hinweg.

Guten Morgen, Sir!

Wir hofften, ihn unter der Tarnung eines Chors munterer Morgengrüße besänftigen und unbemerkt vorbeischlüpfen zu können. Aber Mr. Slocum sah alles. Er brauchte dich nicht heranzuwinken, wenn er bei der Morgenparade aus irgendeinem Grund mit dir sprechen wollte, denn er konnte dich allein durch die Anziehungskraft seines Blicks aus der Reihe herausholen. Du wurdest förmlich in sein Sichtfeld hineingezogen.

Was hast du gestern nacht neben deinem Bett zu suchen gehabt, Blunden?

Ich stellte mir vor, daß Onkel Douglas so ausgesehen

haben könnte: blaue Augen, glattrasiertes Gesicht, ein schnurgerader Scheitel, der Blick, dem man nicht entging. Hier saß der Chef der Kinderpolizei, der dich durch die Rauchfahne musterte, die von der Zigarette zwischen seinen Fingern aufstieg.

Nichts, Sir.

Dir gehört der Kopf durchgepustet. Hast du Fusselkugeln aus den Decken gemacht?

Nein, Sir.

Doch.

Seine sonore, kernige Stimme verriet träge Zufriedenheit.

Wenn ich etwas nicht leiden kann, alter Knabe, dann ist's ein Junge, der mich belügt. Komm nach dem Frühstück in mein Arbeitszimmer, und wir gehen mit dem Hund spazieren.

Mr. Slocum nickte, um zu zeigen, daß das Gespräch beendet war, und ich ging weiter in den Speisesaal.

Als ich mich zu Benn, den Mullen-Zwillingen und dem Mädchen mit der blonden Ponyfrisur, das Joanna hieß, hinsetzte, wollten sie wissen, was Mr. Slocum gesagt hatte. Ich antwortete, er habe eigentlich nichts Schlimmes gesagt. Er wolle nur, daß wir beide mit dem Hund spazierengingen. Ich gab mich tapfer, aber ich hatte ein unbehagliches Gefühl und aß kaum etwas von meinem Frühstück.

Danach mußten wir zum Spielen hinaus in den Garten, bis es Zeit für den Unterricht war. Ich wußte nicht, ob ich mit den anderen spielen oder vor Mr. Slocums Arbeitszimmer warten sollte, deshalb lungerte ich am Schuleingang herum, von wo aus ich die anderen Kinder spielen sehen und gleichzeitig Mr. Slocums Arbeitszimmer im Auge behalten konnte.

Eine Glocke klingelte, und alle rannten ins Haus. Bald waren sie verschwunden und hatten ihren schutzbietenden, freundlichen Lärm mitgenommen. Ich blieb auf dem stillen Flur vor Mr. Slocums Arbeitszimmer und erwartete fast, daß der rotbeinige Scherenmann mit seiner spitzen Scher' herausspringen würde. Die *geschlossene* Tür sah bedrohlich aus, weil ich so große Angst vor dem hatte, was geschehen würde, wenn sie sich *öffnete*.

Die Tür ging plötzlich auf, und dort stand er. Komm rein, sagte Mr. Slocum.

Ich trat ein, und er schloß die Tür. Es war ein dunkles, altes englisches Arbeitszimmer mit den abgenutzten Möbeln und den tiefbraunen Gerüchen, die ich vom Arbeitszimmer meines griesgrämigen Großvaters in Long Acre kannte. Ich schaute mich nach dem Hund um und konnte keinen entdecken. Wo ist der Hund, mit dem wir spazierengehen, fragte ich Mr. Slocum. Er hatte mir den Rücken zugewandt und nahm etwas von einem Haken an der Rückseite der Tür. Als er sich umdrehte, sah ich, daß er eine Hundeleine in der Hand hielt.

Bei mir ist das *nur so eine Redensart*, alter Knabe, sagte Mr. Slocum mit seiner rauhen, immer noch leutseligen Stimme. Wenn ich sage, daß wir mit dem Hund spazierengehen, meine ich nämlich, daß ein Junge eine Tracht Prügel bekommt, damit er lernt, nicht aufzustehen und nicht zu lügen. Los, beug dich über den Stuhl da.

Als ich mich über den Stuhl beugte, wurden die tiefbraunen Gerüche plötzlich viel intensiver, und alle möglichen Gedanken schwirrten in meinem Kopf herum: verbotene Dinge in Long Acre, aber auch ein Bild von Victor, der bei einem Weitsprung in Nanas Hintergarten durch die Luft sauste. Zu meiner Überraschung spürte ich, wie mir das Hinterteil schmerzte und wie Victor mehrere Male stürzte, und ich wimmerte nicht so sehr deshalb, weil es weh tat, sondern weil ich nicht verstand, was vor sich ging.

Meinen Hintern festhaltend, damit er nicht abfiel, schlich ich durchs Gebäude und suchte mein Klassenzimmer, wo ich mich bei der Lehrerin für meine Verspätung entschuldigen sollte, wie mir Mr. Slocum befohlen hatte, als er mich aus seinem Arbeitszimmer entließ, und ich sollte ihr den Zettel geben, den er zur Erläuterung geschrieben hatte.

Es war seine Aufgabe, uns zu bestrafen. Das war die einzige Erklärung. Den Eltern mag der Schulleiter wie ein ruhiger, freundlicher Mann erschienen sein, aber wir Kinder bekamen eine andere Seite zu sehen.

Er teilte Ohrfeigen aus, manchmal mit solcher Wucht, daß das Kind vom Stuhl fiel, er zog an den Haaren, packte Ohren mit Daumen und Zeigefinger und drückte zu, legte die Kinder übers Knie und versohlte ihnen den Hintern, wenn sie sich begriffsstutzig zeigten, und in ernsteren Fällen griff er zu der Hundeleine. Wir sahen ihn so, wie er war, weil wir so viel enger mit ihm zusammenlebten. Er war nicht bösartig. Es war seine Aufgabe, uns zu bestrafen, und wenn ihm das Spaß machte, hätte uns das auch nicht überrascht.

Ich haßte Mr. Slocum nicht. Auf irgendeine Art, die nichts mit mir zu tun hatte, konnte ich erkennen, daß er kein böser Mann war. Doch zu den Kindern in seiner Obhut hatte er ein besonderes Verhältnis. Was uns mit ihm verband, war die Strafe. Wir akzeptierten sein Recht, uns so zu behandeln. Schließlich war das auf mysteriöse Weise der Grund dafür, daß man uns nach Slocum House geschickt hatte – um von Mr. Slocum bestraft zu werden.

Er unterrichtete Mathematik, Geschichte, Latein, Boxen, Kricket und Fußball, aber das alles waren nebensächliche Aktivitäten, die seine Hauptaufgabe der Bestrafung nur unterstützten. Umgeben von seiner Herde unterwürfiger Stuten – Gracie, Peggy, Noreen, die Hausmutter und die alte Mrs. Slocum selbst –, bäumte er sich auf, ihr Hengst, um seine Männlichkeit durch die Kraft, mit der er Strafen verabreichte, zu beweisen. Auch wir wurden ein Teil der Herde, der bestrafte Teil.

In der Schule ging die Idee um, eigentlich eher ein Gefühl, daß wir Kinder von Mr. Slocum bestraft werden mußten, um den Verlust seines Beines auszugleichen.

Näher hätten wir diesem Bein nicht kommen können. Er saß weit hinter dem Schreibtisch, an dem er unterrichtete, so daß er genug Platz hatte, Kinder übers Knie zu legen und sie zu verprügeln – drei oder vier in jeder Stunde. Er legte dich ganz vorn über sein Knie, so daß du, wenn du dich vorbeugtest, an deinem Arm das Holzbein in seiner Hose spürtest. Fast rieb er sich an dir, so daß du es spüren mußtest. Auf seinem Knie liegend, konntest du auch die Männlichkeit spüren, die ihn von seinen harmlosen, unterwürfigen Stuten unterschied und die irgendwie mit seinem Holzbein zu tun hatte.

Also, Mullen P., dir gehört der Kopf durchgepustet. *Amo, amas, amat*. Schaffst du das nicht, du Trottel?

Nein, Sir.

Das wirst du schon noch, wenn ich dabei ein Wörtchen mitzureden habe, Mullen P. Ist das klar?

Ja, Sir.

Mädchen wurden nie verprügelt. Mr. Slocum war stolz darauf, ein englischer Gentleman zu sein. Er schlug Frauen nicht, gleichgültig, wie alt sie waren. Statt dessen wurden sie in die Verbannung geschickt. Niemand durfte mit einem Mädchen in der Verbannung sprechen, kein einziges Wort, ein oder zwei Tage, in ernsten Fällen sogar eine ganze Woche lang. Ein in die Verbannung geschicktes Mädchen mußte irgendwo außer Sichtweite sitzen und seine Aufgaben allein machen.

Im vorderen Schlafsaal gab es große Jungen wie Arthur, die behaupteten, daß sie nachts manchmal aufstanden und zur Brücke gingen, von wo aus sie sehen konnten, wie Mr. Slocum sein Bein am Bettende aufhängte.

Die Brücke war ein erhöhter Teil des Korridors, der den Flügel von Slocum House, in dem die Mädchen schliefen, mit dem anderen verband, wo die Jungen ihre Schlafsäle hatten. Wer auf der Brücke stand, konnte, wenn er groß genug war, direkt in Mr. Slocums Schlafzimmer schauen. Die kleineren Jungen knieten sich abwechselnd hin, damit andere auf ihren Rücken steigen und auch einen Blick hineinwerfen konnten, aber das war früh am Abend, bevor wir ins Bett mußten, so daß wir Mr. Slocum nie in seinem Zimmer sahen und auf Arthurs Behauptung vertrauen mußten.

Kirby war zwar nicht so groß wie Arthur – Arthur war fast neun und Kirby noch keine acht Jahre alt –, doch groß für sein Alter, und er konnte fast in Mr. Slocums Schlafzimmer hineinschauen. Wenn er nach den Ferien in den vorderen Schlafsaal umzog, würde er es wahrscheinlich schaffen, ohne sich auf die Zehenspitzen stellen zu müssen.

Kirby und Fowler waren die einzigen Jungen in der Schule, die gegen Arthur boxen konnten. Mr. Slocum gefiel es, uns kämpfen zu sehen. Alle Jungen mußten zweimal in der Woche boxen.

Die Kämpfe fanden in einem Zimmer statt, das man den *alten Salon* nannte. Es war ein leerer Raum mit einem nackten Holzfußboden und einem Erkerfenster mit Blick auf die Auffahrt vor dem Haus. Boxhandschuhe waren über Pflöcke an der Wand gestülpt. Für die größeren Jungen gab es zwei neue Paare, rot und glänzend, die nicht geschnürt zu werden brauchten, dazu zwei übelriechende alte, schwarze Paare mit Schnüren. Mr. Slocum wählte die Handschuhe für dich aus, zog sie dir an, schnürte sie fest, bestimmte einen Sparringpartner und sagte *Box!* als Startzeichen für den Kampf.

Immer wenn er mich in den Ring schickte und *Box!* sagte, hatte ich ein bißchen Angst. Mit der Zeit gewöhnte ich mich an das Gefühl wie an alles andere in Slocum House.

Mr. Slocum fing mit den kleinsten Boxern an. Ich boxte gegen Benn, die Mullen-Zwillinge und einen kanadischen Jungen namens Colin Kawk, der später mein bester Freund wurde, nachdem wir einander ein halbes Jahr lang verdroschen hatten. Los, schlag zu, sagte Mr. Slocum, wenn wir zunächst etwas zögerten. Dann sprangen wir herum und knufften einander mit aller Kraft, aber nur geringer Schaden wurde angerichtet. Zu ernsteren Schäden – Nasenbluten, geschwollenen Ohren, gelegentlich ging einer gar zu Boden – kam es in den Kämpfen gegen Arthur.

Arthur hatte das Privileg, als einziger Junge in Slocum House mit seinem Vornamen angesprochen zu werden. Das war sonst nur bei den Mädchen der Fall, denn Vornamen galten als unmännlich. Aber man machte eine Ausnahme für Arthur, den fast neunjährigen Präfekten von Slocum House. Arthur war bestimmt nicht unmännlich, und im nächsten Schuljahr würde er in Eton in die Unterstufe eintreten. Er war der größte unter uns, er hatte die besten Spielsachen, darunter eine Rakete aus Amerika, und er war der beste Boxer. Nur Fowler konnte es mit ihm aufnehmen.

Hin und wieder stellte Mr. Slocum Kirby gegen ihn in den Ring, und Arthur vermöbelte ihn jedesmal. Kirby hatte eine Haarsträhne, die ihm in sein rotes Gesicht fiel und die er dauernd mit seinem Boxhandschuh hochschob. Er tänzelte auf seinen dünnen Beinen, und sein rotes Gesicht wurde noch röter, während sich Arthur mit bleichem Gesicht kaum bewegte. Arthur beobachtete ihn und schlug zu. Kirby konnte tänzeln, soviel er wollte, Arthur erwischte ihn immer. Ab und zu gelang Kirby ein Hieb, was Arthur wütend, seine Fäuste schneller und seine Schläge härter machte. Kirbys Nase blutete.

Stop! rief Mr. Slocum.

Er fragte Kirby, ob alles in Ordnung sei, und dieser nickte. So ist's richtig, sagte Mr. Slocum.

Box!

Mr. Slocum behandelte uns am herzlichsten, wenn wir für ihn boxten. Meine *Gladiatoren* nannte er uns. Er war Trainer und Ringrichter in einem, verteilte Lob und Hohn und stampfte schattenboxend herum, während er uns zuschaute. Schlag zu! So ist's richtig! Auf die Nase! Gib's ihm! Kein Gladiator blutete mehr für Mr. Slocum als Kirby, und keiner, nicht einmal Arthur, erhielt mehr Lob von ihm.

Von Zeit zu Zeit wurden die Kämpfe unterbrochen, damit Mr. Slocum uns eine Rede über die Kunst des Boxens halten konnte.

Warum sei Kirby, obwohl nicht der beste Boxer, der beste Kämpfer? Mut. *Mumm.* Gegen Arthur, einen größeren und stärkeren Gegner, sei Kirby unweigerlich im Hintertreffen, aber er gebe nie auf. Wenn Mr. Slocum etwas nicht leiden konnte, dann Jungen ohne Kampfgeist. Winston Churchill und General Slim, unter dem Mr. Slocum persönlich im Dschungel von Burma gedient hatte. Genau das war es: *Kampfgeist*. Deshalb hatte England den Krieg gewonnen.

Box!

Nachdem ich erfahren hatte, daß Mr. Slocums Bein, wenn es nicht schon völlig verfault war, noch irgendwo im Dschungel von Burma herumlag, verspürte ich weniger Unbehagen gegenüber dem hölzernen, das er statt dessen in der Hose hatte. Allmählich fügte er sich zusammen, Stück um Stück. Und das war mir das größte Rätsel: Obwohl mir in Slocum House elend zumute war, obwohl ich das Boxen ablehnte und mindestens einmal im Monat den Hund mit Mr. Slocum spazierenführen mußte, hegte ich keinen Groll gegen diesen Mann, den ich hauptsächlich für mein Unglück verantwortlich machte.

Warum nicht?

Wie Mr. Slocum am Abend unserer Ankunft gesagt hatte: Bei ihm wußte man immer, woran man war. Er tat, was er sagte, und er sagte, was er tun würde.

Quatsch. Tatsch. Patsch. Klatsch. Mr. Slocums Sprache explodierte, kurz und eindringlich, als niese er. Seine Worte prasselten auf uns ein, schnell und scharf wie die Hiebe eines Boxers. Einsilbige Zurufe unterstützten die Schläge und schienen mit der Faust ins Gesicht des Gegners zu fliegen. Es gab keine Lügen, keinen Hintersinn, nichts, was unter den Teppich gekehrt wurde. Mr. Slocum zerrte alles ans Licht.

Er bestrafte mich oft. Er bestrafte uns alle, und es tat weh, und in meiner Phantasie rief ich manchmal den lachenden

Spen herbei, damit er mich rächte und ihm etwas auf die Nase gab, aber ich hatte keine Angst vor Mr. Slocum. Er war viel strenger als mein Vater, aber der Unterschied bestand in seinem Tonfall, der ganz anders war als die Sehr Kalte Stimme meines Vaters. Nicht Mr. Slocum erwies sich als der große Nikolas, sondern mein Vater.

Das war die erste, recht unerwartete Lektion, die ich in Slocum House lernte.

Ganz langsam und ohne sein Wissen verwandelte sich mein Vater in den lachenden Spen, ich verlor einen imaginären Bruder und gewann einen imaginären Vater.

Bis zu meinem Eintreffen in Slocum House hatte ich mein Leben mit meinen Schwestern, mit Erwachsenen oder allein verbracht. Nun war ich zum erstenmal Tag und Nacht von anderen Kindern umgeben. Neue Regeln mußten gelernt werden. Während es die Gewohnheit meines Vaters gewesen war, Afrikaner zu begrüßen, indem er sie nach ihrer Herkunft fragte, war es bei Kindern in den englischen Vorbereitungsschulen Brauch, einander mit der Frage zu begrüßen: Was macht dein Vater? Wer den Vater einschätzen konnte, wußte sich auch ein Urteil über den Sohn zu bilden. Konnte er sich sehen lassen?

Als Benn mir eines Abends im Schlafsaal diese Frage stellte, antwortete ich, mein Vater sei ein Afrikamann – eine Antwort, die mir in ihrer Einfachheit fabelhaft vorkam. Benn sagte, sein Vater sei ein Indienmann. Wir beide dachten eine Weile nach, verglichen im Geist einen Afrikamann mit einem Indienmann und rätselten, welcher Vater nun besser war.

Für diese Entscheidung bedurfte es weiterer Einzelheiten.

Benn war im Himalaja geboren worden und bis zu seinem sechsten Jahr in Kalkutta aufgewachsen. Seine Mutter war bei seiner Geburt gestorben. Sein Vater hatte als Oberst bei der indischen Armee gedient und war nach der Unabhängigkeit der größte Lieferant für Kricketausrüstungen in Indien geworden. Benn hatte nicht nur persönlich Bekanntschaft mit Kobras und einem halben Dutzend anderer tödlicher Schlangen gemacht, deren Namen er herunterrasseln konnte, sondern er war auch bei einer Tigerjagd mit seinem Vater auf einem Elefanten geritten, besaß ein Polopferd, wohnte in einem Palast und beherrschte drei indische Sprachen.

Mein Vater konnte nicht mit einem Oberst mithalten, denn er war nur Oberstleutnant gewesen, und da meine Mutter noch lebte, konnte sie nicht mit einer toten Mutter mithalten. Ich hatte weder Schlangen noch Tigerjagden vorzuweisen, die sich mit denen Benns messen konnten. Das Beste, was ich aufzubieten hatte, waren Isokia und ein paar tote Pythons. Also tastete ich mich behutsam vor. Mein Vater arbeitet für die Regierung, sagte ich, in Afrika, aber auch anderswo. Ich hütete mich, mehr zu verraten, und infolgedessen sollte sich das Leben meines Vaters ändern.

Nach diesem Gespräch mit Benn begriff ich, daß es nötig war, meinem Vater ein wenig auf die Sprünge zu helfen und ihm ein spannenderes Wirkungsfeld als Kakao zu verschaffen. Da er für die Regierung arbeitete, schickte ich ihn bald auf geheime und zunehmend gefährlichere Missionen.

Jetzt war es nur noch ein kurzer Schritt für meinen Vater, Berufsspion zu werden.

An dem Tag, an dem ich Benn erzählte, wie mein Vater

von der Regierung beauftragt worden sei, den Schlüssel zu den Ashanti-Goldbergwerken zu stehlen, und wie er seine Verfolger mühelos abgeschüttelt habe, bahnte sich seine Wiedergeburt als lachender Spen bereits an: mein unerschrockener Vater, immer scherzend und vergnügt, o ja, nie fern von mir (selbst wenn er aus Gründen der Geheimhaltung unsichtbar bleiben mußte). Aber dann tauchte er aus heiterem Himmel auf und überschüttete mich mit wunderbaren Spielsachen, sogar mit der Spitfire, die er unglücklicherweise an dem Tag, als wir das Spielzeuggeschäft an der Abbey Road stürmten, vergessen hatte.

Was die anderen Jungen im hinteren Schlafsaal anging, so war der Vater der Mullens Geschäftsmann auf Malta, der von Rory McClure Arzt in Schottland, der von Kirby Fabrikant in Manchester, und Colquhoun, wegen seines Zuckens als Pogo bekannt, kurz für *Pogo der Springstock*, hatte einen Vater, der in Tasmanien eine Obstfarm hatte. Benn und ich stimmten darin überein, daß unsere Väter alle übrigen im hinteren Schlafsaal übertrumpften.

Das war, bevor ich Colin Kawk kennenlernte, der in Slocum House mein bester Freund werden sollte.

Dein engster Vertrauter wurde gezwungenermaßen entweder der Junge, der nachts im Schlafsaal neben dir lag, oder der, der tagsüber im Großen Zimmer einen Spielzeugspind mit dir teilte. Ich teilte meinen mit Colin Kawk. Das Große Zimmer war der Raum, wo wir uns nach dem Mittagessen zum Ausruhen auf den Boden legten, wo einmal im Monat Tanzunterricht stattfand und dreimal im Jahr ein Film vorgeführt wurde und wo sich alle Schüler gelegentlich zu einer Ansprache von Mr. Slocum versammelten. Hauptsächlich diente es aber als unser Spielzimmer, Marktplatz und Basar, auf dem wir Besitztümer austauschten. Die Jungen schleuderten Modellautos und Schimpfwörter aus ihrem Lager an einem Ende des Raumes über den Parkettboden hinweg in Richtung der Mädchen, die sich, immer ein wenig heimlichtuerisch, am anderen Ende eingerichtet hatten.

Als ich Colin Kawk fragte, was sein Vater mache, grinste er und antwortete, sein Vater mache gar nichts. Er sei ein reicher Mann. Diese Antwort brachte mich aus der Fassung. Wie war ein Vater einzustufen, der überhaupt nichts machte? Reich zu sein und nichts zu tun paßte nicht in das englische Muster der Dinge, das ich von Großmutter Nr. 1 und 2 übernommen hatte. Aber Colin Kawk war Kanadier und vielleicht deshalb anders.

Zuerst mochte ich ihn, weil mir sein lustiger Name gefiel. Dann mochte ich ihn, weil wir einen gemeinsamen Spind hatten und Colin immer nett war. Er besaß eine Aufgeschlossenheit, die englischen Kindern – aus Gründen, die ich nur zu gut kannte – fehlte. Vielleicht wurde ich durch den Glanz von Colins Spielsachen verführt, die höchstens den Panzerkorps und den Luftlandedivisionen von Arthur nachstanden und die er großzügig, geradezu unbekümmert mit mir teilte.

Ich war fasziniert von seinem schleppenden Tonfall, von den mir neuen Worten wie *Typ* und *Kinderkram*, von anschaulichen Fäkalwendungen wie *einen Haufen hinsetzen*, von seiner Verachtung für unsere englischen Spiele wie Fußball und Kricket und von seinem festen Glauben an die Überlegenheit seines eigenen Spieles, Hockey – wobei es sich so selbstverständlich um Eishockey handelte, daß er es nicht einmal erwähnte. Colin Kawk war die Miniaturausgabe eines Eishockeyspielers, ein kompakter, stämmiger Junge mit rundem Gesicht und einem plattgedrückten

Kopf, der aussah, als wäre er praktisch vom Tag seiner Geburt an durch einen Helm eingeengt worden. Kawk, ausgesprochen *Kork*, war genau der richtige Name für diesen Jungen.

Colin schien in der Schule eher zuzuschauen, als etwas zu lernen. Er beobachtete die Vorgänge in Slocum House mit einer belustigten Miene, als hielte er sie kaum für möglich. Er duldete die Schule, aber er wußte, daß dies nicht das wahre Leben war. In den Ferien wohnte er bei seinen Eltern in Paris, aber auch das war nicht das Wahre. Colin lag sozusagen auf Eis und wartete auf seine Rückkehr nach Kanada, wo sein wahres Leben als Hockeyspieler beginnen würde.

Wenn Peggy Slocum mit einem Lacrosse-Schläger in der Hand in ihrem Trägerrock über das Spielfeld sprintete und ihren kleinen Mädchen beizubringen versuchte, wie man rasche Übergaben macht, sah Colin Kawk am Spielfeldrand mit einem Grinsen zu und ließ höhnische Bemerkungen fallen.

Als sich die Fenster unseres ungeheizten Schlafsaals eines Morgens beschlugen und das Eis draußen an der Scheibe wirre Splittermuster hinterließ, kam die Hausmutter herein und sagte, Väterchen Frost habe uns wohl während der Nacht einen Besuch abgestattet. Wer ist Väterchen Frost, fragte Colin Kawk. Es war so kalt, daß Mr. Slocum alle Schüler im Großen Zimmer versammelte und uns mitteilte, wir hätten unterrichtsfrei, damit wir eine Eisbahn anlegen könnten.

Nach den Anweisungen des Schuldirektors rannten die Kinder hin und her, schleppten Stapel von Zeitungen auf die Wiese hinter den Rosengarten und breiteten sie auf dem Gras aus. Colin half, die Zeitungen zu tragen, aber lässig, amüsiert, nicht aufgeregt wie all die anderen Kinder. Die Zeitungen wurden nebeneinander aufgeschichtet, so daß eine Fläche von etwa der Hälfte eines Tennisplatzes und ein oder zwei Zoll hoch entstand. Dann holte Merrin, der Schulplatzwart, den Gartenschlauch und spritzte Wasser über die Zeitungen, bis sie völlig durchtränkt waren und sich oben eine Wasserschicht bildete.

Kawk stand mit den Händen in den Taschen da und betrachtete all diese Aktivitäten mit seiner wie immer belustigten Miene. Nich genuch Wasser, sagte er. Nich kalt genuch. 's Eis wird brechen. Wartet's nur ab.

Drei Nächte hintereinander stellte sich Väterchen Frost ein und hinterließ seine Muster an den Fensterscheiben. Die Hausmutter holte zusätzliche Decken aus ihren Schränken und legte sie auf unsere Betten. Wenn wir im Schlafsaal ausatmeten, stieg Dampf auf. Über unseren Betten kräuselten sich Dampffahnen. Es wurde Mode, Rauchsignale von einem Ende des Schlafsaales zum anderen zu schicken. Slocum House war von einem Delirium der Kälte erfaßt. Das Wetter hatte uns den Krieg erklärt, und Mr. Slocum erwartete von uns, daß wir Kampfgeist zeigten und dem Ansturm standhielten.

Jeden Morgen rasten wir los, um uns das Thermometer in der Wetterstation anzuschauen, einem umgebauten Taubenschlag, in dem Temperatur und Druck und Niederschlagsmenge pro Quadratzoll registriert wurden. Es war eine Spur unter dem Gefrierpunkt und dann stark darunter. Wir eilten los, um uns die Zeitungs-Eisbahn anzuschauen. Eis! Eine Eisschicht hatte sich gebildet.

Am vierten Tag marschierte Peggy Slocum, gefolgt von der ganzen Schule, zur Eisbahn hinaus. Sie zog ihre Schlittschuhe an und trat auf das Eis. Es knackte. Sie machte einen weiteren Schritt, und das Eis knackte etwas lauter. Peggy fiel um. Die Zeitungs-Eisbahn zerbrach in der Mitte.

Am nächsten Tag regnete es. Merrin knüllte die Eisbahn zusammen und stopfte sie in die Mülltonnen.

Meine schon beträchtliche Bewunderung für Colin Kawk nahm nach der Eisbahn-Episode noch zu. Ich konnte nicht glauben, daß ein so kluger Junge im Unterricht so schlecht war. Bestimmt könnte er gut sein, aber er wollte einfach nicht. Die Normannische Eroberung langweilte ihn. Als die Klasse von der Multiplikation zur Division überging, machte Colin nicht mehr mit – als Sohn eines reichen Mannes sah er natürlich lieber, wie die Dinge mehr statt weniger wurden. Und da er Dezimalstellen verschmähte und nichts mit ihnen zu tun haben wollte, wurde er aus Mr. Slocums Mathematikklasse zu Mullen P. in die Babyklasse bei Schwester Peggy zurückversetzt.

Aus irgendeinem mysteriösen Grund bestrafte Mr. Slocum Colin nur selten. Er nahm ihn nie zu einem Spaziergang mit dem Hund mit. Ich fragte mich, ob Mr. Kawk ihn dafür bezahlt hatte. Colin bekam zwar häufig genug eine Tracht Prügel, wenn er sich wieder einmal der Division verweigerte, aber als er nicht mehr an Mr. Slocums Mathematikunterricht teilnahm, war er auch dessen Bestrafung entzogen. Strafen machten keinen Eindruck auf ihn, weil er keine Angst vor ihnen hatte. Er schien nur Hohn für das gesamte System von Slocum House zu empfinden, für alles, was mit der Schule zusammenhing.

Ich studierte Colins Hohn und übte mich darin. Hin und wieder probierte ich ihn aus. Es war offensichtlich eine mächtige Waffe.

Einer der Jungen, der sich besonders auf Hohn verstand, war Rory McClure aus Schottland. Auch ihn studierte ich einmal im Monat, wenn die Tanzstunden im Großen Zimmer abgehalten wurden und Rory McClures Hohn wahrhaftig zur Geltung kam – ein großartiges Schauspiel. Ich freute mich auf den Tanzunterricht, um McClures Hohn miterleben zu können.

Die Tanzstunden wurden von den drei Lehrerinnen in Slocum House erteilt: der pferdegesichtigen Gracie, wiehernd und mit langen Schritten, der über das Lacrosse-Feld sprintenden Peggy, spindeldürr wie Mrs. Backhouse, und einer stets mürrischen Frau namens Noreen, die den Mädchen Handarbeit beibrachte und uns beaufsichtigte, wenn wir während unserer Ruhepause nach dem Mittagessen auf dem Boden des Großen Zimmers lagen. Sie sah aus wie Schneewittchen, mit pechschwarzem Haar und schneeweißer Haut. Ihr Busen war erheblich größer als der von Gracie und Peggy, und ihr grüner Pullover spannte, aber wegen ihrer schlechten Laune machte ich lieber einen Bogen um ihren Busen.

Die drei Frauen teilten uns in drei Gruppen von je zehn oder zwölf Schülern ein, um uns englische Bauerntänze, französische Volkstänze und schottische Reels beizubringen. Aber Rory McClure wollte damit nichts zu tun haben. Er stand da und schaute Grimassen schneidend zu.

Die Frauen lockten, flehten und schließlich drohten sie Rory McClure.

Komm jetzt sofort hierher. Es ist ein *schottischer* Tanz, um Himmels willen, aus deinem *eigenen* Land. Komm sofort her und stell dich zu den anderen!

Nä.

Das war der Inbegriff von Rorys Hohn, ein einziges Wort. Er sagte nicht einmal nein. Er sagte nä.

Rory lehnte lässig an der Wand und schnitt Grimassen.

Und warum nicht, wenn ich fragen darf?

Gracie oder Peggy stellten ihm jedesmal die gleiche Frage, und auch die Antwort war immer die gleiche. Er hielt Tanzen für Weiberkram.

Einmal im Monat machten Mr. Slocum und Rory McClure einen Spaziergang mit dem Hund. Dann wurde er zurückgeschickt und mußte sich, noch etwas mehr Grimassen schneidend, in die Ecke des Großen Zimmers stellen. Dort hielt Rory seinen Hintern fest, damit er nicht abfiel, während wir übrigen durch den Raum hopsten.

Mr. Slocum begann, Rory McClure den Rebellischen Schotten zu nennen. Wenn er jemandem einen Spitznamen verpaßte, war das ein gutes Zeichen, wie ich bald herausfinden sollte.

Nach etwa einem halben Jahr, als Rory McClure sich x-mal geweigert hatte zu tanzen und jedesmal von Mr. Slocum zu einem Spaziergang mit dem Hund mitgenommen worden war, befreite man ihn vom Tanzunterricht. Stattdessen wurde er nach draußen zum Spielen geschickt. In dem lockenköpfigen, starrsinnigen, hartgesottenen Rebellischen Schotten hatte Mr. Slocum etwas entdeckt, das er bewunderte und belohnte: *Kampfgeist.*

Zweimal pro Woche stellten Colin und ich Kampfgeist zur Schau und prügelten mit aller Kraft aufeinander ein, bis wir uns zur Freundschaft durchgeschlagen hatten, aber wir wurden nie vom Boxen befreit.

Das war die zweite Lektion, die ich in Slocum House lernte. Man mußte sich behaupten wie Rory McClure und Colin Kawk. Das Geheimnis ihrer Stärke lag nicht in dem, was Mr. Slocum als Kampfgeist bezeichnete, sondern in etwas Härterem, Listigerem und Boshafterem – ihrem

Hohn. Hohn konnte Erwachsene eher verletzen als alles andere, weil er auf ihre Schwachstelle, ihre Eitelkeit, zielte.

Trotz aller Bemühungen lag mir der Hohn nicht. Ich hatte zu großes Heimweh. Um höhnisch zu sein, mußte man robust sein und eine gut befestigte Basis haben wie McClure in Schottland und Kawk in Paris. Dadurch erhielten sie Luftunterstützung für ihre höhnischen Vorstöße in feindliches englisches Gebiet.

Wie alle Neulinge in Slocum House mußte ich mich nach dem Frühstück im hinteren Schlafsaal auf den Topf setzen, um unter Aufsicht der Hausmutter mein *bearak* zu machen. Wie konnte ein bloßer Topfjunge eine verächtliche Haltung einnehmen? Ich hatte meine Erziehung zur Sauberkeit längst hinter mir und spürte nur Widerwillen für diese erzwungene Rückkehr in das Kinderzimmer, aber wie konnte ich meiner Verachtung Nachdruck verleihen? Die Hausmutter befahl mir, keine Grimassen zu schneiden, meine Hose wie die anderen herunterzulassen und mich auf den Topf zu setzen, und dann gab sie mir eine Dörrpflaume.

Die Hausmutter war an *bearak* stärker interessiert als jeder andere Erwachsene, den ich kannte. Sie steckte den Kopf in unsere Töpfe, wenn wir fertig waren. Wenn der Anblick sie nicht zufriedenstellte, gab sie uns noch eine Pflaume.

Nach ein paar Monaten waren meine Töpfchenprüfungen vorbei, aber bald wurden sie durch etwas abgelöst, das in mancher Hinsicht noch erniedrigender war, denn es dauerte während meines gesamten Aufenthalts in Slocum House an. Das war das Lätzchensystem. Es bekräftigte das, was ich damals dachte und immer noch denke: daß Erwachsene keine Ahnung von der Würde eines Kindes haben.

Es gab drei Lätzchengrade in Slocum House. Das schwarze Lätzchen kennzeichnete Esser des untersten Schmutzgrades. Der blaue Grad stand für solche der mittleren Laufbahn, und der grüne Grad wurde Kindern zugeteilt, die nur hin und wieder einen Spritzer Tomatensuppe abbekamen.

Unter den mir bekannten Trägern eines grünen Lätzchens überragte Colin Kawk alle anderen. Er war jung, um schon mit einem grünen Lätzchen geehrt zu werden. Es war ein Zeichen – fast ein Abzeichen – von Colins Robustheit, seiner Gemütsruhe, seiner Unverdrossenheit und Umsicht im allgemeinen – Träger grüner Lätzchen aßen, wie sie lebten.

Das andere Extrem bildeten ungestüme, kleckernde Träger schwarzer Lätzchen wie ich selbst und, unvergleichlich schlimmer, Mullen P. Christophorus, der ältere Zwilling, näßte regelmäßig sein Bett, aber er verging sich nicht auf kriminelle Art an seinen Mahlzeiten. Sein Bruder dagegen versuchte, jedes sich ihm nähernde Essen zu ermorden. Er warf es durch die Gegend, nahm es in die Hand, um es zu erwürgen, beschmierte sich selbst, den Tisch und den Fußboden. Und er hatte es sogar in den Haaren. Mullen P. war ein Goop.

Die Träger schwarzer Lätzchen erhielten Koordinationsunterricht. Wir setzten uns zu Scheinmahlzeiten hin, mit Messern und Gabeln und Löffeln und leeren Tellern, und sollten uns vorstellen, verschiedene Dinge zu essen. Damals hörte ich zum erstenmal von Köstlichkeiten wie Spargel und Curry-Suppe. Wir begannen die imaginären Mahlzeiten immer mit Suppe, denn sie lieferte den besten Test für den richtigen Schwung des Löffels, für dessen saubere Einführung in und den sauberen Rückzug aus dem Mund. Gabelfertigkeiten wurden an Erbsen erprobt, der Umgang mit dem Messer an hartnäckigen, schlüpfrigen Dingen wie Hühnerkeulen. Scheinmahlzeiten machten Spaß, waren frei von Spritzern und schmeckten viel besser als alles, was uns im wirklichen Leben in Slocum House vorgesetzt wurde.

Wahrscheinlich konnte Mr. Slocum wegen seiner soldatischen Verbindungen Lebensmittel aus Armeerestbeständen zu herabgesetzten Preisen kaufen, sagte Arthur, und er mußte es wissen. Er war Experte für militärisches Versorgungswesen und genoß als Präfekt in Slocum House das besondere Vertrauen des Schuldirektors, wie man munkelte. Also aßen wir das, was die Armee nicht wollte. Im Land waren Lebensmittel noch rationiert, und Mr. Slocum erwartete Kampfgeist von uns, wenn wir gegen unsere Mahlzeiten in die Schlacht zogen.

Das Grundnahrungsmittel der Schulernährung, wie mein Vater vielleicht gesagt hätte, waren eingelegte Zwiebeln. Sie wurden in großen Tonkrügen aufbewahrt, die zu allen Mahlzeiten auf dem Tisch standen. Du konntest sie morgens, mittags und abends essen – so viele du wolltest –, und wenn sie dir zuerst nicht schmeckten, gewöhntest du dich bald an sie wie an alles in Slocum House, aus Not, weil du Hunger hattest.

Zum Frühstück gab es im Winter Porridge und Tee und im Sommer Cornflakes und Tee. In unser Mittagessen aus Armeerestbeständen gingen hauptsächlich in Gelee eingelegte Dinge aus Dosen ein – Dinge, die einmal Fisch oder Rindfleisch gewesen sein mochten, aber dann von der Armee so gut getarnt worden waren, daß sich ihre Identität schwer ermitteln ließ.

Zu dem gelierten Dosenfutter gab es Kartoffeln und schlaffes Gemüse. Es war am besten, die Geleedinge mit den Kartoffeln zu zermanschen, die Augen zuzumachen und alles so schnell wie möglich hinunterzuschlucken. Mullen P.'s effektive, wenn auch ekelhafte Methode, seine Speisen zu beseitigen, bestand darin, sie überallhin zu stecken, bloß nicht in den Mund. Der Nachmittagstee mit einem süßen Brötchen war die beste Mahlzeit des Tages, das Abendbrot dagegen ein Gespenst: ein blasses Stück Brot mit sehr schwachen Spuren von etwas, das einmal lebendig gewesen sein könnte, dazu ein Glas kalte Milch. Für das, was wir empfangen haben, mache der Herr uns wahrhaft dankbar. Amen.

Zu den Liedern, die wir vor Ferienbeginn sangen, um unsere Abreise zu feiern, gehörte das Slocum-House-Futter-Lied.

Dreck-und-Schmieren-Pudding
Zehnnagel-Pie
Gemischt mit totem Hundebrei
Vater, hoch den Rotz
Spucke ihn nur rein
Und dazu 'ne Tasse Schleim.

Als wäre es nicht genug, uns mit diesem scheußlichen Essen zu quälen, setzte uns die alte Mrs. Slocum, die Graue Eminenz hinter vielen der Greueltaten, die ohne Wissen des Roten Kreuzes in Slocum House begangen wurden, turnusmäßig auf einen Plan, so daß wir in regelmäßigen Abständen allein mit den Lehrern – Gracie, Peggy, Noreen, manchmal Mr. Slocum und immer der alten Mrs. Slocum selbst – an der erhöhten Tafel saßen, um Konversation mit Erwachsenen zu lernen.

Mrs. Slocum war uns bereits als Französischlehrerin bekannt. Wir nannten sie die Alte Rübe. Kirby sagte, sie sei eine Hexe. Sie trug eine Brille mit dicken Gläsern und hatte ein Glupschauge, das aus bestimmten Blickwinkeln plötzlich enorm anschwellen konnte, weil es durch ihre Brillengläser vergrößert wurde. Kirby sagte, durch diese Methode lasse sich eindeutig ermitteln, ob jemand eine Hexe sei.

Die Alte Rübe brachte mir mein erstes Wortspiel bei. Sie zeichnete sechs Striche mit Flügeln an die Tafel und fragte uns, was das zu bedeuten habe. Niemand hatte eine Ahnung. Die Alte Rübe sagte, es sei das französische Wort für Schweigen. Sie ließ uns alle bis sechs zählen. *Un, deux, trois*, bis wir sechs erreichten. Das waren sechs Lanzen, die sie an die Tafel gezeichnet hatte. Sie sprach es französisch aus. Verstanden? *Silence*! Dann wischte sie sich die Kreide an den Händen ab und gackerte. Colin Kawk begriff es damals und auch später nicht, obwohl er in Paris lebte und mehr Französisch gekonnt haben muß als wir übrigen zusammen. Er sah sie voller Hohn an. Für ihn war sie nur eine übergeschnappte alte Ziege.

Es gab unter den Kindern in Slocum House ein Geheimnis, das die Lehrer nie auch nur im entferntesten durchschauten: Viele von uns hielten die Erwachsenen um uns herum für miese alte Knacker. Erwachsene hatten nicht die leiseste Ahnung, wieviel wir wußten. Da Kinder von Erwachsenen meistens übersehen wurden, konnten wir sie beobachten, wenn sie meinten, keine Zeugen zu haben. Wir sahen sie so, wie sie waren.

Immer wenn ich an der erhöhten Tafel saß und Konversation mit den Erwachsenen machte, empfand ich in erster Linie Peinlichkeit. Man schien nur Lügen zu hören. Alle sagten dauernd höfliche, langweilige Dinge zueinander, die sie bestimmt nicht meinten.

Ob mir mein Essen geschmeckt habe?

O ja, es war köstlich, vielen Dank.

Ob ich etwas Marmelade auf meinem Butterbrot haben wolle?

Nein, vielen Dank, ich mag es lieber ohne.

Dieser alten Kuh will ich nichts schulden, dachte ich mit Hohn, den ich klugerweise für mich selbst behielt, nicht einmal Marmelade.

Wie er*staun*lich, wieherte Gracie Fields, und alle Erwachsenen fielen ein.

Ich beantwortete Fragen, konnte jedoch selbst keine stellen, da ich von wichtigeren Dingen in Anspruch genommen war. Ich befand mich unter den Augen von sechs Erwachsenen, die meine Speisen-zum-Mund-Koordination überwachten, jede Gabel- und Löffelvoll, damit ich all die ekelhaften Dinger auf meinem Teller, zum Beispiel Froschaugen oder Tapiokapudding, aufaß. Der Tapiokapudding mußte zu einem harten kleinen Kuchen geknetet und an die Innenseite meines Löffels geklebt werden, wo er mit ein bißchen Glück haften bleiben würde, wenn ich den Löffel umdrehte. Durch dieses schlaue Verfahren ließ ich wenigstens ein paar Froschaugen ungegessen und unentdeckt von den Erwachsenen auf meinem Teller zurück.

Da ist der Junge, der keine Marmelade zu seinem Butterbrot mag, sagte Gracie nun immer, wenn sie mich zu Gesicht bekam. Das war zu lang für einen Spitznamen. Es blieb nicht haften, im Gegensatz zu Rudolf.

Zur Zeit der außergewöhnlichen Kälte, als die Eisbahn gebaut wurde, hatte meine Nase eine leuchtendrote Farbe angenommen. Sie wurde so rot, daß Mr. Slocum mich sogar auf meinem Weg zum Frühstück aus der Morgenparade herausholte. Hör mal, Blunden, was hast du dir heute morgen für eine Nase zugelegt? Wirklich ein Prachtstück. Kennst du das Lied *Rudolf, das Rentier mit der roten Nase*? Ich verneinte und überlegte besorgt, ob eine rote Nase gegen die Schulregeln verstieß. Vielleicht würde ich wegen meiner roten Nase einen Spaziergang mit dem Hund machen müssen. Aber Mr. Slocum lächelte nur und ließ seinen kräftigen morgendlichen Husten ertönen, einen tiefen, üppigen Klang, der voll von Porridge, Möbelpolitur und starkem Tee zu sein schien.

Die Hausmutter rieb mir Vaseline auf die Nase. Sie sagte, meine Nase sei gefroren, weil ich aus den Tropen käme. Sie habe sich nicht an die Kälte gewöhnt. Ich fragte Benn, warum *seine* Nase nicht gefroren sei, denn er komme doch auch aus den Tropen. Benn sagte auf seine geheimnisvolle, etwas verschlagene Art, er sei im Himalaja geboren worden und habe sich seit jungen Jahren an das englische Wetter *akklimatisiert*.

Ein Spitzname von Mr. Slocum war ein Gunstbeweis, fast eine Auszeichnung. Er nannte Mullen C. Christophorus, weil er Gefallen an Mullen C. gefunden und eine Schwäche für lustige Namen hatte. Ein Spitzname brachte keine Immunität gegen Bestrafung mit sich, aber in Grenzfällen, wenn Mr. Slocum vielleicht in Erwägung zog, einen Spaziergang mit dem Hund zu machen, konnte er den Ausschlag zu deinen Gunsten geben.

Ich fand mich mit Rudolf ab, obwohl mir der Name nicht besonders gefiel. Er mißfiel mir besonders, wenn er aus Gracies Mund kam. Das hing mit den Erniedrigungen zusammen, denen sie mich im Speisesaal aussetzte, der Raum, den ich aus vielfältigen Gründen am meisten haßte.

Der Speisesaal war der Schulpranger, wo Träger eines schwarzen Lätzchens, wenn sie ein gewisses Alter überschritten hatten, den Kopf hängen ließen. Und dort händigte Gracie jeden Morgen nach dem Frühstück Briefe von zu Hause aus. Obwohl ich nun bald sieben wurde und schon mit fünfeinhalb Jahren ein Leseabzeichen errungen hatte, mußte ich dabeistehen und zusehen, wie Gracie meine Briefe öffnete, und zuhören, wie sie den Inhalt laut vortrug, als wäre ich einer von den Kleinen, die kaum lesen konnten.

Ich kann selbst lesen, sagte ich eines Tages und streckte die Hand nach dem Brief aus. Aber Gracie war groß und hielt den Brief einfach aus meiner Reichweite. Mein Liebling, begann sie. Ich sprang hoch, um den Brief zu erwischen. Und als Gracie weiterlas, knuffte ich sie in den Magen.

Mit dem Brief in der Hand brachte Gracie mich sofort zu Mr. Slocum. Sie konnte Jungen genausowenig leiden wie Peggy Slocum, wenn auch vielleicht nicht ganz so wenig wie die Alte Rübe. Nun freute sie sich darauf, daß ich einen Spaziergang mit dem Hund machen mußte. Ich konnte es an ihrer Miene ablesen.

Mr. Slocum hatte gerade seine Pfeife angezündet und es sich mit der Zeitung in dem Sessel bequem gemacht, den er die Jungen beim Spaziergang ansteuern ließ. Die morgendliche Ertüchtigung mit dem Hund hatte seinen Kreislauf in Gang gebracht, und er war in einer leutseligen Stimmung. Zuerst hörte er sich Gracies Erklärung an und dann meine. Mr. Slocum saß da, rauchte eine Zeitlang schweigend seine Pfeife, und ich stellte mir vor, daß mein Vater auf seinen Reisen durch den afrikanischen Busch wohl genauso Recht gesprochen hatte.

Tja, Gracie, sagte er schließlich, da müssen wir eben die Probe aufs Exempel machen, stimmt's, altes Mädchen? Gib ihm den Brief und laß uns hören. Gracie reichte mir den Brief, und ich las ihn laut vor, während Mr. Slocums Pfeife über seinem Sessel schnaufte und gurgelte. Als ich fertig war, sagte er, es sei unrecht von mir gewesen, Gracie zu knuffen, aber es sei unrecht von Gracie gewesen, mich meine eigenen Briefe nicht lesen zu lassen.

Ich wurde in die Bibliothek geschickt, um hundertmal zu schreiben: *Männer knuffen Frauen nicht.* Aber in Zukunft würde ich meine Briefe selbst lesen dürfen. Das Urteil des alten Salomon, sagte Mr. Slocum, und ich nahm an, daß Salomon ein Freund von Rudolf sein mußte. Gracie war alles andere als erfreut. Sie stakste davon, um uns zu zeigen, was sie von dem alten Salomon hielt.

Nach dem Anfangsscharmützel in der Victoria Station war der Krieg zwischen ihr und mir nun offiziell erklärt.

Briefe nach Hause wurden jeden Samstagmorgen geschrieben, ebenfalls unter Gracies Aufsicht und im Speisesaal. Es war der einzige Raum, der genug Tische, Stühle und Platz hatte, sämtliche Schüler aufzunehmen, insgesamt etwa vierzig Kinder, die Tagesschüler nicht mitgezählt. Das Briefeschreiben gehörte in Slocum House als Teil des Schriftlichen Ausdrucks zum Englischunterricht. Und Gracie lehrte Schriftlichen Ausdruck durch öffentliche Akklamation.

Gracie trug auf dem Tennisplatz weiße und sonst graue oder marineblaue Faltenröcke. Sie saß auf einem Tisch vor der Klasse, schwenkte ihre langen knochigen Beine, nahm die Briefe von einem Stapel auf, eine Seite pro Brief, und las sie laut vor. Sie hatte eine sehr kräftige Stimme, die unsere kümmerlichen Briefchen hochschleuderte, sie Satz um

Satz über das Netz schlug und dann aufprallen ließ, damit die versammelte Klasse sie zurückschlagen konnte. Wenn ein Komma oder Punkt fehlte, las sie mit Höchstgeschwindigkeit weiter. Wenn ein Wort falsch buchstabiert war, sprach sie es auf drollige Art aus. War ein Fragezeichen vergessen worden, las sie den Satz vor, als wäre er ein Düsenjäger im Sturzflug.

Hier ist ein Brief von einem sehr seltsamen Jungen, der keine Marmelade auf seinem Butterbrot mag, verkündete Gracie, die nach einem Brief von mir gegriffen hatte.

Gelächter aus der Klasse.

Wer das wohl sein kann?

Rudolf-Schreie aus der Klasse.

Liebe Mummy und Daddy ich hoffe es geht Euch gut.

Komma!

Mir geht es auch gut Die Schule hat sich ein lustiges Stück mit einem Gespenst darin angesehen

Punkt!

Ein lustiges Stück mit einem Gespenst darin angesehen, das *Ham and Eggs* hieß. Ich habe in dem Fußballspiel gegen die Crawley-Schule ein Tor geschossen. Ist Isokia noch bei uns als Assssissstant Boy-oi-äh-äm-bum.

Rechtschreibung! Fragezeichen!

Zwei Jahre lang schrieb ich keinen persönlichen Brief nach Hause. Ich war nicht das einzige Kind, das sich durch diese öffentlichen Lesungen zutiefst beschämt fühlte. Aber Erwachsene waren häufig primitive Menschen. Sie begriffen nicht, daß Kinder genauso wie sie selbst eine Privatsphäre benötigten.

Manchmal wünschte ich mir, überhaupt keine Briefe zu erhalten. Ich schnupperte an den Umschlägen, um Dinge zu riechen, die aus der Ferne zu mir kamen. Sogar der

Anblick der Briefmarken und des Poststempels der Goldküste löste Heimweh in mir aus. Aber hätte ich das jemals meinen Eltern schreiben können, nur um es von Gracie mit einem Grinsen in ihrem blöden Gesicht vorlesen und die ganze Schule wegen eines falsch buchstabierten Wortes oder eines fehlenden Satzzeichens aufbrüllen zu lassen?

Nur über meine Leiche, wie Granny Blunden gesagt hätte.

Ich dachte, wie geschickt es von den Lehrern in Slocum House war, daß sie diese Methode zur Kontrolle unserer Briefe nach Hause erfunden hatten. In den Ferien konnte ein Kind heimfahren und behaupten, daß es die Schule hasse. Aber welchem Kind würden die Eltern Glauben schenken? Dem an Heimweh leidenden Kind oder demjenigen, das einmal in der Woche mitteilte, daß es Tore beim Fußballspielen geschossen und sich über ein lustiges Stück mit dem Titel *Ham and Eggs* gefreut habe?

Ein Trübsinn, den nichts zerstreuen konnte, legte sich jeden Sonntag über die Schule. Wir setzten unsere Mützen auf, zogen unsere Regenmäntel an und gingen paarweise zur Kirche am Ende der Straße. Zuweilen war meine Partnerin das Mädchen mit der blonden Ponyfrisur, das Joanna hieß. Ich war heimlich in Joanna verliebt. Wir hielten uns gegenseitig Butterblumen unters Kinn, um herauszufinden, ob wir Butter mochten, und als es gelb leuchtete, wußten wir, es traf auf uns beide zu. Auf dem Weg zur Kirche kamen wir an dem Waisenhaus vorbei, und Peggy Slocum erzählte uns mit leiser Stimme, wie tragisch das Leben der Waisen sei und welches Glück wir hätten, in Slocum House zu sein. Mit Faszination und Furcht schauten wir durch das große verschlossene Tor auf das Waisenhaus und stellten uns vor, dort als Waise zu leben. Und wir dankten unserem Schutzengel dafür, daß es uns erspart blieb.

Einmal in der Woche dachten wir auf unserem Weg zur Kirche über Waisen nach. Ich fragte Peggy, ob die Eltern tot sein müßten, bevor ein Kind zur Waise werden könne. Peggy glaubte es nicht. Die Eltern könnten noch am Leben sein, aber vielleicht hätten sie aus irgendeinem Grund beschlossen, daß es besser sei, ihr Kind *in Pflege zu geben*. Benn sagte, er sei seit dem Tod seiner Mutter Halbwaise, was zu einem Wettbewerb führte, bei dem einige Kinder behaupteten, waisenhafter als andere zu sein. Eine Zeitlang waren Waisenspiele in der Schule groß in Mode. Ich überlegte mir, welcher Unterschied für ein Kind darin bestand, in einem Waisenhaus oder in Slocum House in Pflege gegeben zu werden, aber ich hielt es für besser, Peggy Slocum nicht danach zu fragen.

Jeden Sonntag trotteten wir hinunter zur Küstenpromenade von Bexhill-on-Sea. Die Straßen waren naß und von Blättern bedeckt, dann waren die Bäume kahl, und dann schien die Sonne auf ein graublaues Meer, das sich bis zum Horizont erstreckte. Mein erstes Jahr in Slocum House war bereits vorbei.

Wir nahmen immer die Mütze ab, wenn wir das Kriegerdenkmal erreichten, und blieben schweigend stehen, um die Inschrift unter den Engeln mit den ausgebreiteten Flügeln zu lesen. Peggy Slocum, den Regenschirm an der Seite, nahm Habachtstellung an. Sie ließ uns spüren, wie tragisch ein Kriegerdenkmal war. Wir sollten dankbar dafür sein, daß wir noch lebten.

Jenen gewidmet, die ihr Leben
Für ihr Land gegeben haben
In liebevollem Angedenken

Es gab ein Verzeichnis derjenigen, die ihr Leben gegeben hatten, aber keines von denen, die sie in liebevollem Angedenken hielten. Ob es auch Verzeichnisse in liebevollem Angedenken an Menschen gab, die, wie Mr. Slocum, ihre Beine geopfert hatten? Konnten fehlende Beine und Arme in liebevollem Angedenken gehalten werden? Oder ich selbst dafür, daß ich Slocum House ein ganzes Jahr meines Lebens geopfert und so viele Spaziergänge mit dem Hund gemacht hatte?

Ich hatte das Gefühl, daß das Kriegerdenkmal irgendwie auch mir galt, einem von Mr. Slocums Gladiatoren. Ich brauchte ebenfalls ein Kriegerdenkmal, denn mir war etwas weggenommen worden, das ich nie zurückerhalten würde, gleichgültig, wieviel Kampfgeist ich zeigte, und ich wollte fest in liebevollem Angedenken gehalten werden, denn meine Eltern waren verschwunden und ich fürchtete, vergessen worden zu sein.

In Slocum House hatte ich mir angewöhnt, das Haar an meinem Hinterkopf zu zwirbeln und es herauszuzupfen. Mr. Slocum bemerkte es eines Tages beim Boxen. Hör mal, Rudolf, alter Knabe, sagte Mr. Slocum, du bist ein bißchen jung für eine Glatze, oder möchtest du Mönch werden? Ich antwortete, frühe Kahlköpfigkeit sei typisch für die Familie Blunden. Mr. Slocum schickte mich zur Hausmutter; ich solle sie bitten, ein wenig Haarwuchsmittel aufzutragen, damit frühe Kahlköpfigkeit nicht auch für mich typisch werde.

Meine Güte, so groß wie eine halbe Krone, sagte die Hausmutter und zeigte mir die kahle Stelle in einem Spiegel. Ich solle mir jeden Morgen von ihr eine Salbe einreiben lassen, die meine *Haarwurzeln stärken* werde.

Ich suchte sie bereits jeden Morgen nach dem Frühstück

auf, um mir ein Medikament verabreichen zu lassen, das mein Wachstum fördern sollte. Als ich nach bald einem Jahr immer noch nicht gewachsen war, wurde die Dosis von täglich zwei Löffeln auf vier erhöht. Dann rieb sie die Vaseline für meine rote Nase und die Salbe zur Stärkung meiner Haarwurzeln ein.

Was die pro Tag verabreichte Arzneimenge anging, lag ich an der Spitze. Ich hatte Mullen C., einen Bettnässer, der außerdem an Ekzemen und Asthma litt, und Pogo den Springstock überholt, der Pillen gegen seine Zuckungen nahm. Alle Kinder im hinteren Schlafsaal wollten, daß die Hausmutter ihnen Medikamente gab. In dem Wettbewerb um wichtige medizinische Behandlung hatte ich nun einen klaren Vorsprung, auf den ich genauso stolz war wie früher in Mrs. Backhouse' Schule auf mein Leseabzeichen.

Gegen Ende meines ersten Jahres rief mich Mr. Slocum während der Morgenparade – kurz vor Beginn der Sommerferien – zu sich.

Hör mal, Rudolf, sagte er mit seiner forschen Stimme, ich möchte, daß du diesen Blödsinn mit dem Nicht-Wachsen sofort beendest. Fahr jetzt los, sieh zu, daß du viel Spaß in den Ferien hast, und wachs mir ein bißchen. Ich möchte, daß du einen Zoll größer bist, wenn du im nächsten Schuljahr wiederkommst. Ist das klar, alter Knabe?

Ein gravierender Nachteil der Vorbereitungsschulen war der, daß man Kinder nicht für das ganze Jahr loswerden konnte. Von Zeit zu Zeit mußten sie hinausgelassen und irgendwohin in die Ferien geschickt werden. Aber wohin?

Kinder, deren Eltern auf den Britischen Inseln wohnten, hatten kein Problem. Im Fall von Kolonialkindern, deren Eltern zu weit entfernt waren, wurde eine bunte Heimwehr aus Großmüttern, Tanten, Freunden und, wenn es sich gar nicht vermeiden ließ, fachgerechtem Pflegepersonal gebeten, bedroht oder bestochen, sich um die Schüler zu kümmern, die während der Ferien herrenlos waren.

Pogo der Springstock, dessen Eltern am anderen Ende der Welt in Tasmanien lebten, konnte nur alle zwei Jahre einmal nach Hause fahren. Benn sagte, er wohne in einem Palast in Kalkutta mit Polopferden, Elefanten und Dienern, die ihn versorgten, selbst wenn sein Vater vom Kricketspielen in Anspruch genommen sei, aber zu Ostern habe man den Palast für Renovierungen geschlossen. Also verbrachte Benn die Ferien damit, daß er in Slocum House mit Pogo Pingpong spielte und mit Mr. Slocum seine Künste als Schlagmann in den Kricketnetzen übte.

Benn hatte vielleicht über den Palast geflunkert, genau wie ich über die Arbeit meines Vaters als Spion. Nicht, daß ich einen Grund zur Prahlerei gehabt hätte, als ich nach den Ferien in die Schule zurückkehrte. Denn aus meiner Reise nach Afrika wurde nichts.

Ich verbrachte Weihnachten bei der geschiedenen Tante, die Granny Blunden mißbilligte und ich, nach längerer Bekanntschaft, wenn auch aus anderen Gründen, ebenfalls. Es wurde zunehmend schwerer, *mich zufriedenzustellen*. Mein siebter Geburtstag wurde in der Londoner Wohnung von zwei alten Leuten gefeiert, denen ich nie zuvor im Leben begegnet war, einem gebeugten Mann, der zu Hause einen Smoking trug, und einer winzigen, vogelartigen Frau mit einem geborstenen Glasgesicht.

Sie krochen herum und versteckten unter den Möbeln Geschenke, die ich suchen sollte. Ich hielt sie für bemitleidenswert in ihrem Erwachsenenglauben, daß sie irgend etwas auf Erden tun könnten, mich an meinem Geburtstag glücklich zu machen. Sie stellten einen Geburtstagskuchen auf den Tisch, zündeten sieben Kerzen an und knipsten das Licht aus, aber ich war so apathisch, daß ich nicht einmal Lust hatte, die Kerzen auszublasen.

In den ersten beiden Wochen der Osterferien wurden Emma, Tea und ich in ein Heim namens Fox Hole House geschickt. Niemand sonst konnte uns aufnehmen, sagte Mutter. Es war ein weiteres jener riesigen, leeren Häuser, in denen es von Ahnengeistern wimmelte. Das Heim wurde von den beiden Miss Unwins geleitet, zwei uralten Damen, die keine andere Möglichkeit hatten, die Instandhaltung ihres morschen Besitztums zu finanzieren. Das Gebäude hatte Schlafsäle und einen Speisesaal und ein Großes Zimmer, alles genau wie in Slocum House. Die Miss Unwins seien so streng wie die Lehrerinnen in Laleham Abbey, sagte Emma, und sie verordneten uns einen so starren Tagesablauf, daß wir genausogut in der Schule hätten bleiben können. Wir hatten Stunden unter Aufsicht, in denen wir uns still beschäftigen mußten, und Stunden ohne Aufsicht in dem Großen Zimmer, in denen wir von Mo terrorisiert wurden.

Mo war ein großer, etwa dreizehnjähriger Junge, mit dem seine Eltern nicht fertig wurden, von den alten Miss Unwins ganz zu schweigen. Er randalierte in Fox Hole House und erinnerte mich an den bösen Friedrich im *Struwwelpeter*.

Der Friederich, der Friederich,
Das war ein arger Wüterich!
Er fing die Fliegen in dem Haus
Und riß ihnen die Flügel aus.

Wenn sich Mos Gemeinheiten auf die Fliegen von Fox Hole House beschränkt hätten, wäre es uns gleichgültig gewesen, aber es interessierte ihn mehr, uns brutal zu behandeln. Mo drangsalierte die Jungen und zerrte die Mädchen an den Haaren, machte unsere Spielsachen kaputt und störte unsere Spiele. Emma wünschte sich, daß wir auch so einen treuen Hund wie den hätten, der den bösen Friederich ins Bein biß. Hätte der Hund einen Brocken aus Mos Bein herausgebissen, wäre er gezwungen gewesen, das Bett zu hüten, und wir wären ihn ebenfalls losgeworden. Emma als älteste Schwester breitete ihre schützenden Arme über Tea und mir aus und bot Mo die Stirn, so gut sie konnte. Aber es gab nichts, was sie nachts gegen meine bösen Träume tun konnte, wenn die Bäume ihre Äste im Wind aneinanderrieben und die *hantu* von Fox Hole House draußen vor dem Fenster kreischten – seltsame Gestalten, die mit Messern in der Hand hereinschauten und Pistolen auf mich richteten.

Vielleicht hatte Granny Blunden den Eindruck, daß auch ich so ein wilder Junge wie Mo sei, denn als wir zu Ostern nach Flint Norton fuhren, sagte sie, sie könne sich nicht auch noch mit mir belasten, denn sie habe Rückenschmerzen und ein lahmes Bein. Auf zwei Mädchen aufzupassen sei für sie wirklich die Grenze des Machbaren.

Sie war entsetzt über unseren Anblick.

Tea war zu dünn, ich war zu klein, unsere Kleidung paßte nicht, Knöpfe fehlten, unsere Haare waren nicht geschnitten, unsere Fingernägel schmutzig, unsere Zähne schief, und wenn sie in unsere Träume hätte hineinsehen können, wären ihr diese auch nicht allzu gesund vorgekommen. Wir sahen aus, erklärte Granny, wie aus dem

Struwwelpeter, und sie fügte prophetisch hinzu: wie Waisen. Tea weinte ein bißchen bei dem Gedanken, eine Waise zu sein, aber mir gefiel das. Ich wollte wie eine Waise aussehen, gar ein bißchen wild sein wie Mo. Ich wollte, daß die Leute auf der Straße stehenblieben und sagten: »Seht mal, da ist der arme Waisenknabe.«

Eine andere Tante sprang in die Bresche und belastete sich mit mir, während Tea und Emma bei Granny in Long Acre zurückblieben. Wie durch Zauberei tauchte ein Geschenk von meinen Eltern auf: ein Trecker mit Anhänger. Ich verbrachte Ostern als Bauer. Meine Tante machte das Spiel zur Wirklichkeit, indem sie ihre Kartoffelschalen und Gemüsereste in meinen Anhänger schüttete und mich beauftragte, die Schweine auf der Farm weiter unten an der Straße zu füttern.

Der Bauernjunge erschien in einem Glorienschein an der Tür des Schweinestalls. Es war der lachende Spen, genau wie ich ihn mir vorgestellt hatte, mit seinen Sommersprossen und blonden Haaren. Er gab mir Threepence für die Lieferung des Schweinefutters und bestellte sofort eine weitere Ladung. Weißt du, wie man schaukelt, fragte er. Ich hatte nie im Leben auf einer Schaukel gesessen, aber der lachende Spen brachte mir das Schaukeln im Handumdrehen bei. Dann sagte er, ich solle vor dem Stall warten, und er kam mit Schuhen an den Knien heraus, wodurch er sich in einen Zwerg verwandelte. Dann ging er auf Stelzen und wurde plötzlich über drei Meter groß. Schließlich fragte er, ob ich sein Schwert sehen wolle. Ist es ein *echtes* Schwert, fragte ich. Natürlich, lachte Spen, und er holte es aus einer Truhe im Stall und schwenkte es über dem Kopf. Es gehörte unserem Urgroßvater im Burenkrieg. Bis nächste Woche, sagte Spen, aber ich sah ihn nie wieder, weil die Ferien vorbei waren und ich nach Slocum House zurückkehren mußte.

Als ich siebeneinhalb Jahre alt war, verbrachte ich die Sommerferien in Paris bei Colin Kawk. Er holte mich am Flugplatz in schwarzen Shorts, einer weißen Fliege und einem schwarzen Hemd mit weißem Kragen ab, und der einzige Erwachsene, der ihn begleitete, war der Chauffeur Maurice. Ein riesiges schwarzes Auto wartete am Ausgang auf uns. Ich dachte, der Lincoln würde dir besser gefallen als der Cadillac, sagte Colin, der Lincoln Continental hat mehr Stil. Ich stimmte ihm zu. Im Fond des Wagens war so viel Platz, daß man dort hätte Tischtennis spielen können.

Ich traf in meiner grauen Schuluniform in Paris ein, denn das war die einzige Kleidung, die ich hatte. Colin bevorzugte in jenem Sommer Schwarz. Genau wie seine Mutter, die in einem schwarzen Büstenhalter dastand und Blusen anprobierte, als wir das Haus betraten. Hi, Honey, sagte sie, hast du Durst? Möchtest du vielleicht ein Club Soda oder eine Cola? Colin, schenk ihm an der Bar ein Glas ein. Dad und ich kommen gleich nach.

Als Dad an die Bar kam, sagte er: Hi, Kumpel. Colins Halbbruder Edward und seine Halbschwester Laura sagten auch hi. Das taten alle Kawks. Es hatte nichts damit zu tun, daß man sich zum erstenmal begegnete. Meiner Erfahrung nach war es ein Geräusch, das ausschließlich die Kawks von sich gaben. Sie sagten dauernd hi, mehrere Male am Tag.

Die Bar war einer der wichtigsten Orte im Haus der Kawks. Mrs. Kawk bezeichnete sie als unsere kleine *Erfrischungsquelle*. Das Haus hatte drei Etagen, und die Erfrischungsquelle war ganz oben, draußen auf der Dachterrasse am Swimmingpool. Lange dachte ich, der Pool sei die Erfrischungsquelle, von der Mrs. Kawk dauernd redete. Die Bar hatte ein eigenes kleines Dach, *schnieke,* wie Laura sagte, eine grün und gelb gestreifte Plane, die mich an den Slocum-House-Schlips erinnerte. In meiner grauen Schuluniform fügte ich mich dort oben also sehr gut ein.

Es gab noch eine andere Plane, Markise genannt, die zur Haustür führte. Unter der Markise war ein Teppich auf dem Boden verlegt, so daß man bei Regen trocken und mit sauberen Schuhen im Haus ankam. Man brauchte keine sechs Paar Schuhe wie in Slocum House. Die Kawks verzichteten auch auf all die Galoschen und Gummistiefel, welche die Garderobe in Long Acre füllten.

Colins Eltern gingen sehr spät abends ins Bett und standen erst kurz vor Mittag auf. Dann kamen sie herauf an die Bar, um zum Frühstück Highballs zu trinken. Manchmal nahmen sie auch statt der anderen Mahlzeiten Highballs zu sich.

Die Kawks wohnten in einem sogenannten Cul de Sac, einer Sackgasse. Da es in der Rue Dr Blanche nicht genug Platz für den großen Cadillac und den noch größeren Lincoln Continental gab, stellten sie die Autos in einer Garage ab. Wenn jemand ausgehen wollte, rief er Maurice an, und der kam sofort mit einem Auto vorbei, um ihn abzuholen.

Außer der Markise am Eingang, dem Swimmingpool und der Bar auf dem Dach und dem Lift, mit dem man hinauffahren konnte, gab es in diesem Haus drei Fernsehapparate, ein Telefon in jedem Zimmer, eine Toilette auf jeder Etage und eine Küche voller Geräte, darunter eines zum Eiswürfelmachen.

Das alles verblüffte mich am ersten Tag, belustigte mich am zweiten, und am dritten Tag nahm ich es als selbstverständlich hin. Nicht der Reichtum oder die Weltläufigkeit stellten den größten Unterschied zu England dar, sondern die Offenheit von Colins Familie.

Gegen Mittag gingen wir in das Zimmer seiner Eltern, um sie zu wecken. Das Zimmer wirkte manchmal wie ein Trümmerfeld, Stühle waren umgekippt und Kleidung über den Boden verstreut, aber sogar zu Tagesbeginn, wenn alle Erwachsenen normalerweise mürrisch sind, herrschte im Schlafzimmer von Colins Eltern eine einladende Atmosphäre.

In den Häusern, die ich in England kannte, war alles alt und dunkel. In diesem Haus war alles neu und hell: helle Möbel, helle Farben, freundliche helle Düfte, die einem entgegenkamen, wenn die Einbauschränke aufschnappten und meterweise leichte Sommerkleidung offenbarten, Lauras getupfte Röcke, ihre parfümierte Unterwäsche und ihre Taschentücher, Edwards helle kremfarbene Hemden und Mr. Kawks Kaschmiranzüge. Colin sagte, sein Vater besitze hundert Seidenkrawatten.

Während Colin ein plattgedrücktes Gesicht hatte, schien das von Mr. Kawk lange Zeit in einer Bärenfalle verbracht zu haben. Es hatte Furchen (durch Alkohol, Nikotin und auch Schmerz verursachte Erosionen, wie ich bald entdeckte), so tief wie seine Allwetterbräune (ein Leben in Muße, Golf, den ganzen Winter hindurch Kreuzfahrten in der Karibik). Trotz der Erosionen erschien er mir nicht alt, nicht einmal wie ein wirklicher Erwachsener, denn manches, was Mr. Kawk tat, zum Beispiel morgens im Haus herumzulaufen und seinen Penis über die Pyjamahose hängen zu lassen, war Erwachsenen sonst fremd.

Penis war ein Kawk-Wort. Colin benutzte es, seine Mum und sein Dad auch, sogar Laura erwähnte es zu meiner Verlegenheit einmal ganz beiläufig. Die Kawks sagten Penis im selben Tonfall, wie Engländer Kühlschrank sagten. In der Familie Blunden war er immer *Pinsel* genannt worden. Es war nicht einmal sicher, daß meine Mutter, die ja Malerin war, wußte, was Pinsel auch noch bedeutete, denn in Afrika rieb sie mich noch immer mit einem Handtuch ab, wenn ich aus dem Meer kam, und sagte: »Kalter Pinsel!«, bis Emma sie aufklärte. Danach benutzte Mutter das Wort nicht mehr.

In Slocum House hatten mich die anderen Jungen verspottet, weil ich *Pinsel* sagte. Eine Zeitlang nannten sie *mich* Pinsel. Von ihnen hatte ich gelernt, statt dessen von *Piller* zu reden. Nun, im Haus der Kawks in Paris, wurde mir mein drittes Wort – *Penis* – beigebracht, und es war bestimmt das allerschlimmste. Schon der widerliche Klang sagte mir, daß Penis ein sehr unanständiges Wort war. In England wäre es verboten worden.

Wenn Mrs. Kawks einen Penis gehabt hätte, wäre sie genauso herumgelaufen wie Mr. Kawk. Statt dessen schlenderte sie halbnackt zwischen Schlafzimmer und Ankleideraum hin und her, entblößte manchmal ihren Busen, rauchte eine nach der anderen und überlegte sich, was sie anziehen sollte. Sie war eine dunkelhaarige, manchmal sarkastische kleine Frau, deren Charme für mich in ihrem kindlichen Charakter, ihrer Verletzlichkeit und der Unsicherheit ihres Lebens bestand.

Das ganze Haus wurde zu einer Fortsetzung von Mr. und Mrs. Kawks Schlafzimmer, wenn sie vor dem Frühstück in diesem grüblerischen, halbnackten Zustand waren und sich überlegten, was sie anziehen sollten. Unfähig, sich zu rühren, bemitleidenswert in ihrer Apathie, saß Mrs. Kawk manchmal auf dem Klo und schrie: *Was um Himmels willen ziehe ich heute an!*

Ausflüge in die Küche zu einer Tasse Kaffee oder eine Liftfahrt hinauf zur Erfrischungsquelle, wo sie sich einen Highball genehmigten, brachten die Dinge gewöhnlich ins Rollen, während sie noch abwarteten, eine endgültige Entscheidung zu treffen. Sie ließen sich nur zu gern auf alles ein – eine Fernsehsendung oder ein Tischtennismatch –, was sie ablenkte und den gefürchteten Moment der Wahl hinauszögerte. Zu entscheiden, was sie morgens anziehen sollten, war, wie Mrs. Kawk mit einem Schaudern und einem gehetzten Blick über die Schulter sagte, *der Fluch unseres Lebens.*

In der Familie Kawk schien alles auf dem Kopf zu stehen. Die Erwachsenen waren die Kinder, die Kinder waren die Erwachsenen. Der vernünftige Edward mit seinen einundzwanzig Jahren, die stille neunzehnjährige Laura und sogar Colin, der genauso alt wie ich war, hielten das Leben ihrer konfusen Eltern im Lot. Besonders morgens kamen sie ihnen zu Hilfe und nahmen ihnen bisweilen die schwierige Entscheidung ab.

Mrs. Kawk kochte nie. Gelegentlich gingen wir in ein Restaurant. Ich sah weder sie noch Mr. Kawk jemals zu Hause essen. All unsere Mahlzeiten kamen aus dem Kühlschrank – glatt, kalt, süß, bunt und lecker –, so daß ich glaubte, sie würden irgendwie in seinem Innern zubereitet. Vielleicht war die Tatsache, daß die Eltern nicht gemeinsam mit uns aßen, eine ihrer wenigen Erwachsenengewohnheiten, doch der Zustand von Mr. Kawks Magen mag bewirkt haben, daß er sich aus Essen ohnehin nichts machte.

Nichts in meiner Umgebung deutete darauf hin, daß wir in Paris waren. Dies war eine nordamerikanische Insel. Colin rüstete mich mit Rollschuhen, Schutzpolstern, Helm und Schläger aus und brachte mir bei, eine brutale Form von Hockey auf der Rue Dr Blanche zu spielen. Die Torlinie war die Schiebetür der Garage, die der alten Nachbarin gehörte. Wir stießen und powercheckten einander so oft und so lautstark gegen die Tür, daß sich schließlich eine protestierende französische Stimme erhob. Die alte Dame legte offiziell Beschwerde bei Mr. Kawk ein, der zu unserer Empörung ihren Standpunkt teilte. Spielt woanders, sagte er.

Edward kam uns ohne viele Umstände zu Hilfe. Er besorgte einen Schläger und einen Ball und fuhr mit uns zum Bois de Boulogne, wo wir an warmen Nachmittagen, mit einem Baum als Tor, träge Kricket spielten. Wenn Laura einen sportlichen Tag hatte, machte sie als Feldspielerin mit. Maurice saß in dem Lincoln Continental am Straßenrand und las Zeitung, bis es soweit war, nach Hause zu fahren.

Laura und Edward gingen auch mit uns zum Baden. Es war schwer zu sagen, wen wir mehr bewunderten, den älteren Bruder oder die ältere Schwester. Wir baten Edward, uns seine Muskeln zu zeigen, aber er entgegnete, das koste uns jeweils fünfzig Cent. Wir glaubten ihm nicht, aber er meinte es ernst.

Es war billiger, sich Laura anzusehen. Sie schwamm nie, sondern lag nur mit Badeanzug und dunkler Brille in der Sonne, las Zeitschriften und strich sich über den Flaum an den Armen. Sie verlangte keine Gebühr, wenn man sie anschaute. Auch wenn sie nicht las, schien sie in Gedanken versunken zu sein. Für mich hatte Laura etwas Trauriges an sich. Ich spürte einen isolierten Raum um Colins Halbschwester herum, in dem sie für sich allein lebte. Vielleicht hatte es damit zu tun, daß sie eine Halbschwester war. Was bedeutete das?

Mr. Kawk hatte ärztliche Anweisungen zu befolgen, oder besser gesagt, er hätte sie befolgen sollen. Genau das ist das Problem, sagte der Arzt. Er war ein mürrischer alter Mann, der ein- oder zweimal pro Woche Hausbesuche machte und Mr. Kawk stets ermahnte, mit dem Trinken aufzuhören.

Wie die Hausmutter bei ihren Topfjungen in Slocum House hatte der Arzt starkes Interesse an Mr. Kawks *bearak*. Gewöhnlich war es rot, weil es Blut enthielt, aber Mr. Kawk machte sich deshalb nicht die geringsten Sorgen. Mir geht's blendend, sagte er immer. Aus irgendeinem Grund wollte der Arzt Mr. Kawks *bearak* in verschiedenen Tönungen sehen und verschrieb ihm Medikamente, die es gelb, grün und weiß färbten.

Kommt mal rein, Jungs, sagte Mr. Kawk die beiden ersten Male, nachdem er das neue Medikament genommen hatte. Er wollte uns in der Toilette etwas Unglaubliches zeigen. Und zwar leuchtendgrünes *bearak*. Er produzierte auch ein weißes für uns.

Als die Kawks mich das malaiische Wort für das benutzen hörten, was sie *Kötel*, *Haufen* und *Scheiße* nannten, brachen sie in Gelächter aus, weil ich solch ein drolliger kleiner Junge war. Eine Bastion uralten englischen Sprachgebrauchs zerbröckelte rasch unter den Angriffen im Haus der Kawks. Ich wurde von zotiger Sprache, sogar unter Lauras Beihilfe, überwältigt. *Piller*, *Busen* und *bearak* wichen vor der brutalen Gewalt von *Penis*, *Brüste* und *Kötel* zurück. Ganz beiläufig begann ich unglaublich derbe Ausdrücke zu benutzen, die sich im Haus der Kawks jedoch in keiner Weise von Wörtern wie Kühlschrank unterschieden.

Colin und ich borgten uns die Medikamente zum Färben von Köteln. Wir vermischten die grüne und die gelbe Arznei, so daß eine Art Blauton entstand. Weiße Kötel waren so absonderlich wie weiße Schokolade. Wenn man eine große Dosis des grünen Medikaments nahm, leuchteten die Kötel wie die Zeiger an Colins Rolex, die man sogar im Dunkeln erkennen konnte. Es war wie Zauberei. Wir schalteten das Licht aus, setzten uns in tiefster Finsternis aufs Klo und beobachteten, wie leuchtendgrüne Kötel aus unserem Hintern krochen.

Was hätte der große Nikolas von alledem gehalten?

In den seltenen Fällen, in denen die Familie gemeinsam aß, umklammerte Mr. Kawk seinen Highball mit der einen Hand und schleuderte mit der anderen *Limericks* über den Tisch.

Da war mal ein Weib aus Australien,
Das bemalt sich den Hintern mit Dahlien;
'N Penny fürs Schnüffeln,
Das ließ sich nicht rüffeln,
Doch's Lecken kost' zwei, wer konnt's zahlien?

Ich lachte so sehr, daß ich vom Stuhl fiel. Mrs. Kawk sagte, ich hätte wohl einen Anfall. Laura mußte mich beruhigen. Ich durfte auf ihrem Schoß sitzen und die Arme um ihren Hals legen, bis ich mich abreagiert hatte.

Wir gingen oft bis zum Ende der Rue Dr Blanche und schlossen Wetten darüber ab, wie viele Männer wir beim Pinkeln auf der Hauptstraße sehen würden. Zu diesem

Zweck kontrollierten wir die Straße mehrere Male am Tag und führten Listen.

Es gab auf dem Boulevard einzelne Bäume, an die Männer vorzugsweise pinkelten, und auch um eine Litfaßsäule auf dem Markt versammelten sie sich gern. Öffentliches Pinkeln schien in Paris ziemlich verbreitet zu sein, aber leider nur unter Männern. Wir waren fasziniert von diesen französischen Erwachsenen, die vor sich hinpfiffen, rauchten und sogar laute Gespräche mit Leuten auf dem Marktplatz führten, während sie pinkelten.

In England wäre es verboten gewesen. In der Familie Blunden durfte man nicht einmal sprechen, wenn man in der Toilette und nicht zu sehen war.

In London standen, wie ich durch meine reichen Erfahrungen mit jener Stadt sehr genau wußte, Schilder, die die Herrschaften anwiesen, den Fußweg nicht von ihrem Hund beschmutzen zu lassen. Was die Herrschaften selbst anging, so brauchte gar nicht erwähnt zu werden, daß sie solche Dinge nicht tun durften, aber in Paris war es umgekehrt.

Wir fragten Maurice, den Chauffeur. Er war Franzose, also mußte er Bescheid wissen. Maurice gab einen barschen Laut von sich, schnippte ungeduldig mit den Fingern und schwenkte die Faust. *Zut alors!* Sowohl Hunde als auch Herrschaften durften so selbstverständlich den Fußweg beschmutzen, daß niemand in Paris das Thema für erwähnenswert hielt. Das jedenfalls schien Maurice zu meinen, als er mit den Fingern schnippte, um Unverständnis und wohl auch einen gewissen *Hohn* für die Londoner Verordnungen auszudrücken.

Die Straßen von Paris hatten einen reichen Vorrat an Hundeköteln. Wir sammelten sie mit einer Schaufel ein und brachten sie in einer Schubkarre zurück zur Rue Dr Blanche. Dann beschmierten wir unsere Gesichter mit Tinte, machten in der Gasse ein Feuer aus Zweigen und Blättern und backten den Hundekot in der Glut. Wir teilten ihn gerecht untereinander auf, setzten unsere Hockeyhelme auf und bezogen dreißig Schritte voneinander entfernt Position. Indem wir die Kötel mit einem Stock aufspießten, konnten wir sie recht weit und präzise schleudern.

'Nes schönen Tages in der Nacht
Zwei Tote standen auf zur Schlacht
Rück' an Rück' sie sahn sich an
Zogen ihr Schwert und erschossen sich dann

Mit dem Schlachtruf von Slocum House jagten wir die Geschosse durch die Luft.

Laura und Mrs. Kawks kamen eines Tages im Cadillac nach Hause und fanden uns bei diesem Spiel vor. Es war äußerst selten, daß Mrs. Kawk sich über uns ärgerte, aber als sie uns mit unseren Tintengesichtern, Hockeyhelmen und Kötelstöcken in der Rue Dr Blanche sah, riß ihr der Geduldsfaden. Wir kleinen Wilden machten hier unsere dreckigen Spiele, während der arme Mr. Kawk im Krankenhaus operiert werde und versuche, *dem Tod von der Schippe zu springen.*

In Wirklichkeit war Mr. Kawk heimlich aus dem Haus gebracht worden, damit wir uns nicht beunruhigten. Also konnten wir gar nicht wissen, daß er im Krankenhaus dem Tod von der Schippe sprang. Aber wir hätten uns auch so nicht beunruhigt, denn wir wußten ja, daß es Mr. Kawk blendend ging, wie er dem Arzt bei dessen Besuchen immer wieder versicherte. Colin hatte größtes Interesse an Krankenhäusern und ich auch. Durch Operationen, zu denen Messer und Blut gehörten, wurden sie noch viel interessanter. Nana war im Krankenhaus dem Tod von der Schippe gesprungen, wie Mutter mir erzählt hatte, und Mr. Wilkes war sofort, ohne abzuwarten, direkt auf die Schippe gesprungen. Wir sagten, daß wir Mr. Kawk so bald wie möglich im Krankenhaus besuchen wollten. Mrs. Kawk war so gerührt über unser Mitgefühl, daß sie sich herunterbeugte und tränenüberströmt unsere behelmten Köpfe an ihre Brust drückte.

Das waren die Momente, in denen man als Kind nur Mitleid mit der Hilflosigkeit der Erwachsenen haben konnte.

Mr. Kawk schien nach seiner Verlegung aus der Rue Dr Blanche ins Krankenhaus eine Highball-Erfrischungsquelle gegen die andere getauscht zu haben. Er war von Flaschen voller interessant gefärbter Flüssigkeiten umgeben, die mit Schläuchen an seinem Körper befestigt werden konnten. Als wir ihn besuchten, genehmigte er sich gerade eine rote. Wenn ich hier raus bin, Kumpel, vertraute er uns an, als Mrs. Kawk kurz das Zimmer verließ, feiern wir als erstes eine Party und gehen zum Pferderennen.

Mr. Kawk hielt sein Versprechen. Ein paar Tage nach seiner Entlassung aus dem Krankenhaus schob Maurice einen Rollstuhl aus dem Lift, setzte Mr. Kawk hinein und schob ihn nach draußen. Der Rollstuhl paßte in den Kofferraum des Lincoln, und Mr. Kawk hatte genug Platz, sich im Fond des Wagens mit dem Kopf auf Mrs. Kawks Schoß hinzulegen, den Champagnerkühler in erreichbarer Nähe. Wir übrigen stiegen in den Cadillac, Laura am Lenkrad.

Wir fuhren aufs Land außerhalb von Paris zum Pferderennen. Mr. Kawk schloß bei jeder Runde eine Wette ab und verlor jedesmal. Edward wettete einmal und gewann. Mrs. Kawk beobachtete das Rennen durch ein Fernglas. Laura ging mit Colin und mir hinunter zum Sattelplatz, damit wir die Jockeys und Pferde aus nächster Nähe sehen konnten. Dann machten wir ein Picknick im Wald. Maurice brachte zehn Körbe aus dem Auto zu der von Mrs. Kawk ausgewählten Stelle, und als Laura alles vorbereitet hatte, schob er Mr. Kawk im Rollstuhl herbei. Ein Korb enthielt sechs Flaschen Champagner, die Maurice in einem Kühlschrank im Wagen kaltgestellt hatte. In einem anderen Korb waren richtige Champagnergläser. Maurice setzte sich zu uns, um mit uns Sandwiches zu essen und ein Glas zu trinken. Auch Colin und ich durften den Champagner probieren.

Auf der Rückfahrt nach Paris machten der Lincoln und der Cadillac ein Wettrennen auf der Landstraße. Sie fuhren Seite an Seite und nahmen die ganze Straßenbreite ein. Mr. Kawks Bärenfallengesicht erschien am offenen Fenster; er grinste und hielt ein Glas Champagner in der Hand. Er rief Colin und mir etwas zu, aber seine Worte wurden vom Wind verschluckt. Mrs. Kawks Haar bauschte sich im Fond neben ihm auf, und Lauras Haar wehte zum Fenster hinaus. Nichts als brausender Wind und rasende Geschwindigkeit, und wir beiden Jungen hinten im Cadillac kreischten, während die Bäume vorbeischossen. Wir hatten gemischte Gefühle, denn wir wünschten uns, daß der Lincoln schneller sein, aber Laura gewinnen würde. Dann fiel der Lincoln zurück, und wir verloren ihn im Pariser Verkehr aus den Augen. Laura und der Cadillac hatten gesiegt.

Zu Hause schlug die Stimmung um. Mr. und Mrs. Kawk waren nach New York abgereist, um Einkäufe zu machen und sich die neuen Shows anzusehen. Colin würde ihnen im Herbst folgen und dort zur Schule gehen. Die Sommerferien näherten sich ihrem Ende.

Den ganzen Sommer hindurch hatte niemand im Nachbarhaus gewohnt. Ich kletterte über den Zaun, um einen Ball zu holen. Das Haus stand leer, die Rolläden waren geschlossen. Der Brunnen im Garten war voller Blätter. Es war traurig. Ich stellte mir vor, daß es in unserem Haus genauso aussehen würde, wenn alle Kawks verschwunden waren.

Unser Haus. Ich hatte das Gefühl, zur Familie Kawk zu gehören. In der Entbindungsstation in Singapur mußte es zu einer Verwechslung gekommen sein. Man hatte mich in den falschen Korb gelegt. Ich war kein Blunden, sondern ein Kawk.

Laura schien es nichts auszumachen, sie sagte nichts und ließ die Badezimmertür einfach offen. Colin und ich lagen bäuchlings auf ihrem Bett, die Beine in der Luft und sahen zu, wie sie ihr Bad nahm. Sie lag in der Wanne und summte. Dann stieg sie heraus und trocknete sich ab. Laura verbarg nichts. Sie war nackt. Wir konnten daliegen und sie nach Herzenslust angucken.

Colin und ich beschlossen, Edward und Laura ein Abschiedsgeschenk zu kaufen, denn sie würden in Paris bleiben. Nachdem wir unser Taschengeld gezählt hatten, glaubten wir, uns zwei der schönen blauen Bälle leisten zu können, die in einem Geschäft an der Straße verkauft wurden. Jeder der beiden würde einen Ball von uns bekommen. Aber wer von uns würde Laura ihren geben?

Wir warfen eine Münze. Ich gewann.

Laura zog sich ein hellrosa ärmelloses Kleid an, setzte einen dazu passenden Hut auf und fuhr mit Colin und mir im Cadillac zu einem amerikanischen Freund, der in einem Prachthaus an den Champs-Élysées wohnte. Ich konnte die Klingel tief im Innern des Hauses läuten hören.

Wir warteten lange, bis jemand kam und die Tür öffnete. Ein Mann, der auch aussah, als hätte sein Gesicht einmal in einer Bärenfalle gesteckt, eine verkaterte Gestalt mit Schal, die sich in ihrem Morgenmantel behutsam und mit ramponierter Eleganz bewegte, die mich an Mr. Kawk erinnerte – vielleicht war es ein Verwandter von ihm –, machte schließlich die Tür auf und ließ sie einen Spaltbreit offenstehen, als erfordere alles andere zuviel Anstrengung.

Er schwebte über den Marmorboden einer Empfangshalle, die so groß war wie die der Shankleys in Flint Norton Park, über eine Treppe in das verdunkelte Haus hinauf. Obwohl es hellichter Tag war, schienen alle Vorhänge noch zugezogen zu sein. Vermutlich hatte Lauras Klingeln unseren Gastgeber aus dem Bett geholt. Wir folgten ihm. Er gähnte und sprach über die Schulter hinweg mit uns, während er die Treppe hinaufglitt. Der Mann verschwand im Badezimmer, und wir hörten Wasser plätschern. Dann kam er wieder heraus, rieb sich das Gesicht mit einem Handtuch, ging zum Ende des Korridors und riß die Türen auf. Licht strömte ins Haus und mit ihm die vielstimmigen Verkehrsgeräusche unten auf den Champs-Élysées.

Im Licht draußen auf dem Balkon wirkte der Mann viel jünger, als ich erwartet hatte. Er hatte seinen Schal auf dem Weg nach oben abgeworfen und trug einen roten Samtmorgenrock, den ich für sehr elegant hielt. Er rauchte schwarze Zigaretten in einer Spitze und lächelte Laura durch den Qualm hindurch an. Sie tauschten ein paar Bemerkungen auf französisch aus. Er stand auf, brachte eine

Schüssel mit samthäutigen, goldenen Früchten auf den Balkon und sagte: *Pfirsiche, möchte jemand Pfirsiche?*

Laura erwiderte sein Lächeln, während Colin und ich nach den Pfirsichen griffen. Sie war wunderschön. Die Sonne schien auf den Balkon und wärmte meinen Rücken. Ich saß neben Laura und war mir ihrer kühlen Erscheinung in dem ärmellosen Kleid mit dem darauf abgestimmten Hut und den Handschuhen auf ihrem Schoß bewußt. Unten donnerte unablässig der Verkehrsstrom vorbei, und als ich in diese seltsame, schöne neue Frucht biß, war ich glücklich und unglücklich zugleich – ein schwieriges, beunruhigendes Gefühl, das ich so noch nie empfunden hatte.

Während meines ersten Jahres in Slocum House hatte ich meine Mutter an zwei Nachmittagen gesehen, meinen Vater an einem. Mutter kam zum erstenmal, als die Bäume kein Laub mehr trugen. Sie lud Colin und mich am Hastings Pier zu Tee mit Gurkensandwiches, Sahnestükken und Schokoladeneclairs ein. Dann verschwand sie wieder für sechs Monate.

Als sie zum zweitenmal kam, war es Sommer. Mein Vater begleitete sie, und die beiden hatten ein Geheimnis mitgebracht. Es war in Vaters Tasche eingewickelt. Wir saßen zusammen auf dem Oberdeck eines Busses und fuhren durch die Sussex Downs. Dann spazierten wir eine Klippe entlang mit einem Schild, auf dem Achtung stand, damit wir nicht in den Abgrund stürzten, wie Mr. Wilkes es getan hatte. Aufpassen, sagte Mutter.

Vater fand einen Weg zum Strand hinunter, der von Betonbrocken in Form von Kreuzen übersät war; Panzersperren, sagte er. Sie sollten feindliche Landungsboote daran hindern, an den Strand vorzudringen. Die Panzersperren stammten noch aus dem Krieg, der zehn Jahre zuvor geendet hatte.

Wir hatten keine Zeit für Schokoladeneclairs am Pier, aber auf der Rückfahrt im Bus wickelte Vater das Geheimnis aus. Er sagte, die Blätter würden von den Bäumen fallen und neue Schößlinge sprießen lassen, und wenn die Bäume ganz grün wären, werde meine Mutter wieder in ihrem eigenen Haus in England wohnen. Er werde für immer in die alte Heimat zurückkehren, und wir würden ein Zuhause haben, in dem meine Schwestern und ich für den Rest unseres Lebens all unsere Ferien verbringen könnten.

Damit war das Geheimnis enthüllt. Wir würden ein Zuhause haben, wenn auch nicht ganz so, wie ich es mir erhofft hatte. Ich wollte keinen Feriensitz, keinen Ort, an dem ich wohnen würde, wenn ich nicht in der Schule war. Ich wollte ein Zuhause, das ich nie verlassen mußte, wo ich für immer und ewig bleiben konnte. Ich wollte Panzersperren *und* Schokoladeneclairs. Wie meine Eltern sagten, ich war schwer zufriedenzustellen, oder wie Granny Blunden meinte: Man kann nicht von allem das Beste haben.

Bei den Kawks war es anders gewesen. Bei den Kawks konnte man.

Vater sagte, Slocum House sei erst der Anfang. Ich hätte eigentlich noch nicht mit der Großen Schule begonnen. Eine größere stehe mir bevor und danach eine noch größere. Ich fragte ihn, wie lange all das dauern werde. Er dachte, noch einmal ungefähr zehn Jahre. Das war so lang, wie die Panzersperren seit Kriegsende am Strand gelegen hatten.

Das Laub fiel noch nicht einmal von den Bäumen, als ich mein zweites Jahr in Slocum House begann. Wir gingen paarweise über die Wege im Park, und als ich durch die langen Blättertunnel schaute, war jegliches Zuhause weiter weg, als ich sehen konnte. Mr. Slocum war viel näher. Er zeichnete sich so groß an meinem Horizont ab, daß es schwierig war, etwas anderes hinter ihm zu erkennen.

Als uns Mr. Slocum auf unserer Morgenparade durch die Bibliothek über seine Brille hinweg musterte, schien er unsere Gedanken zu lesen. Las er auch meine? Ich war aus Paris mit einem so schrecklichen Wissen nach England zurückgekehrt, daß ich fast erwartete, vom britischen Zoll auf frischer Tat ertappt zu werden. Also gut, Freundchen, was hast du da in der Reisetasche? Ich wußte es nicht. Es gab keinen Namen für das, was ich in meiner Reisetasche hatte. Ich wußte nur, daß *es* drin war.

Hallo, Rudolf. Schöne Ferien im fröhlichen Paris?

Ja, Sir.

Was hast du dort gemacht?

Französisch gelernt, Sir, und eine Menge Museen besucht.

Aber klar doch.

Als ich vor Mr. Slocum stand und während der Morgenparade von ihm befragt wurde, tauchten unerwünschte Gedanken an *es* in meinem Kopf auf. Der alte Mr. Frosch Slocum und die alte Mrs. Frosch Slocum hatten *es* getan, so daß die kleine Kaulquappe Slocum zu einem Mann mit einem Holzbein heranwachsen konnte, der nun hier saß und seinen Porridge verzehrte. Ich fürchtete, daß Mr. Slocum irgendwie in der Lage wäre, diesen abscheulichen Gedanken zu lesen. Er sagte uns immer, daß wir uns den Kopf durchpusten lassen müßten. Nun kannte ich den Grund dafür.

Mit dem Umzug aus dem hinteren in den vorderen

Schlafsaal begann *es* eine viel größere Rolle zu spielen als in meinem ersten Jahr in Slocum House. Ich spazierte mit den Händen in den Hosentaschen durch den hinteren Schlafsaal und strahlte Hohn und Unglauben darüber aus, daß ich hier einmal, vor langer Zeit, auf einem Töpfchen gesessen hatte, um mein *bearak* von Hausmu begutachten zu lassen und Dörrpflaumen hinunterschlucken. Sie Hausmu zu nennen war ein Privileg für Jungen aus dem vorderen Schlafsaal, ebenso wie wir das Privileg genossen, Jungen aus dem hinteren Schlafsaal an den Ohren zu ziehen, einen Blick in Mr. Slocums Schlafzimmer zu werfen, wann immer es uns gefiel, und ihn dabei zu beobachten, wie er sein Holzbein aufhängte, oder Vorstöße über die Brücke zu unternehmen und uns die Sehenswürdigkeiten der Mädchen anzuschauen.

Auch Gracie Fields in ihrem weißen Faltenrock wußte über *es* Bescheid. Ihre Hauptaufgabe im Leben bestand darin, eine Schar unschuldiger Mädchen vor ekelhaften Jungen wie uns zu schützen, die Tag und Nacht, mit allen Mitteln, Wege ersannen, ihnen unter ihre kleinen grauen Röcke zu gucken. Was sie auch tat, sie konnte das Schiff vertäuen, alle Lecks stopfen, die Luken schalken, ihre Schutzbefohlenen im Laderaum einschließen und sie zusätzliche Garnituren Unterwäsche anziehen lassen – Gracie hatte nicht die geringste Chance, uns fernzuhalten, wenn wir *es* suchten. Wir waren gefährliches Ungeziefer, und das wußten wir auch. Wir fielen über *S. M. S. Gracie* her wie eine Horde Ratten.

Kirby behauptete, er sei am Mädchenabend ins Badezimmer gegangen und habe all ihre Sehenswürdigkeiten erblickt, sechs Mädchen auf einen Streich, habe Verzeihung, ein Irrtum, gesagt und sei wieder hinausmarschiert. Niemand schenkte ihm Glauben. Es war eine glatte Lüge.

Die Vorstellung, absichtlich hineinzugehen und dann zu sagen, es sei ein Irrtum, war unglaublich. Niemand würde so etwas wagen. Benn und ich dachten darüber nach. Keiner von uns hätte es riskiert. Wir stimmten darin überein, daß es eine Lüge war, aber eine gute.

Eine todsichere, wenn auch riskante Methode, einen Blick auf die Sehenswürdigkeiten der Mädchen zu erhaschen, bestand darin, durch das Fenster der äußeren Umkleideräume zu schauen, wo die Mädchen nach dem Lacrosse- oder Hockeyunterricht abgespritzt wurden. Es gab keine Duschen, nur einen Schlauch mit kaltem Wasser. Du konntest auf die Rasenwalze klettern, die Merrin, der Platzwart, an der Wand der Umkleide abstellte, und direkt in die Kabinen blicken, wo Peggy Slocum ihre Teams kreischender nackter Mädchen mit dem Wasserstrahl bearbeitete. Kirby sagte, es sei ein toller Anblick. Aber man wurde todsicher dabei erwischt. Nur tollkühne Jungen wie Mullen P. hatten es versucht. Peggy Slocum bemerkte ihn und machte Mr. Slocum Meldung, der Mullen P. einen *kleinen Schmutzfinken* nannte und ihn einen langen Spaziergang mit dem Hund machen ließ.

Mullen P., Benn und ich waren alle kleine Schmutzfinken von mehr oder weniger unsagbarer Verdorbenheit. Kirby war nicht ganz so schmutzig, Pogo noch ein bißchen weniger als Kirby, und Mullen C. war überhaupt nicht schmutzig. Alle Jungen aus dem vorderen Schlafsaal mit Ausnahme von Mullen C. kletterten regelmäßig auf die Waschbecken unter den Fenstern, hämmerten an die Scheiben, brüllten und wedelten mit ihren Pillern zu den Lacrosse-Teams der Mädchengrundschule Queen's Gate hinüber, die auf dem Rückweg von den Sportplätzen die Straße herunterkamen.

Mullen C. wurde nach jeder Ferienpause seltsamer und seltsamer. Wann immer er konnte, hielt er sich draußen im Garten und in der Koppel auf. Er ging nie in der Mitte eines Weges, sondern hielt sich stets am Rand, dicht an der Mauer oder der Hecke. Hin und wieder machte er einen kleinen Hopser und wackelte mit den Armen, als versuche er, etwas abzuschütteln. Seine Stirn war düster gerunzelt. Er war bei jedem Wetter draußen und machte stirnrunzelnd seine Hopser.

Alle paar Wochen hielt Mr. Slocum einen Vortrag vor der ganzen Schule. Er sprach über Kampfgeist, General Slim, englische Geschichte, die Natur, Schmutz, Sport und über das, was wir als Erwachsene einmal tun wollten. Unsere Pläne dazu änderten sich von Mal zu Mal. Nur Mullen C. schwankte nie in seinem Ehrgeiz, ein großer, elastischer, leuchtendbunter Ball zu werden. Alle lachten und warteten darauf, daß Mr. Slocum Quatsch oder Klatsch sagen und Mullen C. empfehlen würde, sich den Kopf durchpusten zu lassen, aber Mr. Slocum hatte Gefallen an Mullen C. gefunden und klopfte ihm nur auf die Schulter.

Also spazierte Mullen C. im Garten herum und machte seine Hopser, um für seine Laufbahn als elastischer, leuchtendbunter Ball zu trainieren. Wir sahen zu, wie er die Arme schüttelte, sich die Hände rieb und Selbstgespräche führte.

Als wir Hausmu fragten, was mit Mullen C. los sei, antwortete sie, er sei immer noch dabei, sich von einer Blinddarmentzündung zu erholen. Man habe ihm den Blinddarm in sehr jungem Alter entfernt.

Wir bewunderten und beneideten Mullen C. wegen des Geheimnisses, das seine Blinddarmentzündung umgab, aber seit der Operation führte er ein gefährdetes Leben. Es war eine beängstigende Sache. Er durfte gehen, aber nicht rennen. Er konnte Fußball spielen, doch nur, wenn er nicht hinter dem Ball herrannte. Mit gekrümmten Knien und auf spindeldürren Beinen folgte er ihm gemessenen Schrittes. Nur selten erreichte er den Ball rechtzeitig, um ihm einen Tritt zu versetzen. Wenn Mullen C. sich über den Fußballplatz bewegte, sah er aus wie Groucho Marx ohne Schnurrbart.

Mr. Slocum stellte ihn ins Tor. Mullen C. näherte sich dem heranfliegenden Ball nicht rasch, sondern eher umsichtig, und die andere Mannschaft schoß innerhalb von zehn Minuten vier Tore. Daraufhin wurde er zum Linienrichter ernannt, und für den Rest der Saison trug er mit großer Bedachtsamkeit seine Fahne am Spielfeldrand auf und ab.

Was würde passieren, fragten wir, wenn er einmal *vergäße*, langsam zu gehen? Was, wenn er versehentlich anfinge zu rennen?

Mullen C. runzelte die Stirn und sagte, dann würde er vielleicht sterben.

Sterben.

Wir waren fasziniert von der tragischen Möglichkeit eines solchen Todes.

Mullen P. mußte sich gefallen lassen, daß Mr. Slocum ihm anstelle von Mullen C. den Kopf durchpustete; er nahm all die Bestrafungen hin, von denen sein leuchtendbunter Zwillingsbruder durch seine Narrenrolle verschont blieb. Er war ein schläfriger, dunkelhaariger Junge mit einem verschmierten Gesicht, auf dem ein ständiges

Grinsen lag. Mullen P. grinste sich durch Mr. Slocums Mathematikunterricht, obwohl er sehr schlecht im Rechnen war und sich den Kopf häufiger durchpusten lassen mußte als jeder andere. Er grinste sich durch Frühstück, Mittag- und Abendessen, die Schulkorridore entlang, hinaus in den Garten, zu den Sportplätzen und den Straßen von Bexhill-on-Sea.

Die Cheshire-Katze, sagte Mr. Slocum über Mullen P., ein Grinsen, das bleibt, wenn der Junge schon fort ist. Wir begriffen die Bemerkung nicht, deshalb zeigte er uns in der Bibliothek ein Exemplar von *Alice im Wunderland* mit einem Bild der Cheshire-Katze, die aus den Ästen eines Baumes verschwand und nur ihr Grinsen zurückließ.

Wenn auch wir eines Tages aus den Ästen von Slocum House verschwanden, würde ich wegen meiner roten Nase als Rudolf in Erinnerung bleiben, genau wie ich mich an Mullen P.s Grinsen, an Rory McClures Hohn und an Benns Sonnenbräune erinnern würde, die sich dann aber als sein *Stigma*, wie er es nannte, erwies. Er beichtete mir ein großes Geheimnis: Seine Mutter lebte noch. Er hatte die Sommerferien in dem Hotel in Katmandu verbracht, in dem seine Mutter arbeitete und wo sein Vater sie kennengelernt hatte, bevor Benn geboren wurde. Sie war Inderin, und sein Vater mußte einmal etwas unsagbar Schmutziges getan haben, denn sonst wäre Benn mit seinem Stigma nicht unter uns. Er hatte als Fehler begonnen und sich in ein Geheimnis verwandelt. Deshalb zog der Vater es vor, den Sohn in Slocum House versteckt zu halten.

Fast alles, was ich von Benn über sein Leben in Indien gehört hatte, war eine Lüge, aber eine gute, und ich versicherte ihm, daß Lügen nichts ausmachten, wenn sie so gut waren wie seine.

Ich merkte, daß man sich an alles gewöhnen kann, sogar an die Furcht, die aufkam, wenn man in den Boxring geschickt wurde, Fowlers scharfen Würfen beim Kricket ausgesetzt war oder vor Mr. Slocums Arbeitszimmer wartete, um einen Spaziergang mit dem Hund zu machen.

Joanna, das Mädchen mit dem goldenen Haar und der Ponyfrisur, mochte immer noch Butter, wenn ich ihr eine Butterblume unters Kinn hielt. Dort sah ich den gelben Fleck, der es bewies. Soweit hatte sich nichts geändert. Aber sie war nach Weihnachten nicht in die Schule zurückgekommen, und ich dachte, sie habe Slocum House für immer verlassen. Als ich sie unter den Mädchen sah, die am ersten Schultag nach Ostern auf der Koppel spielten, fühlte ich, wie der kleine Wurm in meinem Herzen zappelte, was, wie Laura Kawk mir geschrieben hatte, der Beweis für die wahre Liebe war.

Eine Postkarte mit dem Bild eines Flugzeugs und einem New Yorker Poststempel traf ungefähr sechs Monate, nachdem ich Paris verlassen hatte, in Slocum House ein. Sie war von Laura, die sich bei mir für den Ball bedankte. Wie sie schrieb, fühlte sie den kleinen Wurm in ihrem Herzen zappeln, was der Beweis für die wahre Liebe sei. Deshalb werde sie aus Paris nach Montreal umziehen. Colin gehe es in New York gut, und er spiele pausenlos Hockey. Sie hoffe, daß wir uns eines Tages wieder begegnen würden. Liebe Grüße von Laura.

Als ich sah, wie Joanna in ihren weißen Turnschuhen und ihrem blauen Trägerrock ein Rad auf der Koppel schlug, spürte ich das Zappeln des kleinen Wurmes und erinnerte mich an Lauras Worte. Mit achteinhalb Jahren meinte ich ein stattliches Alter mit großer Lebenserfahrung erreicht zu haben, worunter die Tatsache, daß eine erwachsene Frau mich in ihr Vertrauen gezogen hatte, einen hohen Stellenwert einnahm.

Wahre Liebe war nicht leicht in Slocum House. Sie verlangte Kühnheit, schamlose Lügen und eine Raffiniertheit, welche die Fähigkeiten des lachenden Spen strapaziert hätten. Es gab Stacheldraht, Schützengräben, Scheinwerfer. Gracie Fields und Peggy Slocum, die scharfäugigen, leichtfüßigen Wächterinnen, die ihre Mädchen ständig im Blick behielten, mußten getäuscht, überlistet und notfalls abgehängt werden. Sogar Eleanor Nudge, die wir Nougat nannten, war eine Spionin im Sold der Erwachsenen.

Nougat war fast elf Jahre alt, bei weitem das älteste Kind in der Schule. Sie war ein dickes Mädchen mit aschblondem, fast weißem Haar, das sie in der Mitte scheitelte und an beiden Seiten mit Spangen feststeckte. Sie haßte alle Jungen und sprach nie mit ihnen. Am Mädchenende des Großen Zimmers war sie die Bienenkönigin, um die all die anderen Mädchen herumschwirrten, summ summ, wobei sie ihre Honiggeheimnisse flüsterten und ihr wissendes Lächeln lächelten.

Nougat hatte so viel Einfluß bei den Lehrern, daß es ihr fast gelungen wäre, Arthur in seinem letzten Jahr auf einen Spaziergang mit dem Hund zu schicken. Arthur hatte seine Rakete auf Nougat abgefeuert und einen direkten Treffer an ihrem Knie gelandet. Wenn Mr. Slocum etwas nicht leiden konnte, dann waren es Jungen, die sich Mädchen gegenüber wie Schufte benahmen. Doch er verprügelte Arthur nicht, sondern ließ ihn statt dessen in der

Bibliothek hundertmal schreiben: *Männer feuern keine Raketen auf Frauen ab*. Das war kein Honigschlecken. Sie hatte Arthur einen ganzen Samstagnachmittag gekostet.

Als wir Schüler uns aber paarweise von dort, wo die Butterblumen wuchsen, zur Kirche aufmachten, an dem Waisenhaus vorbei, das auf dem Weg zum Meer immer einen Stich köstlichen Mitleids in unseren Herzen auslöste, und als wir durch die Alleen im Park gingen, hinunter zu der Schulbadehütte am Kiesstrand, wo Jungen und Mädchen im Badeanzug gemeinsam unter den Gerüchen von Algen und Teer spielten und ihre bleichen kleinen Körper der frischen Meeresbrise und dem behutsamen englischen Sonnenschein aussetzten – da waren die romantischen Gefühle nicht mehr zu unterdrücken. Ich bekam eine Gänsehaut, und der Wurm zappelte in meinem Herzen.

Atmet tief ein, sagte Gracie, atmet die Seeluft ein – so. Und sie atmete tief durch, wobei sie den Bauch einzog und den Busen reckte.

Nach den Atemübungen im Stehen befahl uns Gracie, uns hinzusetzen und *Sonne zu tanken*. Um uns gesund zu machen, bevor wir zum Baden ins Meer gingen, wo uns das Salzwasser noch gesünder machen werde. Es gebe keine Erfrischungsquelle, die sich mit Salzwasser und Seeluft vergleichen ließ. Ich hatte gedacht, die Erfrischungsquelle sei die Bar im Haus der Kawks.

Ich wohne dort drüben, sagte ich und zeigte über das Meer. Dort drüben, fragte Joanna, wo? In Afrika, antwortete ich, aber von hier aus kannst du es nicht sehen. Joanna erzählte mir, sie wohne in Kingston-on-Thames. Ich wußte Bescheid über Kingston-on-Thames. Mein Freund Kwame hatte dort einen Fernkurs absolviert. Joanna hatte kein Interesse an Fernkursen, deshalb borgte ich mir einen von Benns Elefanten und ging mit ihr statt dessen auf Tigerjagd.

Auf die Plätze, fertig, los!

Gracie blies in eine Trillerpfeife, und wir rannten hinunter zum Meer. Es war kalt. Wir kreischten. Vorsicht vor menschenfressenden Haifischen, rief ich und warf mich kühn in die Wellen. Joanna sprang hoch und wandte den Körper vom anstürmenden Meer ab. Sie hatte ein wenig Angst und schrie, aber es machte ihr auch Spaß. In der Zweierreihe auf dem Rückweg zur Schule hielten Joanna und ich einander an der Hand. Sie war ein hübsches Mädchen, und der Wurm in meinem Herzen zappelte nicht wenig.

Zur Vorbereitung schärfte ich meine Fertigkeiten, Kühnheit, schamloses Lügen und Raffiniertheit, für die Slocum House eine ideale Ausbildungsstätte war.

Als ich vom Schlagball- zum Kricketspiel aufrückte, war ich den scharfen Würfen von Fowler ausgesetzt, die mir viel mehr Furcht einjagten als das Boxen oder das Meer. Arthur, der schnellste Werfer, hatte die Schule verlassen, aber er war von Fowler ersetzt worden, der laut Mr. Slocum noch eine Spur schneller warf als Arthur. Fowler schleuderte mir Bälle genauso entgegen, wie Arthur Schläge auf Kirby und Raketen auf Nougat losgelassen hatte. Ich war der Unterlegene, die Lieblingsrolle für Mr. Slocum, allerdings nicht für mich.

Mr. Slocum wies mich an, den Ball im Auge zu behalten, um ihn besser zu treffen. Ich traf ihn nicht.

Ich war viel lieber Feldspieler als Schlagmann. Immer wenn wir mit dem Feldspiel an der Reihe waren, steckte ich mir einen Tennisball in die Tasche. Mr. Slocum stellte mich weit unten ins Feld, weil ich schneller als alle anderen laufen und einen Kricketball präzise vom Spielfeldrand zurückbefördern konnte – das Ergebnis endloser Übung beim Steinewerfen auf Ameisenhügel in Afrika.

Die Spielfeldbegrenzung bildete eine Reihe von Tannen, die den Kricketrasen, den Merrin regelmäßig mähte und walzte, vom unteren Platz trennte, wo die kleineren Jungen und Mädchen mit Peggy Slocum im hohen Gras Schlagball spielten. Auch Joanna wurde beim Schlagball manchmal in das Feld direkt hinter den Tannen geschickt.

Zehn, fünfzehn Minuten konnten vergehen, ohne daß etwas passierte, weil die Kinder auf beiden Seiten der Bäume Bälle verpaßten, besonders wenn Fowler am Wurf war. Das waren die Vorteile englischer Spiele, die Ausländer wie Colin Kawk nicht zu schätzen wußten. Joanna spazierte dann durch das hohe Gras auf die Tannen zu, und ich schlich ganz unten ins Feld. Wir trafen uns zu einer Plauderei im Niemandsland zwischen Kricket und Schlagball. Das Gras war fast so hoch wie wir. Wenn wir uns zum Ausruhen hinsetzten, waren wir überhaupt nicht zu sehen. Hier nahmen wir uns Zeit für ein Küßchen.

Joanna fragte mich, was ich tun würde, wenn Mr. Slocum mein Fehlen bemerkte. Ich sagte, sie solle sich keine Sorgen machen, denn ich hätte eine hieb- und stichfeste Entschuldigung vorbereitet, die so lautete:

Rudolf!

Ja, Sir!

Was zum Teufel hast du da drüben zu suchen?

Den Ball holen.

Den Ball? Du schamloser Lügner. Ich hab' den Ball doch in der Hand.

Den anderen Ball, Sir. Den vom Schlagballspiel. Jemand

hat ihn hier herübergeschlagen. Ich dachte, ich werfe ihn zurück, Sir, um denen die Mühe zu ersparen.

Ein Tennisball wie der, mit dem die Kinder Schlagball spielten, war schon in meiner Tasche. Ich brauchte ihn nur auf den unteren Platz zurückzuwerfen. Mr. Slocum würde ihn durch die Luft fliegen sehen.

Joanna fand meine Kühnheit und Schlauheit atemberaubend. Sie sagte, ich sei der größte Lügner, den sie kenne. Das nahm ich als Kompliment. Ich sagte ihr, ich hätte die Idee für meine Lüge aus der Geschichte vom tapferen Schneiderlein, der den Riesen überlistete, indem er Wasser aus einem vermeintlichen Stein quetschte, der in Wirklichkeit ein Stück Käse war, das der Schneider in der Tasche gehabt und heimlich gegen den Stein ausgetauscht hatte.

Und was war die Moral von der Geschichte, fragte Granny Blunden Emma, Tea und mich immer, wenn sie das Märchenbuch weglegte. Die Moral von dieser Geschichte war: Steck dir alle möglichen Dinge in die Tasche, du weißt nie, wofür du sie brauchen kannst.

Das eine führte zum anderen, genau wie die Geschichten im *Struwwelpeter* immer gewarnt hatten.

Wenn die Ball-, Lauf- und Springspiele an den Sommerabenden aufhörten, hatten wir Kinder zehn Minuten *zur freien Verfügung*, um uns vernünftig mit uns selbst zu beschäftigen. Dann erklang eine Glocke als Signal dafür, daß wir von den Sportplätzen in den Garten kommen sollten, wo es Cornflakes und Milch gab, damit wir unsere erschöpften Kräfte wiederherstellen konnten.

Joanna und ich ließen uns diese Minuten zur freien Verfügung nicht entgehen, um uns vernünftig mit uns selbst zu beschäftigen.

Wir schoben uns ins untere Feld vor – Stück um Stück, damit niemand merkte, wie weit weg wir waren. Hinter den Tannen auf dem letzten Platz stand ein alter Luftschutzbunker, eine sogenannte Nissenhütte, die von Gras überwuchert war. Vielleicht hatte man sie bewußt so getarnt, damit sie wie ein kleiner Hügel aussah. Es war streng verboten, den Luftschutzbunker zu betreten, aber Merrin bewahrte dort Geräte auf, die Tür war immer unverschlossen.

Zwischen dem Rasenmäher und der Maschine, mit der weiße Linien auf dem Feld gezogen wurden, stellten wir uns Rücken an Rücken, um herauszufinden, wer größer war, als wären wir für nichts anderes in den Bunker gekommen. Wir legten uns gegenseitig die Hand auf den Kopf, und da ging es merklich bergab, als ich die Hand von ihrem Kopf auf meinen gleiten ließ. Ich bin einen Zoll größer als du, sagte sie. Laß uns noch mal messen, schlug ich vor, aber wir hatten uns bereits umgedreht, standen einander gegenüber, und Joanna kam zur Sache.

Möchtest du etwas sehen, fragte sie. Ich sagte, ja, und in Windeseile zog sie ihren Schlüpfer herunter und ihren Rock hoch.

Da war sie, nur eine kleine Spalte, ein bißchen wie das Komma, das ich in den Briefen nach Liebe Mum und lieber Dad immer zu setzen vergaß. Ich legte die Finger darauf und spürte sie an meinem Handrücken. Sie war warm. Der Eindruck vermischte sich mit dem Geruch nach Öl von Merrins Rasenmäher und nach Gras und mit dem Gefühl des wild in meinem Herzen zappelnden Wurmes. Möchtest du meinen sehen? Ja, sagte sie. Ich holte meinen Piller zur Inspektion heraus. Joanna betrachtete ihn stirnrunzelnd. Sie berührte ihn und zog die Hand rasch zurück.

Tut's weh, fragte sie. Nicht sehr, antwortete ich tapfer. Ich glaube, wir müssen los, sagte sie, ich höre die Glocke. Es ist wohl Zeit für unsere Milch. Sie zog den Schlüpfer hoch, und ich steckte meinen Piller weg. Dann warf ich einen Blick nach draußen. Die Luft war rein. Wir hielten uns an der Hand, während wir an der Tannenreihe entlanghüpften und über die Koppel zurückrannten.

Bald würde die Schule wieder für die Sommerferien schließen. Es war Zeit für die gewohnten Rituale am Ende des Schuljahres: Kreide wurde aus den Klassenzimmern gestohlen, Bildnisse der Lehrer auf Scheiterhaufen verbrannt, Mülltonnen umgestoßen, wir kletterten nachts die Feuerleiter hinauf und hinunter und sangen in den Schlafsälen Slocum-House-Abschiedslieder. Das Ende des Schuljahres, wenn viele von uns die Schule für immer verließen, war ein Fest des Hasses.

Kein Latein mehr, kein Französisch,
Kein Hocken mehr am harten Schultisch;
Keine Käfer mehr im Tee
Und kein Frieren in der See;
Keine Hundeleine mehr ertragen
Und kein Froschei mehr im Magen.

In den letzten drei Nächten blieb die Tür zwischen dem vorderen und dem hinteren Schlafsaal für den Spießrutenlauf geöffnet. Jeder mußte das Ritual durchmachen. Die Gasse für den Lauf bildete der Gang zwischen den vierzehn einander gegenüberstehenden Betten. Jeder Junge bewaffnete sich – gewöhnlich mit einem Kissen oder einem Handtuch, das naß gemacht und verknotet worden war – und nahm seine Position am Fußende seines Bettes ein. Die Stühle im Gang wurden entfernt, damit man eine klare Schußlinie hatte.

Ein Junge startete an der Feuerleiter im Schlafsaal der Kleinen und rannte zwischen den Betten bis zu den Waschbecken am Fenster des vorderen Schlafsaals. Dreizehn Jungen hieben auf ihn ein. Man durfte überallhin schlagen, an den Kopf, in die Eier, an die Beine. Wir waren brutal. Wir waren gemein. Es gab oft Verletzungen. Wir gewährten heulenden Bengeln aus dem hinteren Schlafsaal kein Pardon. Tu, wie dir getan wurde, lautete unser Motto. Sie erhielten nur das, was wir selbst erhalten hatten und was wiederum andere zu gegebener Zeit von ihnen erhalten würden.

Mr. Slocum setzte in der letzten Schulwoche keinen Fuß in die Schlafsäle. Er überließ die Schüler sich selbst.

Das Ritual vor Ferienbeginn, dem wir besonders gespannt entgegensahen, war das Gespräch Mr. Slocums mit den Schulabgängern. Er nahm sich jeden einzeln vor. Diesmal waren Kirby, Fowler, Benn und ich an der Reihe. Wovon handelte das Gespräch? Keiner, der es erlebt hatte, war noch unter uns. Es gab eine Fülle von Gerüchten, aber wir hofften im stillen, er werde uns vor Dingen wie dem unsagbaren Schmutz warnen, den wir in unserem künftigen Leben vermeiden sollten.

Es war das erste Mal, daß ich mich zu einem anderen Zweck als dem, einen Spaziergang mit dem Hund zu machen, in Mr. Slocums Arbeitszimmer aufhielt. Ich schaute mir das Zimmer mit neuem Interesse an, die Fotos und eingerahmten Zeitungsausschnitte an der Wand, das Tintenfaß und den Briefbeschwerer aus dem Messinggehäuse einer Granate, Kleinkram aus Mr. Slocums Leben als Mensch, nicht als Züchtiger von Jungen. Die Hundeleine, die an der Innenseite der Tür hing, nahm ich nur noch flüchtig zur Kenntnis, denn ich wußte, daß sie bereits der Vergangenheit angehörte.

Mr. Slocum beugte sich vor, sein Holzbein beschwerlich ausgestreckt, und röstete vor dem Gasofen kleine Pfannkuchen an einer langen Toastgabel.

Magst du Pfannkuchen, Rudolf?

O ja, vielen Dank, Sir.

Als die Pfannkuchen fertig waren, legte er sie auf Teller, bestrich sie dick mit Butter und reichte mir meinen. Er ließ sich in den Sessel am Ofen sinken und stellte sich seinen Teller auf die Knie. Ich hörte das kräftige Malmen seiner Kiefer, als er in den Pfannkuchen biß. Butter rann ihm über das Kinn, und ich wartete darauf, daß sie auf sein Hemd tropfte, aber er wischte sie vorher mit seinem Taschentuch ab. Hausmu hätte ihm das blaue, möglicherweise das schwarze Lätzchen verliehen, dachte ich.

Na, Rudolf, alter Knabe, welchen Sinn hat das alles hier gehabt, was meinste?

Ich meinte, daß Mr. Slocum manchmal genau wie Granny Blunden *ste* sagte, und brauchte einen Moment, um mich zu sammeln.

Sinn, Sir?

Was hast du in den zwei Jahren hier in Slocum House gelernt? Worum ist es denn gegangen?

Ich brauchte nicht lange nachzudenken. Nur eine einzige Anwort war möglich, und ich gab sie Mr. Slocum blitzschnell.

Um Kampfgeist, Sir.

Ausgezeichnet.

Mr. Slocum schaute eine Zeitlang aus dem Fenster und kratzte sich den Hals. Es sah so aus, als bereite er sich darauf vor, über schmutzige Dinge zu reden.

Hör zu, Rudolf, das ist noch nicht alles. Als du hierherkamst, warst du ein merkwürdiger Knabe, ein richtiger kleiner Wilder. Bist nach oben in den Schlafsaal geschlichen und ins Bett gekrochen, wenn es regnete, und hast deine Gebete auf suaheli gesagt, wie mir Hausmu erzählt. Erinnerst du dich? Aber jetzt haben wir dich, glaube ich, zurechtgebogen. Haben dir Benimm beigebracht. *Englischen Anstand.*

Mr. Slocum blickte mir direkt in die Augen.

Wir haben dir in Slocum House beigebracht, Engländer zu sein. Achte darauf, daß du einer bleibst, Rudolf. Jetzt verschwinde und komm nie wieder.

Komm-nie-wieder-komm-nie-wieder.

Er lächelte, stand auf und schüttelte mir die Hand.

Meine Mutter und mein Vater und Emma und Tea holten mich mit Granny Blundens altem schwarzen Auto ab. Es sah kleiner aus als früher und hatte eine seiner Schwingen verloren. Mittlerweile war das Empire untergegangen, Taylor war gestorben und Granny aus Long Acre in ein viel kleineres Haus umgezogen. Als Vater nach England zurückkam, hatte sie uns das Auto geschenkt.

Dafür hatte sie es uns geschenkt: damit wir nach Hause zurückkehren konnten.

Wir hatten ein Zuhause. Wir kamen nach Hause.

Die Sussex Downs lagen bald hinter uns, wurden von Feldern und Wäldern abgelöst, und wir bogen von der Hauptstraße auf stark bemooste, hinter Bäumen versteckte Wege ab. Ich fragte meine Mutter, ob wir bald da wären, und sie sagte ja. Ich steckte den Kopf aus dem Fenster, um all das Grün auf dem Nachhauseweg zu riechen, und fragte meinen Vater, ob unser Haus weit von Kingston-on-Thames entfernt sei. Nicht weit, sagte mein Vater. Für einen alten Afrikakenner wie mich liege es eigentlich nur um die Ecke. Mutter sagte, unser Haus sei beinahe so alt wie Ann Hathaways Häuschen, das man ihrem Großvater für sechshundert Pfund angeboten, das er aber leider nicht gekauft hatte. Wir alle hätten ein eigenes Zimmer, jeweils verschieden tapeziert und gleich groß. Aber Tea dachte, meines sei größer als ihres, und Emma meinte, ihres sei das allerkleinste. Mutter sagte, das scheine nur so, wegen der Decke, die in Emmas Zimmer niedriger war als in unseren. Vater sagte, zu Hause hätten wir einen großen Garten mit vielen Obstbäumen und großen Eichen, genau das richtige, um Baumhäuser darin zu bauen. Dort wüchsen auch Hecken so breit und so dicht, daß ich wahrscheinlich darauf laufen könnte. Hinter dem Haus erstreckten sich meilenweit Felder. Ich konnte es kaum erwarten, das alles zu sehen. Ist es noch weit, wollte ich immer wieder wissen, und Mutter sagte, es sei nur noch ein Stück, wenn wir das Ende der Straße erreichten, dann wären wir praktisch da. Ich fragte mich, ob in einem Gebäude, das so alt war wie Ann Hathaways Häuschen, auch *hantu* wohnten, und ob es mir angst machen würde, allein in einem Zimmer zu schlafen. Aber dann sah ich die weiten, durch Heckenreihen unterbrochenen Felder, und was es dort alles zu erforschen gab, die vielen Bäume, auf die ich mit Tea klettern wollte, und ich dachte an die Wochen und Wochen Sommerferien, die vor mir lagen, so viel Zeit, um auf Bäume zu klettern, wie ich nur wollte, immer höhere Bäume, während ich immer größer werden würde, denn nun, da wir zu Hause waren, hatte ich mich entschieden, ich war jetzt frei, ich war angekommen und fühlte mich bereit, wieder zu wachsen.

MALIK

Lieve Joris

Die Sängerin von Sansibar

Reiseberichte aus einer magischen Welt. Aus dem Niederländischen von Maurus Pacher. 217 Seiten. Geb.

Lieve Joris entführt in ihren spannenden Reiseerzählungen an magische Orte wie Sansibar, Senegal und Ägypten. Im Mittelpunkt stehen dabei die Menschen mit ihren besonderen Lebensgeschichten: Anna, die Missionsschwester, die ihre belgische Heimat seit über fünfzig Jahren nicht mehr gesehen hat, die Zweitfrau Nagla, die immer froh ist, wenn ihr Mann bei der anderen ist, aber auch der Schriftsteller V. S. Naipaul, mit dem Lieve Joris durch Trinidad reist. Und natürlich Aziza, die Sängerin von Sansibar, die, von der Trauer über den Tod ihres Mannes überwältigt, von Freundinnen mit der Mitteilung getröstet wird, daß er ein notorischer Ehebrecher war. Behutsam kommt Lieve Joris den Menschen näher, weil sie ihnen die Freiheit läßt, sich selbst darzustellen.

»Besseren Reisejournalismus gibt es nicht.«
The New York Times Book Review